BRENNPUNKTE

Die tägliche Revolution

Fischer
Taschenbuch
Verlag

fischer alternativ
Eine Reihe im Fischer Taschenbuch Verlag
Magazin Brennpunkte (8. Jahrgang, Band 11)
Redaktion: Rudolf Brun
März 1978
Originalausgabe
Umschlagentwurf: Peter Hajnoczky (Zürich)
Fischer Taschenbuch Verlag GmbH, Frankfurt am Main, 1978

Satz: Otto Gutfreund & Sohn, Darmstadt
Druck und Einband: Clausen & Bosse, Leck/Schleswig
Printed in Germany
780-ISBN-3-596-24005-0
ISSN 0340-5907

Inhalt

Die tägliche Revolution

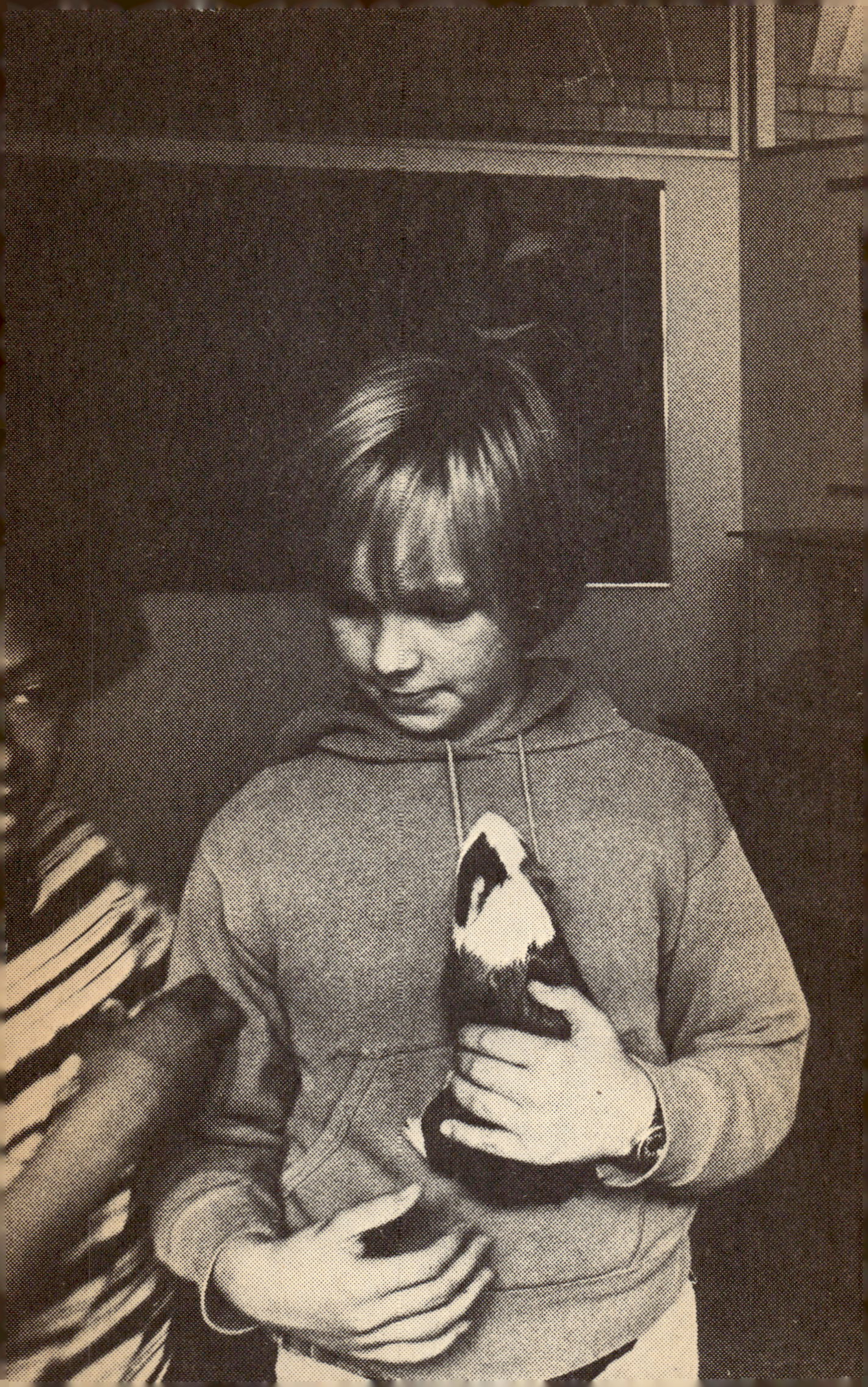

Editorial

Die Meerschweinchen-Zivilisation

Jede Gesellschaft hat ihre Symbole, in denen sie ihre Grundwerte, ihre Leitbilder darstellt. Sucht man nach den Symbolen der modernen Industriegesellschaft, in der wir leben, leben müssen, so will uns das nicht recht gelingen. Denn der Gedanke, die Vorstellung eines Symbols ist uns fremd geworden, er paßt nicht in das rationale Weltbild hinein.

Früher, als der Staat, die Gesellschaft von einer allgemein verbindlichen Grundvorstellung, die für alle Lebensbereiche zu gelten hatte, geprägt wurden, konnten sich die Menschen mit einem Symbol identifizieren, sei es in Form des Kreuzes, der Flagge usw. Die Welt war ›heil‹, auch wenn sie sich gar heil-los zeigte, Kriege führte, Menschen unterdrückte.

Die modernen Gesellschaften haben sich von den alten Zwängen und Ordnungen befreit. Strukturen verschwanden, alte Wertvorstellungen fielen wie Laub von den Bäumen. Die politischen Grundrechte wurden erkämpft, sie öffneten der Entwicklung von Technik und Wirtschaft Tür und Tor. Ein jeder konnte auf seine Art glücklich –, aber auch unglücklich werden.

Doch eine City mit Hochhäusern aus Stahl, Beton und Glas vermag keine Begeisterung zu wecken, sie vermittelt höchstens einen gewissen Komfort. Der Kühlschrank in der Küche hält die Eßwaren frisch, erspart aber nicht die Frage nach der mitmenschlichen Wärme. Der Wohlstand garantiert die Befriedigung unserer Grundbedürfnisse, er ermöglicht sogar Luxus. Diese Entwicklung war gewiß notwendig, doch sie ist nicht hinreichend. Heute weniger denn je.

Wir haben es weit gebracht, doch wir sind höchstens zufrieden, selten aber glücklich. Der Preis des technischen Fortschritts wird immer höher, die menschliche Substanz gerät immer mehr in den zerstörerischen Sog des technischen Fortschritts, ein Freiraum nach dem anderen fällt der Standardisierung, Rationalisierung zum Opfer.

Die Natur wird uns immer fremder, der Alltag entgleitet uns, verschwindet in Datenbanken. Die Autonomie, die Möglichkeit und Fähigkeit, für uns selber zu sorgen, wird von anonymen Geräten und Apparaten eingeengt und bedroht. Jedermann beklagt sich über die Entwicklung, doch niemand will dafür die Verantwortung übernehmen.

Die Kinder wehren sich auf ihre Weise. Haustiere sind in den Wohnblocks meistens verboten, doch heimlich, ganz heimlich schmuggeln sie Meerschweinchen in die Zimmer. So wird das Meerschweinchen zum Symbol einer Gesellschaft, die nach der verlorenen Umwelt sucht.

Heute sind wir soweit: Wenn wir etwas unternehmen wollen, müssen wir wieder unseren Alltag entdecken. Jede Verrichtung, jede Verhaltensweise kann Anlaß zu einer Veränderung sein. Das Kleine, Unbedeutende erhält plötzlich Bedeutung für den größeren Rahmen.

Rudolf Brun

Die Autoren

Duane S. Elgin	Consultant, Stanford Research Institute, Stanford/USA
Prof. Dr. Günter Altner	Professor für Theologie, Heidelberg
Elisabeth Michel-Alder	Publizistin, Zürich
Dr. Wolf Linder	Politologe, Zürich
Edward Goldsmith	Chefredakteur, »Ecologist«, London
Hans Rusterholz	Diplom-Architekt, Mitbegründer und freier Mitarbeiter der METRON-Gruppe für Planungsforschung, Planung, Architektur Windisch/Aargau
Dr. Werner Geißberger	Publizist, Wettingen/Aargau
Dr. Dieter Korczak	Soziologe, Publizist, Köln
Arbeitsgruppe »Angepaßte Technologie«	Gesamthochschule Kassel
John Cartwright	Partner »community books«, Sekretär der K. William und Lore Kapp-Stiftung (Basel) für die Humanisierung und Integration der Sozialwissenschaften
Fotos	Barbara Klemm, Frankfurt

Duane S. Elgin

Einfachheit als Lebensprinzip

In den letzten Jahren hat die Massenpresse gelegentlich Berichte über Menschen veröffentlicht, die wieder zu einer einfachen Lebensweise zurückgekehrt sind – Menschen, die aufs Land gezogen sind, die ihr eigenes Brot backen oder ihre Häuser mit gespeicherter Sonnenenergie beheizen usw. Hinter diesen populären Erscheinungsformen einfachen Lebens verbirgt sich unseres Erachtens der Keim einer alternativen sozialen Bewegung, deren weitere Entwicklung die USA und andere Industrienationen in ihren Grundlagen erschüttern könnte. Die Charakterisierung dieser Bewegung als Tendenz zur »selbstgewählten Einfachheit als Lebensprinzip« haben wir einem 1936 erschienenen Aufsatz von Richard Gregg entnommen, in dem er eine alternative Lebensweise auf der Grundlage eines neuen Gleichgewichts zwischen innerem und äußerem Wachstum beschreibt.

Unserer Überzeugung nach wird sich diese »Einfachheit als Lebensprinzip« im nächsten Jahrzehnt und darüber hinaus zu einer immer mächtigeren ökonomischen, sozialen und politischen Kraft entwickeln, sobald eine große Anzahl von Menschen verschiedenster Herkunft sie als einen realisierbaren und nützlichen Vorschlag zur Lösung unserer brennendsten Probleme begreifen lernt. Die Entwicklung einer einfachen Lebensweise könnte die traditionellen amerikanischen Wertvorstellungen *von Grund auf* verändern. Darüber hinaus könnte sie in diesem Zusammenhang auch zum Vorreiter einer Vielzahl von Veränderungen in den Bereichen von Konsumptionsmustern, institutionellen Maßnahmen, sozialen Bewegungen, nationaler Politik usw. werden.

Obgleich es zahlreiche Vorläufer und unterstützende Strömungen dieser sozialen Bewegung gibt (Umweltschutzinitiativen, Konsumerismus, Bewußtseinsbewegungen usw.), läßt sich die Bedeutung dieser Lebensform heute nur schwer abschätzen. Unser Artikel beabsichtigt deshalb nicht, feste Voraussagen zu machen oder eindeutige Aussagen über dieses Thema abzuge-

»Die einfache Lebensweise erhält ihren besonderen Stellenwert dadurch, daß sich in ihr bereits die gewaltige Veränderung der Ziele und Wertvorstellungen, die den USA in den nächsten Jahrzehnten bevorsteht, andeutet.«

ben; es geht uns vielmehr darum, auf einer rein theoretischen Ebene mögliche soziale Entwicklungen und Modelle zu erörtern, um eine verstärkte Auseinandersetzung und Meinungsbildung zum Thema »Einfachheit als Lebensprinzip« in die Wege zu leiten.

Was heißt »selbstgewählte Einfachheit als Lebensprinzip«?

Das Wesentliche einer solchen Lebensweise besteht darin, das Leben nach außen hin einfach, nach innen dagegen möglichst reichhaltig zu gestalten. Eine einfache Lebensweise umfaßt ein auf Sparsamkeit ausgerichtetes Konsumptionsverhalten, ein ausgeprägtes Bewußtsein für den Umweltschutz, den Wunsch, eine menschlichere Umgebung des Lebens- und Arbeitsbereichs zurückzuerhalten und die Absicht, durch die Gemeinschaft mit anderen höhere menschliche Qualitäten – sowohl psychologischer als auch intellektueller Art – zu entwickeln. Das Spektrum der Triebkräfte für die Entwicklung einer einfachen Lebensweise reicht von akuten persönlichen Bedürfnissen bis zu schwerwiegenden nationalen Problemen. Die Anziehungskraft der einfachen Lebensweise scheint außerordentlich groß zu sein; selbst Menschen, die gegenwärtig ihr eigenes Leben nicht in dieser Weise verändern wollen, sympathisieren mit ihren Anschauungen. Die einfache Lebensweise erhält ihren besonderen Stellenwert dadurch, daß sich in ihr bereits die gewaltige Veränderung der Ziele und Wertvorstellungen, die den USA in den nächsten Jahrzehnten bevorsteht, andeutet. Sie befindet sich zwar noch in einer frühen Phase ihrer Entwicklung, ihre praktischen und ethischen Vorstellungen sind jedoch schon weit genug entwickelt, um eine brauchbare Analyse dieser Lebensweise zuzulassen.

Der Wunsch nach einer einfachen Lebensweise ist nicht neu. Allerdings scheint es die Bedingungen und Tendenzen, die diese Entwicklung heute vorantreiben, in dem Ausmaß und in der Intensität bisher noch nicht gegeben zu haben. Die historischen Wurzeln der einfachen Lebensweise finden sich in der legendären Anspruchslosigkeit und dem Selbstvertrauen der Puritaner; in *Thoreaus* naturalistischen Visionen am *Waldensee;* in *Emersons* intellektueller und praktischer Forderung nach »einfachem Leben und anspruchsvollem Denken«; in den Lehren und in der Sozialphilosophie einer Reihe von religiösen Führern wie *Jesus* und *Gandhi.*

Ein moderner Aspekt dieser Lebensweise ist in seiner Art einzigartig: Der Antrieb zu einem einfachen Leben scheint heute von Gefühlen der Dringlichkeit und der sozialen Verantwortung auszugehen, die noch vor zehn bis fünfzehn Jahren kaum denkbar waren. Die Ursache dieser Gefühle liegt offensichtlich in einer Vielzahl schwerwiegender sozialer Probleme begründet, wie z. B.: Die Erwartung einer chronischen Energieknappheit, verstärkte terroristische Aktivitäten zu einer Zeit, in der die Industrienationen für Zerstörungen besonders anfällig zu sein scheinen; die wachsenden Forderungen der Entwicklungsländer nach einem gerechten Anteil an den Rohstoffvorräten der Welt; die Aussicht, daß wir uns, noch bevor die Rohstoffvorräte endgültig verbraucht sind, durch die zunehmende Verseuchung unserer Umwelt selbst vergiften; zunehmende soziale Unzufriedenheit und Unentschlossenheit, durch die die soziale Evolution immer mehr ins Schwanken gerät; usw. Dies sind nur einige der Probleme neuerer Art, die allesamt dazu beitragen, daß wir das Lebensprinzip einer selbstgewählten Einfachheit immer mehr als einen möglichen Ausweg aus dieser bedrückenden Situation empfinden.

Zentrale Wertvorstellungen der einfachen Lebensweise

Die soziale Bewegung einer einfachen Lebensweise beinhaltet ein äußerst vielfältiges und reiches Wertsystem. Es ist nicht verwunderlich, daß viele Werte, die mit dieser Lebensweise in Einklang stehen, sowohl auf globale Angelegenheiten als auch auf solche, die sozusagen vor der eigenen Haustür liegen, anwendbar sind, und daß sie in idealistischen Anschauungen genauso wie in praktischen, in weltlichen Belangen genauso wie in persönlichen vorhanden sind. Dennoch scheint es in dieser reichen Vielfalt von Ausdrucksmöglichkeiten der einfachen Lebensweise einen grundlegenden Zusammenhang zu geben. Wir haben deshalb eine Liste mit denjenigen Werten zusammengestellt, die unserer Meinung nach das Gerüst dieses Systems bilden. Sie besteht aus folgenden fünf Werten:

- materielle Einfachheit
- menschliche Lebens- und Arbeitsbereiche
- Selbstbestimmung
- ökologisches Verantwortungsbewußtsein
- persönliche Entfaltung

Diese Werte sollen im folgenden detailliert dargestellt werden.

Materielle Einfachheit

Die Vereinfachung des materiellen Aspekts des Lebens ist eine zentrale Wertvorstellung der einfachen Lebensweise. Das *American Friends Service*

»Der Antrieb zu einem einfachen Leben scheint heute von Gefühlen der Dringlichkeit und der sozialen Verantwortung auszugehen, die noch vor zehn bis fünfzehn Jahren kaum denkbar waren.«

Committee, lange Zeit führend in der Erforschung einer kreativen, einfachen Lebensweise, definiert einfaches Leben als eine *»anti-konsumelle Lebenshaltung, die auf Sein und Werden, nicht auf Haben, beruht«.* Diese Institution hat vier Kriterien des Konsumverhaltens aufgestellt, mit deren Hilfe sich die wesentlichen Aspekte der einfachen Lebensweise darstellen lassen:

- Trägt das, was ich besitze oder kaufe, dazu bei, meine Aktivität, mein Selbstvertrauen und mein Engagement zu fördern, oder drückt es Passivität und Unselbständigkeit aus?
- Ist mein Konsumverhalten darauf ausgerichtet, Grundbedürfnisse zu befriedigen, oder kaufe ich viele Dinge, die keine realen Bedürfnisse befriedigen?
- Wie eng sind Ratenzahlungen, Unterhaltskosten und Reparaturkosten mit meinem gegenwärtigen Beruf und meinem Lebensstil verbunden? Wie sehr richte ich mich dabei nach den Erwartungen anderer?
- Denke ich darüber nach, welche Auswirkungen mein Konsumverhalten auf andere Menschen und auf die Welt hat?

Mit diesen Kriterien des Konsumverhaltens verbindet sich die Absicht, *»die Ansammlung von nutzlosem Zeug und Luxusgegenständen in unserem gegenwärtigen Lebensstil zu verringern und statt dessen die Schönheit und die Freude am Leben zu betonen«.* Sie sollen Menschen dabei helfen,

- kreativ und einfach zu leben und sich von einer übermäßigen Bindung an materielle Güter zu befreien;
- sie sollen dazu beitragen, daß die Nation mehr von ihrem Reichtum an diejenigen abgibt, die gegenwärtig noch nicht einmal über das Notwendigste zum Leben verfügen;
- sie sollen Individuen darin unterstützen, daß sie sich besser selbst versorgen können und weniger abhängig von der Unterstützung großer, unübersichtlicher Institutionen – öffentlicher oder privater Natur – sind;
- und sie sollen wieder ein Gefühl für das Verhältnis und das Gleichgewicht zwischen den materiellen und den nichtmateriellen Seiten des Lebens vermitteln.

Eine einfache Lebensweise beinhaltet zwar eine quantitative Einschränkung des Konsumverbrauchs (besonders von energieverschwendenden und nicht regenerierbaren Produkten und nutzlosen Luxusgegenständen), sie bedeutet jedoch keine drastische Senkung des Konsumverbrauchs insgesamt. Man darf einfach leben nicht mit billig leben gleichsetzen. Der Preis von handwerklich hergestellten, dauerhaften und ästhetisch zeitlosen Produkten, die von sparsamen Konsumenten bevorzugt werden, liegt oft beträchtlich über dem Preis von Massenprodukten. Obwohl sich also der Konsumverbrauch quantitativ gesehen verringern kann und die durch äußere Umstände bedingten Kosten merklich gesenkt werden können, ist es möglich, daß die Konsumptionskosten insgesamt relativ hoch bleiben, da unsere Wirtschaft nicht darauf eingestellt ist, Produkte herzustellen, die diesen Anforderungen genügen.

Materielle Einfachheit wird sich deshalb voraussichtlich in Konsumgewohnheiten ausdrücken, die sich weniger von asketischen Vorstellungen (strengste Nüchternheit und Zweckbezogenheit) als von ästhetischen Kriterien leiten lassen (Kriterien, mit Hilfe derer jeder selbst entscheiden kann, ob das Niveau seiner Konsumgewohnheiten sich mit Anstand in die praktische Kunst des täglichen Lebens einfügt). In dieser Hinsicht erfüllt materieller Besitz eher eine unterstützende als eine grundlegende Funktion im Prozeß menschlicher Selbstverwirklichung. Da es die verschiedensten Wege gibt, um dieser Selbstverwirklichung Ausdruck zu verleihen, sollte die Festlegung des Umfangs und der Art materieller Einfachheit hauptsächlich dem individuellen Ermessen des einzelnen überlassen bleiben.

Menschliche Lebens- und Arbeitsbereiche

Ein zentrales Merkmal des Wertsystems der einfachen Lebensweise ist ihr besonderes Interesse an einer menschlichen Gestaltung des Lebens- und Arbeitsbereiches. Anhänger der einfachen Lebensweise empfinden die gigantische Skala von Institutionen und unsere lebendige Umgebung oft als anonym, unüberschaubar und künstlich.

Dagegen steht die schlagkräftige These E. F. Schumachers: »Small is Beautiful«. Die Diskussion um diese These der ›Kleinheit‹ umfaßt die verschiedensten Lebensbereiche. Sie impliziert, daß unsere Lebens- und Arbeitsbereiche sowie die dazugehörigen Institutionen (deren Ausmaß und Komplexität gewaltig angewachsen ist) nach Möglichkeit dezentralisiert und so in übersichtlichere und leichter zu steuernde Einheiten umgewandelt werden sollten. Sie beinhaltet weiter, daß die Bemühungen der Menschen in solche Bahnen gelenkt werden sollten, daß jeder sich einen Überblick verschaffen kann, welchen Beitrag er damit zum Ganzen leistet und er auf diese

---

»Die Vereinfachung des materiellen Aspekts des Lebens ist eine zentrale Wertvorstellung der einfachen Lebensweise.«

Weise das Bewußtsein entwickeln kann, sowohl an den Verdiensten als auch an der Verantwortung teilzuhaben. Die Verkleinerung der Lebens- und Arbeitsbereiche ist deshalb ein Mittel, um zum Eigentlichen zurückzukehren, indem man wieder ein humaneres Verständnis der Proportionen und Perspektiven des Lebens entwickelt.

Selbstbestimmung

Mit der einfachen Lebensweise verbindet sich die Vorstellung, Selbstbestimmung zu fördern und die Abhängigkeit von großen, unüberschaubaren Institutionen im privaten Bereich (Wirtschaft) und im öffentlichen Bereich (politische Prozesse) zu verringern. Selbstbestimmung manifestiert sich im Bereich der Konsumption in dem Wunsch, das eigene Leben besser kontrollieren zu können und es nicht in der Abhängigkeit von »Ratenzahlungen, Unterhaltskosten und den Erwartungen anderer« zu belassen. Um dem Trend zunehmender materieller Abhängigkeit entgegenzuwirken, sollten wir versuchen, uns materiell möglichst weitgehend selbst zu versorgen und mehr Selbstdisziplin in unserem Konsumverhalten zu üben. Auf diese Weise wäre es möglich, den Grad unserer (physischen und psychologischen) Abhängigkeit zu verringern.

Im Bereich der Produktion wirkt sich Selbstbestimmung als eine Gegenkraft zur übermäßigen Arbeitsteilung aus. Ein Anhänger der einfachen Lebensweise wird z. B. jegliches Spezialistentum ablehnen und statt dessen eine größere Integration und Synthese der Arbeit fordern, durch die die Beziehung seiner Arbeit zu dem Beitrag, den sie zum Ganzen liefert, klarer hervortritt.

Im öffentlichen Bereich manifestiert sich das Verlangen nach größerer Selbstbestimmung in einem wachsenden Mißtrauen und einer immer größeren Entfremdung gegenüber den riesigen und unüberschaubaren sozialen Bürokratien. Das Individuum – besonders, wenn es sich um einen Anhänger der einfachen Lebensweise handelt – scheint die Verantwortung für sein Leben immer umfassender selbst tragen zu wollen und seine Angelegenheiten ohne die unangemessene und unnötige Einmischung einer wirklichkeitsfremden Bürokratie regeln zu wollen.

»Eine einfache Lebensweise beinhaltet zwar eine quantitative Einschränkung des Konsumverbrauchs, sie bedeutet jedoch keine drastische Senkung des Konsumverbrauchs insgesamt. Man darf einfach leben nicht mit Billigleben gleichsetzen.«

Diese Dimension der einfachen Lebensweise mag als Erklärung für einige ungewöhnliche politische Koalitionen dienen, die heute zwischen rechts und links zustande kommen – beide politischen Richtungen lehnen jegliche weitere Einmischung der großen Institutionen in ihr Leben ab und treten für eine größere lokale Selbstbestimmung und volksnahe politische Aktionen ein. Diese Abneigung gegen die Bevormundung von Institutionen, die sich in zunehmendem Maße von den Menschen absondern, ruft die Erinnerung an die hartnäckige Unabhängigkeit wach, aus der die amerikanische Revolution hervorging.

Ökologisches Verantwortungsbewußtsein

Ein weiteres wesentliches Merkmal der einfachen Lebensweise ist ihr ökologisches Verantwortungsbewußtsein, für das die Tatsache bestimmend ist, daß zwischen Menschen und Rohstoffbeständen vielfältige gegenseitige Abhängigkeiten und Verbindungen bestehen. Dieses Bewußtsein fördert eine Reihe von Anschauungen, die der einfachen Lebensweise ein besonderes Gepräge geben. So geht das ökologische Verantwortungsbewußtsein z. B. davon aus, daß die Rohstoffvorräte der Welt begrenzt sind, und es folgert

---

»Die Verkleinerung der Lebens- und Arbeitsbereiche ist deshalb ein Mittel, um zum Eigentlichen zurückzukehren, indem man wieder ein humaneres Verständnis der Proportionen und Perspektiven des Lebens entwickelt.«

---

daraus, daß unsere Ressourcen geschützt werden müssen, daß die Umweltverschmutzung bekämpft werden muß und die Schönheit und Integrität der Natur gewahrt bleiben muß. Besonders wichtig ist in diesem Zusammenhang die Tatsache, daß ein solches Umweltbewußtsein nicht nur die Erhaltung der physikalischen Ressourcen der Welt vorsieht, sondern darüber hinaus auch alle anderen Lebewesen in seine Bemühungen einbezieht.

Gandhis Philosophie der ›*Fürsorge*‹ (*sarvodaya* – auf alles verzichten, was die Ärmsten dieser Welt sich nicht leisten können) scheint im wesentlichen auf eben diesem Verantwortungsbewußtsein für diejenigen, die weniger besitzen als wir, zu beruhen. Daraus kann sich ein Mitgefühl und ein Verantwortungsbewußtsein entwickeln, das imstande ist, die Grenzen des Nationalstaates zu überschreiten und die gesamte Menschheit mit in den Blick einzubeziehen. Das wachsende ökologische Bewußtsein kann, wenn es von der Einheit aller Menschen ausgeht, die Vorstellungen der einfachen Lebensweise auch außerhalb der eigenen Grenzen verbreiten und gleichzeitig dafür

»Um dem Trend zunehmender materieller Abhängigkeit entgegenzuwirken, sollten wir versuchen, uns materiell möglichst weitgehend selbst zu versorgen und mehr Selbstdisziplin in unserem Konsumverhalten zu üben.«

sorgen, daß ein starkes soziales Verantwortungsgefühl und ein weltweites Engagement an die Stelle einer relativ isolierten und auf sich selbst gerichteten Lebensweise treten.

Einige der konkreteren Auswirkungen dieses Bewußtseins wären z. B.: die Bereitschaft, Rohstoffe mit anderen, rohstoffarmen Ländern zu teilen; das Gefühl einer globalen Staatsbürgerschaft mit einer allseitigen Angleichung der Lebensgewohnheiten, der sozialen Vorstellungen und der politischen Maßnahmen; die Neigung, möglichst naturverbunden zu leben, und der Wunsch, menschliche und institutionelle Vielfalt auf einer volksnahen Ebene zu entwickeln.

Persönliche Entfaltung

Für viele Menschen besteht der wichtigste Grund, zur materiellen Einfachheit zurückzukehren, darin, daß sie der äußeren Scheinwelt entfliehen wollen und auf diese Weise die Bedingungen dafür schaffen wollen, ihr ›inneres Leben‹ erforschen zu können. Die verschiedenen Seiten der materiellen Einfachheit wie Selbstgenügsamkeit, menschlichere Lebens- und Arbeitsbereiche oder ein ökologisches Verantwortungsbewußtsein verfolgen in gewisser Weise auch die Absicht, die Hindernisse zu beseitigen, die einer inneren Entfaltung im Wege stehen. Dabei haben die Menschen das Ziel vor Augen, sich von der Übermacht der äußeren Dinge zu befreien, um sich dadurch den nötigen Raum für eine psychologische und geistige Entfaltung zu schaffen. *Simone de Beauvoir* faßt die rationale Grundlage dieses Wunsches treffend in folgendem Satz zusammen:

»Das Leben erneuert sich nicht nur ständig, sondern es entwickelt sich auch fortlaufend voran; würde es nichts weiter tun, als immer wieder nur den alten Stand wiederherzustellen, bedeutete leben nichts weiter als nicht zu sterben.«

Viele Anhänger der einfachen Lebensweise vertreten die Ansicht, daß die amerikanische Gesellschaft heute vorrangig damit beschäftigt ist, einfach immer wieder den Status quo herzustellen – also ein Leben zu führen, das aus nichts weiter als aus ›nicht sterben‹ besteht. Seitdem die traditionellen Wert- und Zielvorstellungen zunehmend ihre Bedeutung und Funktionsfähigkeit verlieren, bemüht sich eine kleine, aber schnell wachsende Anzahl von Amerikanern intensiv darum, ihr eigenes ›*Ich*‹ zur Entfaltung zu bringen. Obgleich eine innere Entwicklung sich oft unter religiösen Vorzeichen vollzieht, sollte man die Hinwendung zu inneren, nicht-materiellen Werten nicht automatisch mit einer besonderen Philosophie oder Religion in Zusammenhang bringen – das Spektrum dieser Anschauungen umfaßt die verschiedensten Strömungen, wie z.B. die Theorie des Biofeedback, die humanistische Psychologie, die transpersonelle Psychologie, die östliche Philosophie, die christliche Fundamentaltheologie und andere.

Die ständige Entwicklung neuer sozialer Trends während der letzten 15 Jahre reflektiert ein starkes Interesse an dem subjektiven Aspekt von Erfahrungen und an der realen Beschaffenheit der menschlichen Beziehungen. Zu den sozialen Bewegungen, die in dieser Zeit entstanden und rasche Verbreitung fanden, gehören unter anderem verschiedene Strömungen, die die Entwicklung menschlicher Fähigkeiten zum Ziel haben, verbunden mit Strömungen, die die Traditionen östlicher Meditation aufgreifen oder sich mit kulturellen Implikationen psychischer Phänomene beschäftigen, sowie feministische Bewegungen. Dazu gehört weiter die Entwicklung der Gehirnforschung, die die biologische Basis sowohl der rationalen als auch der intuitiven Seite der menschlichen Natur darstellt, und das Interesse an physikalischen und geistigen Prozessen, die über den Sport vermittelt werden.

Es ist nun unserer Meinung nach nahezu unmöglich, Menschen für eine materiell einfachere Lebensweise zu gewinnen, wenn es nicht gelingt, sie von der Notwendigkeit der Erforschung ihrer inneren Fähigkeiten zu überzeugen. Ohne ein bestimmtes Maß an Einfachheit werden wir jedoch kaum in

---

»Ein solches Umweltbewußtsein sieht nicht nur die Erhaltung der physikalischen Ressourcen der Welt vor, sie bezieht darüber hinaus auch alle anderen Lebewesen in seine Bemühungen ein.«

---

der Lage sein, mit den Problemen fertig zu werden, die z.B. aus der Verknappung der Rohstoffvorräte entstehen. Die Entwicklung unserer inneren Fähigkeiten ist deshalb auch die notwendige Bedingung dafür, daß wir die Verantwortung für eine bewußte evolutionäre Entwicklung unserer Erde übernehmen können.

Diese Analyse reicht jedoch für die Bestimmung des eigentlichen Wesens der Beziehung zwischen persönlicher Entfaltung und einer einfachen Lebensweise noch nicht aus. Um zu einem wirklichen Verständnis dieser Beziehung zu kommen, müssen wir uns auf einen noch grundlegenderen Wesenszug dieses Verhältnisses besinnen. Dabei handelt es sich um ein Grundprin-

»Seitdem die traditionellen Wert- und Zielvorstellungen zunehmend ihre Bedeutung und Funktionsfähigkeit verlieren, bemüht sich eine kleine, aber schnell wachsende Anzahl von Amerikanern intensiv darum, ihr eigenes ›Ich‹ *zur Entfaltung zu bringen.«*

zip, das beileibe nicht neu ist – es ist vielleicht schon so alt wie die menschliche Zivilisation überhaupt –, aber es ist äußerst beständig und scheint immer wieder neu entdeckt zu werden. *Arnold Toynbee,* ein hervorragender Historiker, hat das Wesen dieses Prinzips kurz und prägnant folgendermaßen beschrieben:

»Diese religiösen Begründer (Jesus, Buddha, Lao Tse, Franz von Assisi) hatten alle unterschiedliche Auffassungen von der Natur des Universums, der Natur des geistigen Lebens und der Natur der höchsten geistigen Wahrheit. Aber in ihren ethischen Prinzipien waren sie sich alle einig. Sie stimmten alle darin überein, daß das Streben nach materiellem Reichtum ein falsches Ziel ist. Wir sollten lediglich nach einem Minimum an materiellen Dingen verlangen, das zum Leben erforderlich ist; unser eigentliches Ziel sollte jedoch geistiger Art sein. Alle betonten einstimmig, daß es uns ins Verderben führen würde, wenn wir materiellen Reichtum zu unserem obersten Ziel erklärten. Sie sprachen alle von Selbstlosigkeit und Nächstenliebe als dem Schlüssel zum Glück und zum Erfolg in menschlichen Angelegenheiten.«

Die Vielfalt der grundlegenden Werte, die für die Herausbildung der einfachen Lebensweise besonders kennzeichnend sind, erschöpft sich natürlich nicht in den fünf obengenannten Aspekten. Darüber hinaus werden diese Werte von verschiedenen Menschen ganz unterschiedlich gehandhabt und miteinander verknüpft. Dennoch besitzen alle diese Werte eine Schlüssigkeit, aus der ersichtlich wird, daß sie nicht zufällig entstanden sind, sondern daß ihnen ein einflußreiches Grundprinzip vorgegeben ist. Der starke Einfluß, den diese Werte ausüben können, ist klar ersichtlich: Die innere Entfaltung

»Es ist nun unserer Meinung nach nahezu unmöglich, Menschen für eine materiell einfachere Lebensweise zu gewinnen, wenn es nicht gelingt, sie von der Notwendigkeit der Erforschung ihrer inneren Fähigkeiten zu überzeugen.«

kann ein ökologisches Verantwortungsbewußtsein fördern, das wiederum für eine größere materielle Einfachheit und somit auch für kleinere, menschlichere Lebens- und Arbeitsbereiche eintritt; dadurch eröffnet sich wiederum die Möglichkeit einer größeren lokalen Selbstbestimmung.

Für sich genommen wären diese Werte nicht in der Lage, die Vitalität und den Zusammenhalt zu entwickeln, der sich aus dem Zusammenwirken aller dieser Werte ergibt. Aus dieser Interaktion von Werten konstituiert sich eine praktische ›Weltanschauung‹, eine reale Basis sowohl für die Selbsterhaltung des Lebens als auch für seine innere Entwicklung – und ein logisches System von Wahrnehmung, Glauben und Verhalten, das eine wichtige Brücke zwischen den Traditionen der industriellen Welt und der bisher noch unsicheren und problemreichen sozialen Zukunft schlagen könnte.

Wie sich die einfache Lebensweise nicht definieren läßt

Im vorangegangenen Abschnitt habe ich versucht, eine gültige Definition der einfachen Lebensweise zu geben. Man kann sich jedoch genauso ein Bild von dieser Lebensweise machen, indem man aufzählt, aus welchen Eigenschaften sie nicht besteht.

Man sollte die einfache Lebensweise *nicht* mit einer *»Zurück-zur-Natur«*-Bewegung gleichsetzen. Zwar vollzieht sich gegenwärtig durch die Abwanderung von Teilen der Bevölkerung in kleine Städte oder ländliche Gebiete eine historische Verschiebung, die große Mehrzahl der Menschen lebt jedoch weiterhin im Bereich von Städten. Dieser großen Mehrheit der Stadtbevölkerung erscheint eine einfache Lebensweise vielleicht ebenso notwendig wie der ländlichen Minderheit. Stadtleben und einfaches Leben brauchen keine Gegensätze zu sein; viele Experimente mit geeigneten Technologien, intensivem Gartenbau usw. sind sogar in städtischer Umgebung durchgeführt worden.

Sicherlich verdankt die einfache Lebensweise einen Teil ihrer Anschauungen und ihrer Vitalität der Gegenkulturbewegung der sechziger Jahre; in ihrer gegenwärtigen Form ist sie jedoch nicht auf diese Bewegung beschränkt. Viele ihrer Anhänger sind altersmäßig und im Hinblick auf ihre sozialen Erfahrungen von den Protagonisten dieser sogenannten »neuen Werte« der sechziger Jahre weit entfernt.

Eine einfache Lebensweise sollte nicht mit Armut gleichgesetzt werden. In vieler Hinsicht ist Armut sogar das gerade Gegenteil von einem einfachen Leben, denn durch sie wird das Leben zu einem ständigen Kampf ums Dasein, und sie läßt überdies nur wenige Möglichkeiten der persönlichen Entwicklung zu. Die einfache Lebensweise ist kein soziales Universalheilmittel. Sie fördert eine soziale Evolution, die in den Augen ihrer Befürworter nötig ist, um die minimalsten Erfordernisse für unser langfristiges Überleben in dieser Welt sicherzustellen, aber dadurch werden noch nicht die Probleme gelöst, vor denen wir heute stehen. Statt dessen schafft die einfache Lebensweise eine Grundlage, von der aus gesellschaftliche Lösungsvorschläge für diese Probleme gegeben werden können, die langfristigen Erfolg versprechen.

Wenn diese Bewegung auch sehr stark gefühlsmäßig motiviert ist, so bedeutet dies nicht, daß es ihr deshalb an intellektuellen Fähigkeiten, die nötig sind, um diese Bewegung zum Erfolg zu führen, fehlt. Meiner Meinung nach gehören einige der kreativsten und fähigsten Intellektuellen, Künstler und humanen Kapitalisten in den USA zu den Anhängern der zahlreichen Grundsätze einer einfachen Lebensweise. Die meisten Vertreter dieser neuen Lebensauffassung entstammen dem Bildungsbürgertum, so daß ihr genügend gut ausgebildete Talente zur Verfügung stehen.

Die einfache Lebensweise ist eine soziale Bewegung, die sich nicht nur auf die USA beschränkt. Eigentlich tendieren heute alle westlichen Industrienationen in eine ähnliche Richtung (wenngleich ihre Erscheinungsformen auch aufgrund des besonderen kulturellen Hintergrundes und der sozialen Erfahrungen der einzelnen Länder verschieden sein können). Viele europäische Nationen, deren Bodenfläche und Rohstoffquellen viel eingeschränkter sind als die der USA, haben aufgrund dieser Tatsache schon viel größere Erfahrungen gesammelt, wie man mit der Verknappung der Ressourcen fertig wird. Es gibt darüber hinaus Beweise, daß auch andere Nationen es vorziehen könnten, den Weg zu einer einfacheren Lebensweise einzuschlagen, als sich weiterhin dem Streß auszusetzen, nach einer Überflußgesellschaft um jeden Preis zu streben. So hat z.B. kürzlich eine Umfrage in Norwegen ergeben, daß

»74 % einer Gruppe von befragten Personen angaben, daß sie es vorziehen würden, ein einfaches Leben zu führen, in dem nur die wesentlichsten Dinge zur Verfügung stünden (wobei jedoch keine genauere Definition dieser Dinge gegeben wurde) und daß sie lieber auf ein hohes Einkommen und eine Reihe von materiellen Annehmlichkeiten verzichten würden, wenn diese nur auf Kosten von vermehrtem Streß zu bekommen seien«.

Die einfache Lebensweise ist keine Modeerscheinung. Ihre Wurzeln sind viel zu tief in den Bedürfnissen und Vorstellungen der Menschen überall auf der Welt verankert, als daß man sie für eine nur vorübergehend gültige Antwort auf eine zeitlich begrenzte gesellschaftliche Situation halten könnte.

Was sind die Motive für ein einfaches Leben?

Wir haben bereits gesehen, daß die einfache Lebensweise eine starke Anziehungskraft besitzt. Sie scheint einem kleinen, aber doch sehr wichtigen Teil der Bevölkerung eine praktische, realisierbare und bedeutsame Alternative ihrer bisherigen Lebensweise zu bieten. Dennoch ist es unwahrscheinlich,

»Man sollte die einfache Lebensweise nicht mit einer Zurück-zur-Natur-Bewegung gleichsetzen.«

daß sich diese Lebensweise allein aufgrund ihrer großen Anziehungskraft auf den überwiegenden Teil der Bevölkerung übertragen läßt, wenn nicht eine entscheidende äußere Triebkraft hinzukommt. Beide Elemente, sowohl die Anziehungskraft dieser Lebensweise als auch äußere Triebkräfte müssen in Erwägung gezogen werden, wenn wir erreichen wollen, daß die einfache Lebensweise in der Zukunft eine einflußreiche soziale Kraft darstellt. Wir müssen deshalb untersuchen, ob die gesellschaftlichen Probleme als äußere Triebkräfte der Veränderung in eine ähnliche Richtung tendieren, in die die Anziehungskraft der einfachen Lebensweise wirkt.

Das Ausmaß und die Vielfältigkeit unserer gesellschaftlichen Probleme sind gewaltig. Wir können in diesem Artikel nur einen oberflächlichen Überblick über einige der bekanntesten Probleme geben, deren mögliche Lösung uns der ersehnten einfachen Lebensweise näherbringen könnte. Dazu gehören z.B. folgende Probleme:

- Die Aussicht, daß die Vorräte von billig zu beschaffenden, für die industrielle Entwicklung entscheidenden Rohstoffen zur Neige gehen.
- Die Aussicht auf eine chronische Energieknappheit und auf den schwierigen Übergang zu einer sehr viel energiewirksameren Wirtschaftsform.
- Die wachsende Gefahr, daß wir uns, noch bevor die Rohstoffquellen gänzlich versiegen, selbst vergiften, indem wir die Existenz Tausender von gefährlichen Substanzen in unserer Umwelt und unseren Nahrungsmitteln dulden.
- Wachsende materielle Forderungen der Länder der Dritten und Vierten Welt; dazu kommen klimatische Veränderungen, die in einigen Gebieten schwere Hungerperioden zur Folge haben; dazu kommt weiter die wachsende Bedrohung durch den Terrorismus (sei es in konventioneller, atomarer oder biologischer Form) und die den Industrienationen eigene zunehmende Verwundbarkeit ihrer in höchstem Maße komplizierten und voneinander abhängigen Technologien (in den Bereichen des Kommunikations-, Energie- und Transportsystems).

»Schließlich ist unserer Schätzung nach mindestens die Hälfte der Bevölkerung derjenigen Kategorie von Menschen zuzurechnen, die sich der einfachen Lebensweise gegenüber gleichgültig oder feindlich verhält oder von ihr nichts wissen will.«

- Die ständige Umverteilung der globalen Machtstrukturen vor dem Hintergrund eines raschen Anwachsens des atomaren Sektors.
- Die Armseligkeit unseres Reichtums, die sich in der wachsenden Unzufriedenheit über die Tatsache ausdrückt, daß in unserer industriellen Gesellschaft materielle Produkte die einzige Belohnung und Sinngebung der menschlichen Existenz darstellen.
- Die Anfechtung der Legitimität von führenden Vertretern nahezu aller großen (öffentlichen und privaten) Institutionen.
- Der sichtliche Verlust sozialer Zweck- und Zielgerichtetheit; verbunden mit zunehmenden individuellen Entfremdungserscheinungen.
- Die chronische und alle Bereiche umfassende Finanzkrise vieler unserer größten Städte; verbunden mit einer unerwarteten historischen Richtungsänderung des Bevölkerungsstroms (der sich heute in Kleinstädte und ländliche Gebiete bewegt).
- Der Abbau einer großen Anzahl von wichtigen Arbeitsfunktionen bei gleichzeitigem Ausbau der Automatisierung und bei gleichzeitiger Zunahme von Unterbeschäftigung und Arbeitslosigkeit.
- Die Einsicht, daß wir (auf lokaler, föderativer und staatlicher Ebene) soziale Bürokratien ins Leben gerufen haben, die solche extremen Ausmaße angenommen haben und so kompliziert und voneinander abhängig geworden sind, daß unsere Fähigkeiten, sie zu durchschauen und zu beherrschen, nicht mehr ausreichen; dazu kommen immer heftigere Proteste, daß unsere Gesellschaft übermäßig reglementiert wird, und die Forderungen, die auf allen Ebenen an die Regierung gerichtet werden, nehmen immer größere Ausmaße an.
- Immer lautere Forderungen nach einer Abschwächung der ökonomischen Ungerechtigkeiten im eigenen Land, verbunden mit der Aussicht, daß die Wirtschaft in absehbarer Zeit kaum noch expandieren oder sich sogar dem Nullwachstum nähern wird, durch das das Gespenst erbitterter Kämpfe um die Aufrechterhaltung des Status quo oder einer leichten Verbesserung der Lebenslange heraufbeschworen wird.

Die Entschlossenheit, solche Probleme anzupacken, wird unsere Gesellschaft sicherlich einer Lebensweise näherbringen, die ein größeres ökologisches

---

»Die Beweggründe dieser Menschen, einfacher zu leben, sind oft höchst privater oder besonderer Natur – sie entspringen dem Wunsch, dem »Hundeleben« *zu entgehen und ein weniger künstliches Leben zu führen, oder sind die Folge von persönlicher Desillusionierung oder von einer wachsenden Unzufriedenheit mit dem Arbeitsplatz.«*

Verantwortungsbewußtsein aufweist, sparsamer in ihrem Konsumverhalten ist, die sich globaler orientiert, die dezentralisierter ist, die mehr lokale Selbstbestimmung zuläßt usw. Die Lösung dieser äußerst schwierigen Probleme wird deshalb in nicht unbeträchtlichem Ausmaß in die gleiche Richtung weisen, in die wir auch aufgrund der Anziehungskraft, die die einfache Lebensweise auf uns ausübt, tendieren.

Modelle und Dimensionen der einfachen Lebensweise

Unserer Ansicht nach gibt es mindestens zwei völlig verschiedene Arten von Menschen, die sich der einfachen Lebensweise verschrieben haben. Zu der ersten Gruppe von Menschen, die sehr klein, aber auch äußerst heterogen ist, gehören Familien und Individuen, die sich nach Jahren oder Jahrzehnten dazu entschließen, nicht länger nach Kräften im Strom des täglichen Lebens mitzuschwimmen, sondern zu einer einfacheren Lebensweise überzugehen. Die Beweggründe dieser Menschen, einfacher zu leben, sind oft höchst privater oder besonderer Natur – sie entspringen dem Wunsch, dem »*Hundeleben*« zu entgehen und ein weniger künstliches Leben zu führen, oder sie sind die Folge von persönlicher Desillusionierung oder von einer wachsenden Unzufriedenheit mit dem Arbeitsplatz. Eine solche Veränderung der Lebensgewohnheiten wirkt als Vorbild und sorgt für die weitere Verbreitung dieser Lebensweise. Zahlenmäßig gesehen ist diese Gruppe nicht sehr bedeutend, als positives Leitbild für die Popularisierung der einfachen Lebensweise ist sie jedoch ein sehr wesentlicher Faktor.

Die andere Gruppe umfaßt meist jüngere Menschen, die eher aufgrund von philosophischen Überlegungen zu einer einfachen Lebensweise tendieren und sich mehr dafür engagieren als die erste Gruppe. Sie sind deshalb besser dazu geeignet, die Vorstellungen einer einfachen Lebensweise zu verbreiten. Da es bisher noch keine explizit demographische Untersuchung der Anhängerschaft dieser Lebensweise gibt, müssen wir uns damit zufriedengeben, Mutmaßungen über ihr charakteristisches Verhalten anzustellen, indem wir die Eigenschaften von Gruppen untersuchen, die ihr nahestehen und über die uns einige Informationen vorliegen. (Dazu gehören Umweltschutzinitiativen, die Konsumerismusbewegung etc.)

Aufgrund dieser Informationen können wir über die Vertreter der zweiten Gruppe folgende Aussagen machen:

- Die Gruppe besteht aus überwiegend jungen Menschen zwischen zwanzig und dreißig Jahren
- Männer und Frauen sind gleichermaßen in ihr vertreten
- zu der Gruppe gehören viele junge Familien; die meisten ihrer Mitglieder sind jedoch ledig
- ihr gehören fast ausschließlich Weiße an
- sie entstammen der Mittel- und Oberschicht

- sie sind außerordentlich gut ausgebildet
- über ein Viertel von ihnen bezieht ein Jahreseinkommen, das 5000 Dollar nicht übersteigt (hauptsächlich Studenten), ein anderes Viertel verdient dagegen jährlich über 15 000 Dollar
- sie sind politisch unabhängig – und stehen im Widerspruch zu den gängigen gesellschaftlichen Normen
- sie wohnen meist in der Stadt, obwohl viele von ihnen lieber in einer Kleinstadt oder auf dem Land leben würden.

Kategorien und Dimensionen der einfachen Lebensweise

Es hat sich unseres Erachtens als nützlich erwiesen, die Menschen bezüglich ihres Verhaltens gegenüber der einfachen Lebensweise in vier Kategorien einzuteilen:

Menschen, die die einfache Lebensweise völlig übernommen haben

Nach unseren Schätzungen richten sich in den USA nur 4–5 Millionen Erwachsene (3 % der erwachsenen Bevölkerung) völlig und mit größter Überzeugung nach den Prinzipien der einfachen Lebensweise. Diese Menschen bilden den aktiven, führenden Teil der Bewegung und sind überall im Land anzutreffen.

Sollten wir eine Karikatur der Aktivitäten anfertigen, die charakteristisch für die Lebensgewohnheiten dieser Gruppe sind, würden folgende Details in die Zeichnung eingehen: Organischer Gartenbau, Recycling, natürliche Lebensmittel, einfache Kleidung, Radfahren zur Arbeit, Familiensinn, die Beschäftigung mit Meditation oder anderen inneren Prozessen.

Menschen, die die einfache Lebensweise teilweise praktizieren

Eine zweite Gruppe von Menschen können wir als »*teilweise*« Vertreter der einfachen Lebensweise bezeichnen. Diese Gruppe ist wahrscheinlich ungefähr zweimal so groß wie die erste (ihr sind ca. 8 bis 10 Millionen Erwachsene zuzurechnen). Diese Personengruppe zeichnet sich dadurch aus, daß sie einige, aber nicht alle Grundprinzipien der einfachen Lebensweise für richtig hält und ihr Handeln danach ausrichtet. Sie ist in allen Bereichen der erwachsenen Bevölkerung zu finden – wahrscheinlich gehören die meisten Menschen dieser Gruppe zur Mittelschicht und sind im mittleren Alter – auf alle Fälle aber sind sie immer noch vorwiegend Weiße und leben vorwiegend in den Städten.

Interessenten der einfachen Lebensweise

Einige Umfragen, auf die wir weiter unten noch eingehen, haben ergeben, daß ein großer Teil der erwachsenen Bevölkerung – er umfaßt sicherlich mehr als ein Drittel, vielleicht sogar die Hälfte aller Erwachsenen – mit vielen Wertvorstellungen der einfachen Lebensweise sympathisiert, daß er aber aus den verschiedensten Gründen nicht aktiv an dieser Lebenshaltung teilnimmt. Diese Gruppe von Menschen nennen wir Sympathisanten der einfachen Lebensweise.

Menschen, die der einfachen Lebensweise gleichgültig, uninformiert oder feindlich gegenüberstehen

Schließlich ist unserer Schätzung nach mindestens die Hälfte der Bevölkerung derjenigen Kategorie von Menschen zuzurechnen, die sich der einfachen Lebensweise gegenüber gleichgültig oder feindlich verhält oder von ihr nichts wissen will. Sowohl die ganz unteren als auch die ganz oberen Lohngruppen gehören zum Potential dieser Kategorie. Da sind zunächst einmal diejenigen, die unfreiwillig einfach leben müssen – d.h., diejenigen, die in Armut leben und mit einem Leben im Überfluß keinerlei Erfahrungen gemacht haben. Diese Menschen opponieren häufig gegen die einfache Lebensweise, weil sie auf die Gelegenheit warten, selbst einmal reich zu werden. Die Menschen dagegen, die ein sehr hohes Einkommen beziehen, sind oft einzig und allein am Gewinnstreben orientiert und sehen in der einfachen Lebensweise eine Bedrohung ihres Lebensstandards.

Von diesen vier Kategorien ist die dritte unseres Erachtens die wesentliche. Die Zahl der Sympathisanten ist so groß, daß sie das wichtigste Reservoir von Kräften darstellt, die zur Unterstützung der einfachen Lebensweise gewonnen werden können. Auf unserem Weg in die Zukunft, der mit den größten Schwierigkeiten gepflastert sein wird, könnte sich diese Lebensweise, wie wir später noch sehen werden, als ein enormes Wachstumspotential erweisen.

Auf was für einer Grundlage ist es uns möglich, zu der oben vorgenommenen Einteilung der Bevölkerung in vier Kategorien der einfachen Lebensweise zu kommen? Unseres Erachtens kann man eine solche Einteilung aufgrund der Beobachtung von Bewegungen, die der einfachen Lebensweise eng verwandt sind, wie z.B. dem Konsumerismus oder der Bewußtseinsforschung, festlegen. Am deutlichsten lassen sich die Dimensionen der einfachen Lebensweise jedoch anhand von einigen Meinungsumfragen erfassen, deren Ergebnisse wir im folgenden kurz darstellen:

Nach einer Umfrage des Roper-Instituts vom Mai 1976 glauben 51 % der Amerikaner, daß ihre Nation die Produktion und Konsumption einschränken muß, um die Rohstoffvorräte zu sichern und die Wirtschaft zu stabilisieren. Nur 45 % der Befragten vertraten die Auffassung, daß die traditionelle Lebensweise unverändert weitergeführt werden könne.

Louis Harris veröffentlichte Ende 1975 die Ergebnisse einer Umfrage, die die Reaktion der Bevölkerung auf eine Einschränkung der Konsumption zum Untersuchungsgegenstand hatte:

- 92 % der Amerikaner sind bereit, auf den jährlichen Wechsel ihres Automodells zu verzichten
- 91 % sind bereit, einmal in der Woche auf Fleisch zu verzichten
- 90 % sind bereit, den jährlichen Wechsel in der Kleidermode nicht länger mitzumachen
- 82 % sind bereit, den Umfang der Werbung einzuschränken
- 73 % sind bereit, alte Sachen so lange anzuziehen, bis sie abgetragen sind
- 73 % sind dafür, den Bau von übergroßen Häusern, in denen einige Zimmer nur selten benutzt werden, zu verbieten
- 57 % sind bereit, eine Politik auf nationaler Ebene zu unterstützen, die das Leben in Reihenappartements anstelle von Einfamilienhäusern fördert.

Harris zieht daraus die Schlußfolgerung: »*Wenn die Alternative darin besteht, sich entweder für eine Einschränkung des Konsums oder das Risiko ständiger Inflation und Arbeitslosigkeit entscheiden zu müssen, stimmen 77–78 % der Amerikaner einer Änderung ihres Lebensstils zu.*«

Eine Untersuchung ganz anderer Art veröffentlichte der ›*Harvard Business Review*‹ in seiner letzten Nummer des Jahres 1975. Er forderte seine Leser auf, sich zwischen der »Ideologie I« (der traditionellen amerikanischen Lebensauffassung, deren zentrale Werte in krassem Individualismus, Privatbesitz und in der freien Konkurrenz auf dem Markt bestehen) und der »Ideologie II« (dem Wunsch nach Kommunalismus, in dem die Rechte und Pflichten des einzelnen von den Bedürfnissen der Gesamtheit bestimmt werden) zu entscheiden. Die Leser zogen mit 70 % zu 29 % die Ideologie I der anderen vor. Wichtiger ist noch die Tatsache, daß 36 % der Auffassung waren, die Ideologie II wäre heute vorherrschend, 38 % sie für besser geeignet hielten, die Probleme unserer Zukunft zu lösen und 73 % fest daran glaubten, daß die Ideologie II 1985 die USA beherrschen würde.

Auch das Interesse an den psychischen Dimensionen des Lebens scheint weit verbreitet zu sein. *Yankelovich, Skelly* und *White* haben herausgefunden, daß 80 % der Bevölkerung daran interessiert sind, durch eine Beschäftigung mit der Frage nach dem Sinn des Lebens zu einem tieferen Selbstverständnis zu kommen. Die *Nati;onal Opinion Research Corporation* hat aufgrund einer Umfrage festgestellt, daß über 40 % der amerikanischen Erwachsenen schon einmal ein Erlebnis der Art gehabt haben, die man gemeinhin als »*mystisch*« bezeichnet. Roper fand 1974 heraus, daß 53 % der Amerikaner an die Möglichkeit übersinnlicher Wahrnehmung glauben – eine Auffassung, die sehr stark mit Erziehung und Einkommen zusammenhängt. Eine Umfrage von *Gallup* im Jahre 1976 ergab, daß 12 % der Amerikaner mit mystischen Vorgängen *»in Berührung kommen«* oder sie *»praktizieren«*.

Ein weiterer Indikator der Popularität einer einfachen Lebensweise ist die Tatsache, daß Bücher wie *»Small is Beautiful«*, *»The Whole Earth Catalog«* und *»Limits to Growth«* alle millionenfach verkauft worden sind.

Schließlich könnte man noch auf den kalifornischen Gouverneur *Edmund Brown* verweisen, dessen persönliche und politische Haltung gegenüber Sparsamkeit und ökologischen Problemen allgemein große Aufmerksamkeit erregt. Ebenso bedeutsam ist die Tatsache, daß sowohl Präsident *Carter* als auch der Ex-Präsident *Ford* sich durch die Auffassung Verdienste erworben haben, daß mehr nicht unbedingt besser ist.

Dieses Datenmaterial an sich beweist nichts; die Vielzahl der Hinweise auf das Prinzip der einfachen Lebensweise macht diese Daten jedoch bedeutsam. Sie bezeugen

- die Bereitschaft vieler Amerikaner, ihre Lebensweise zu verändern
- Sympathie für die Wertvorstellungen und Verhaltensweisen der einfachen Lebensweise
- ein großes Interesse an den psychischen Dimensionen des Lebens.

Ausblick auf die Verbreitungsmöglichkeiten der einfachen Lebensweise

Ein springender Punkt in der Diskussion um die einfache Lebensweise ist die Frage nach ihrer möglichen Verbreitung. Unserer Schätzung nach könnte man die maximale Ausdehnung der einfachen Lebensweise in folgenden Zahlen ausdrücken:

Maximale Ausdehnung der einfachen Lebensweise in den USA (in Millionen Erwachsener)

	1977	1987	2000
Hundertprozentige Anhänger	5	25	60
Teilweise Anhänger	10	35	60
Interessenten	60	50	25
Gleichgültig oder feindlich Eingestellte	75	60	55

Nach diesen Zahlen gibt es heute ca. 10 Millionen Erwachsene, die die Anschauungen der einfachen Lebensweise teilen (wenn man von 5 Millionen Menschen ausgeht, die sie völlig teilen, und dazu 50 % der Menschen rechnet, die sie nur teilweise akzeptieren). Diese Zahlen könnten im Jahr 1987 40 Millionen und im Jahr 2000 90 Millionen überschreiten. Dies ist für ein im

»Wissenschaftler haben herausgefunden, daß 80% der Bevölkerung daran interessiert sind, durch eine Beschäftigung mit der Frage nach dem Sinn des Lebens zu einem tieferen Selbstverständnis zu kommen.«

wesentlichen soziologisches Phänomen eine außerordentlich hohe Zuwachsrate. Diese Zahlen besagen weiter, daß im Jahr 2000 weniger als ein Drittel der erwachsenen Bevölkerung die einfache Lebensweise hundertprozentig vertritt.

Damit die in der obigen Tabelle angezeigten Zuwachsraten erzielt werden könnten, müßten folgende Bedingungen gegeben sein:

Zunächst einmal müßten die oben beschriebenen äußeren Triebkräfte zur Realisierung der einfachen Lebensweise eher noch weiter gesteigert als verringert werden. Alle Versuche, die dies außer acht ließen, wären zum Scheitern verurteilt, aus welchen Gründen auch immer. Gleichzeitig müßte die Nation einer ernsthaften ökonomischen Depression entgegenwirken, denn sonst würde eine unfreiwillige Einfachheit (d.h.: Armut) an die Stelle einer einfachen Lebensweise treten.

Zweitens müßte sich die einfache Lebensweise gegenüber den vielen Millionen von Menschen, die mit ihr bisher kaum alltägliche Erfahrungen gemacht haben, als eine ihr Leben sichernde und insgesamt lohnende Angelegenheit erweisen. Oft werden Versuche, einfach zu leben, wieder aufgegeben, weil sich die erwartete innere Befreiung nicht einstellt, weil die Umstellung auf diese Lebensweise zuviel fordert oder weil veränderte Familienverhältnisse (z.B. durch die Geburt eines Kindes) die Rückkehr zu einem weniger folgerichtigen Lebensstil verlangen. Einige Menschen, die sich mit dieser Lebensweise auseinandersetzen, kommen zu der Auffassung, daß sie den Menschen psychisch und physisch soviel abverlangt und in einem solchen unversöhnlichen Gegensatz zu den traditionellen amerikanischen geistigen und materiellen Werten steht, daß nur eine kleine Anzahl von Menschen in der Lage sein wird, mit einem solchen Lebensstil glücklich zu werden. Und deshalb, so argumentieren sie, ist die einfache Lebensweise keine realisierbare nationale Lösung der Probleme, die sie anspricht. Andere Menschen dagegen haben solche Bedenken nicht.

Die dritte – und vielleicht entscheidendste – Bedingung für die Realisierung der einfachen Lebensweise besteht darin, neben dem besonderen wirtschaftlichen Sektor dieser Lebensweise den äußerst produktiven, auf Massenwaren zugeschnittenen ökonomischen Sektor beizubehalten; denn würde er nicht aufrechterhalten, könnte der damit verbundene Verfall des Lebensstandards zu einer sozialen und ökonomischen Revolution führen. Es scheint keine praktischen oder philosophischen Gründe dafür zu geben, daß Sparsamkeit und Einfachheit sich nicht mit einer hochentwickelten Technologie oder dem Anreiz des Profits vertragen könnten. Es ist jedoch noch nicht geklärt, ob die Antagonismen, die zwischen den beiden unterschiedlichen Lebensweisen bestehen, nicht den minimalen – allerdings wesentlichen – Grad der Zusammenarbeit verhindern würden.

Selbst wenn sich die einfache Lebensweise in den kommenden 25 Jahren in dem Ausmaß entwickelt, wie es in der Tabelle angegeben ist, heißt dies noch nicht, daß diese Entwicklung auch so gleichförmig verläuft, wie die Zahlen es vermuten lassen. Es ist wahrscheinlicher, daß sie sich in Sprüngen, Rückschlägen und Stagnationsperioden vollzieht, bedingt durch eine Vielzahl von besonderen Ereignissen, plötzlichen Einsichten, beispielgebenden Pionieren und den verschiedensten politischen Regulierungsmaßnahmen und Gesetzen. Es ist jedoch genauso denkbar, daß sich die einfache Lebensweise ungehindert Schritt für Schritt in der Form zahlloser kleiner, nicht besonders publik gemachter Entscheidungen vollzieht, die so wenig spürbar sind, daß sich niemand über ihre Wirkung im klaren ist, bis sich plötzlich herausstellt, daß sich eine beachtliche Veränderung der Wertvorstellungen vollzogen hat.

Soziale Folgen in der Zukunft

Wenn sich die einfache Lebensweise wirklich zu einer entscheidenden sozialen Bewegung entwickelt, wird sich dies nachhaltig auf die verschiedensten Bereiche des sozialen Systems auswirken. Der *›amerikanische Traum‹* würde durch die allgemeine Annahme der sozialen Wert- und Zielvorstellungen der neuen Lebensweise eine nicht eben geringe und wahrscheinlich auch dauerhafte Veränderung erfahren. Das Ergebnis dieser Veränderungen wäre möglicherweise eine soziale Ordnung, die von der heutigen Zeit so verschieden ist wie das Industriezeitalter vom Mittelalter.

Wir wollten damit keinesfalls behaupten, daß eine einfache Lebensweise den einzigen Weg zu einer gangbaren kulturellen und ökonomischen Zukunft bietet. Die USA und viele andere Industrieländer befinden sich jedoch heute in einer Zeit sozialen Verfalls. Dabei scheint ihnen sowohl die Kraft als auch ein Gefühl für die Richtung zu fehlen, die in dieser Situation nötig sind. Die Menschen scheinen nur auf einen Führer oder eine Abfolge von Ereignissen

---

»Die einfache Lebensweise müßte sich gegenüber den vielen Millionen von Menschen, die mit ihr bisher kaum alltägliche Erfahrungen gemacht haben, als eine ihr Leben sichernde und insgesamt lohnende Angelegenheit erweisen.«

---

zu warten, um sich über eine mögliche soziale Alternative klarzuwerden. Ungewißheit, Unentschiedenheit und wachsende Angstgefühle in bezug auf die soziale Entwicklung haben die Bereitschaft gefördert, das »*Undenkbare zu denken*« und ein neues Verständnis dafür zu entwickeln, was leben heißt und welchen Weg wir einschlagen wollen. In dieser Situation, in der wir nach einem Ausweg suchen und mit neuen sozialen Formen experimentieren, könnte die einfache Lebensweise mit ihrer schlüssigen, äußerst relevanten und nützlichen Weltanschauung ein wichtiger Bezugspunkt oder sogar ein Rettungsring für uns werden.

Verschiedene Möglichkeiten der sozialen Entwicklung unserer Zukunft

Die einfache Lebensweise, die eine große und lang andauernde Bedeutung erlangen könnte, sobald sie sich einmal durchgesetzt hätte, befindet sich heute noch in einem Stadium, in dem sie um Aufmerksamkeit und soziale Anerkennung kämpfen muß. Wir haben oben ausgeführt, daß sie bis zum Jahr 2000 zur bestimmenden Weltanschauung werden könnte. Sie könnte aber auch unter Umständen völlig bedeutungslos werden. Wenn wir uns ein Bild von ihren zukünftigen sozialen Dimensionen machen wollen, müssen wir versuchen, die Natur und die Dynamik des größeren sozialen Zusammenhangs zu verstehen, aus dem sich die einfache Lebensweise entwickeln könnte.

Über den zukünftigen Verlauf der sozialen Evolution herrscht in den USA große Unklarheit. Trotz dieser grundsätzlichen Unsicherheit gibt es vier alternative gesellschaftliche Zukunftsvisionen, die in den nächsten Jahrzehnten Wirklichkeit werden könnten:

Die technologische Lösung

Dies ist eine Zukunftsvision, in der wir mit viel Glück und großer Geschicklichkeit die soziale Bereitschaft und das technologische Know-how entwickeln, um mit den bedrohlichen nationalen Problemen fertig zu werden und ein relativ hohes materielles Wachstum sichern zu können. Ein solches

---

»In der Situation, in der wir nach einem Ausweg suchen und mit neuen sozialen Formen experimentieren, könnte die einfachere Lebensweise mit ihrer schlüssigen, äußerst relevanten und nützlichen Weltanschauung ein wichtiger Bezugspunkt oder sogar ein Rettungsring für uns werden.«

Zukunftsbild geht davon aus, daß die bereits erwähnten grundlegenden Wertvorstellungen des Industriezeitalters (ausgeprägter Individualismus, Rationalismus, materielles Wachstum etc.) den gegenwärtigen Angriffen standhalten werden und in der Lage sind, für menschlichere Lebens- und Arbeitsbedingungen zu sorgen.

Der Weg ins soziale Chaos

In dieser Zukunftsvision wird die Gesellschaft durch gegensätzliche Interessengruppen, die ein Klima sozialer Spannungen und Spaltungen schaffen, zugrunde gerichtet. Dabei kommt es nicht zu einem Umsturz und neuen Machtverhältnissen – statt dessen wird das soziale Gefüge nur immer unerbittlicher zerstört, indem eine Krise auf die andere folgt und die allgemeine Ratlosigkeit, wie dieser Prozeß aufzuhalten wäre, immer größer wird. Ungeeignete bürokratische Maßnahmen und unvorhergesehene Ereignisse (z. B. schwerwiegende klimatische Veränderungen) könnten das Abgleiten der Gesellschaft ins soziale Chaos ungeheuer beschleunigen.

Der autoritäte Wohlfahrtsstaat

Das Verlangen der Öffentlichkeit nach grundlegenden sozialen Veränderungen und die Einsicht in ihre Notwendigkeit finden gegenwärtig rasche Verbreitung. Dennoch besteht die Gefahr, daß sich der riesige, undurchschaubare Apparat der in höchstem Maße voneinander abhängigen Bürokratien sowohl im öffentlichen als auch im persönlichen Bereich immer weiter verdichtet und die Menschen schließlich in einem undurchlässigen Netz von sozialen Verordnungen und Institutionen gefangenhält. Auf diese Weise könnte aus der unaufhaltsamen Logik wohlmeinender bürokratischer Verordnungen, die sich in fast alle Teilbereiche des menschlichen Lebens erstrecken, ein autoritärer Wohlfahrtssaat entstehen.

Die Veränderung der ethischen Vorstellungen

Es wäre auch eine Zukunftsvision denkbar, in der sich die traditionellen Wertvorstellungen des Industriezeitalters verändern und in der sich zwei grundlegende ethische Vorstellungen entwickeln, die ihnen nahestehen. Die eine davon ist ökologischer Natur und akzeptiert die Tatsache, daß unserer Welt Grenzen gesetzt sind, daß alle Menschen den gleichen Gesetzen unterliegen und daß sie ein integraler Bestandteil der Natur sind. Die zweite ethische Vorstellung bezieht sich auf die Selbstverwirklichung des Menschen und hat zum Inhalt, daß es das Ziel eines jeden Menschen ist, in der Gemeinschaft

»Es besteht die Gefahr, daß sich der riesige, undurchschaubare Apparat der in höchstem Maße voneinander abhängigen Bürokratien sowohl im öffentlichen als auch im persönlichen Bereich immer weiter verdichtet und die Menschen schließlich in einem undurchlässigen Netz von sozialen Verordnungen und Institutionen gefangenhält.«

mit anderen die evolutionäre Entwicklung seiner Fähigkeiten voranzutreiben. Diese beiden ethischen Grundprinzipien wären dazu in der Lage, eine solche gegenseitige Kontrolle auszuüben, daß Abweichungen verhindert würden. Diese Zukunftsvision würde den Raum für die Entfaltung der einfachen Lebensweise oder eines ähnlichen Lebensprinzips schaffen, das zwar in materieller Hinsicht einfacher, jedoch auch befriedigender wäre als unser heutiger Lebensstil.

Diese vier Alternativen unserer Zukunft, die hier nur in Umrissen dargestellt werden konnten, beinhalten ein außerordentlich großes Spektrum von sozialen Möglichkeiten. Da sie allesamt in der Zukunft vorstellbar sind, müssen ihre sozialen Wurzeln bereits in unserer Gesellschaft vorhanden sein. Daraus folgt auch, daß sie sich nicht gegenseitig ausschließen müssen. Wir können uns z. B. durchaus eine zukünftige Gesellschaft vorstellen, in der sich sowohl eine Veränderung der traditionellen Werte als auch ein technologischer Fortschritt vollzieht (obgleich sich ein solcher Fortschritt nicht daran bemißt, wie »hoch« diese Technologien entwickelt sind, sondern wie »angemessen« sie der gesellschaftlichen Lebensweise sind).

Um genauer herauszufinden, wie *entwicklungsfähig* die einfache Lebensweise als gesellschaftliche Alternative ist, ist es wichtig, zu untersuchen, inwieweit sie in allen vier oben genannten möglichen Zukunftsvisionen eine Rolle spielen könnte. Wir müssen die Frage beantworten, ob die einfache Lebensweise sich nur im Zusammenhang mit der Veränderung der ethischen Vorstellungen entwickeln kann oder ob sie auch in den anderen drei Zukunftsvisionen eine wesentliche Rolle spielen kann.

In einer Zukunft des »technologischen Fortschritts« wäre es ohne Zweifel immer noch erforderlich, den Problemen der Rohstoffverknappung, der Umweltverschmutzung und weltweiter ökonomischer Ungleichheiten mit der Forderung nach einem geringeren Konsum zu begegnen. Aufgrund der Tatsache, daß diese und ähnliche Probleme bestehenbleiben werden, wird die einfache Lebensweise selbst in einer materiell prosperierenden Gesellschaft eine entsprechend wichtige Funktion behalten.

In einer Gesellschaft zunehmender sozialer Spannungen und Desintegrationserscheinungen könnte es möglich sein, daß eine einfache Lebensweise diesen Prozeß kurzfristig noch weiter vorantreiben würde. Langfristig gesehen könnte sie jedoch dazu beitragen, die sozialen Spannungen zu verringern. In dem Ausmaß, in dem sie als bedeutsame und praktikable Alternative gegenüber den traditionellen Interessenkonflikten verschiedener Gruppen und den sich ständig verschlechternden sozialen Bedingungen in Erscheinung treten würde, könnte sie die gesellschaftliche Energie in eine vernünftigere und harmonischere Richtung leiten und so zum Abbau der Spannungen beitragen.

In einer Gesellschaft, die sich durch eine wachsende bürokratische Bevormundung und einen Abbau demokratischer Prozesse auszeichnet, könnte eine einfache Lebensweise (mit dem Schwergewicht auf lokaler Selbstbestimmung, menschlicheren Lebens- und Arbeitsbereichen und Selbstgenügsamkeit) sich als eine wirksame Gegenkraft erweisen. Sie könnte zur Initiatorin lebendiger und direkter demokratischer Prozesse werden und auf diese Weise der zunehmenden Rigidität und Stumpfsinnigkeit unseres sozialen Systems entgegenwirken.

Wir sehen also, daß eine einfache Lebensweise in den verschiedenen Zukunftsvisionen durchaus eine wichtige Rolle spielen könnte; eine bestimmte Voraussage über unsere soziale Zukunft wollen wir daraus jedoch nicht ableiten. Sicherlich hängt das Ausmaß, zu dem diese soziale Bewegung sich entfalten kann, ganz von den besonderen sozialen Bedingungen ab, die sie vorfindet. Wir glauben dennoch, daß die Triebkräfte dieser Bewegung so groß sein werden, daß sie nicht so bald aus der sozialen Landschaft verschwinden wird.

Soziale Auswirkungen

Wir können also davon ausgehen, daß die einfache Lebensweise in dem breitgestreuten Spektrum sozialer Zukunftsvisionen eine bedeutende Rolle spielen wird und wollen nun einmal genauer untersuchen, welche Auswirkungen dies langfristig auf die Gesellschaft haben könnte. Die folgende Diskussion beabsichtigt nicht, definitive Voraussagen zu treffen – sie will vielmehr provokative Thesen aufstellen, um weiteres Nachdenken und eine verstärkte Meinungsbildung zu diesem Thema anzuregen.

Wie sähe eine Gesellschaft aus, in der sich die einfache Lebensweise als vorrangiges Prinzip durchgesetzt hätte? Diese Frage läßt sich teilweise da-

---

»In einer Gesellschaft, die sich durch eine wachsende bürokratische Bevormundung und einen Abbau demokratischer Prozesse auszeichnet, könnte eine einfache Lebensweise sich als eine wirksame Gegenkraft erweisen.«

---

durch beantworten, daß wir einmal die stereotypen Wertvorstellungen und sozialen Charaktereigenschaften der industriellen und der einfachen »Weltanschauung« miteinander vergleichen. In der *Tabelle auf Seite 39* sind eine Reihe dieser gegensätzlichen Werte und sozialen Charaktereigenschaften dargestellt.

Aus dieser Gegenüberstellung können wir wichtige Schlußfolgerungen ziehen: Zunächst einmal erscheint die einfache Lebensweise als ein breitangelegter Versuch, die industrielle Weltanschauung kurzfristig gesehen in ihrer Wirkung einzuschränken, langfristig gesehen jedoch durch eine andere zu ersetzen. Sie bezieht nicht nur das materielle Wachstum, sondern auch die Evolution subtilerer (aber deshalb nicht weniger wichtiger) Dimensionen des Lebens in ihre Denkweise mit ein. Aus der tabellarischen Gegenüberstellung der verschiedenen Wertvorstellungen geht hervor, daß sich aus dem Wertsystem der einfachen Lebensweise eine mindestens ebenso schlüssige Weltanschauung ergibt wie aus dem des industriellen Zeitalters (und letztere Weltanschauung hat unsere sozialen Vorstellungen und unsere industrielle Entwicklung nahezu zwei Jahrhunderte lang geprägt). Schließlich läßt sich die einfache Lebensweise nicht als eine Bewegung einstufen, deren Wirkungskreis sich auf ein bestimmtes soziales Gebiet festlegen ließe – sie beeinflußt vielmehr die verschiedensten Seiten des menschlichen Lebens.

Die Tabelle kann nur einen groben Überblick über die sozialen Auswirkungen der einfachen Lebensweise geben. Wir wollen deshalb eine Auswahl dieser sozialen Folgeerscheinungen näher betrachten. Im folgenden werden einige Strömungen langfristiger sozialer Veränderungen dargestellt, die mit der einfachen Lebensweise identisch zu sein scheinen und von der Mehrheit der Bevölkerung unterstützt werden könnten.

Die Entwicklung im nationalen Maßstab

Wahrscheinlich würde eine Gesellschaft, in der der größte Teil der Bevölkerung sich zu einem einfachen Lebensstil entschließen würde, ein ganz anderes »Gefühl« für diese Lebensweise entwickeln. Obgleich dies zugegebenermaßen nur eine Vermutung ist, glauben wir, daß eine solche Gesellschaft einen ausgeprägten Sinn für neue Entwicklungen besäße und sich ständig dazu herausgefordert fühlte, die *Entwicklung neuer, evolutionärer Beziehungen* zwischen Individuen, Gesellschaften, der Natur und dem Kosmos voranzutreiben. Wahrscheinlich würde ihr das den Vorwurf einbringen, sie trete damit die Flucht vor kurzfristig zu lösenden Problemen an; in einer völlig an der einfachen Lebensweise orientierten Gesellschaft gäbe es jedoch einen großen kulturellen Zusammenhalt sowie einen hohen Grad von sozialer Übereinstimmung und sozialem Fortschritt. Die Menschen würden sich auf eine langfristige Entwicklung einstellen und deshalb ein größeres Interesse an ihrem zukünftigen Schicksal haben und zu der Überzeugung kommen, daß ihr En-

»Ein selektives Wachstum könnte einige Sektoren der Wirtschaft weit voranbringen, während sich andere Bereiche der Wirtschaft zurückentwickeln würden.«

gagement sowohl ihnen als auch den nachfolgenden Generationen zugute käme. Das kulturelle Leben wäre wahrscheinlich offener, toleranter, weniger verkrampft und weniger ernst. Die soziale Vielfalt wäre größer und fände mehr Beachtung. Wahrscheinlich würde auch der Sinn für das Gemeindeleben, für regionale Strukturen und für eine volkstümliche Kunst wieder zu neuem Leben erweckt.

Das materielle Wachstum

In materieller Hinsicht würde sich unsere am Überfluß orientierte Gesellschaft in Richtung auf die Zielvorstellung *materieller Genügsamkeit bewegen.* Die Festlegung, welches Maß von materieller Genügsamkeit angemessen wäre, bliebe in erster Linie der Entscheidung des Individuums vorbehalten. Sie wäre jedoch an eine bestimmte Menge verfügbaren Materials sowie an die vorherrschenden kulturellen Normen gebunden. Dies setzt natürlich voraus, daß ein starker kultureller Zusammenhalt zwischen den Menschen besteht und daß die Vorstellungen darüber, was unter einem »angemessenen« Maß an materieller Genügsamkeit zu verstehen ist, nicht zu weit auseinandergehen. Materielles Wachstum kann die gesellschaftliche Stabilität fördern, dies besagt jedoch nicht, daß die Gesellschaft in materieller Hinsicht unbeweglich sein muß. Ein *selektives Wachstum* könnte einige Sektoren der Wirtschaft weit voranbringen, während sich andere Bereiche der Wirtschaft zurückentwickeln würden. So könnte z.B. das Wachstum geeigneter Technologien schnell vorangetrieben werden, während die Produktion von Waren, die offensichtlich für den Konsum bestimmt sind, abgebaut werden könnte.

Die menschliche Entfaltung

Die Gesellschaft würde dahin tendieren, ihre Fähigkeiten und Hoffnungen von den Dimensionen des materiellen Wachstums immer mehr auf nicht-materielle Dimensionen zu lenken. Wenn die weitverbreitete Auffassung zutrifft, daß unsere gegenwärtigen Probleme zum Teil auf das schwerwiegende Mißverhältnis zurückzuführen sind, das zwischen den relativ unterentwickelten inneren Fähigkeiten der Menschen und den außerordentlich hochentwickelten externen Technologien, die sie zur Verfügung haben, besteht, dann

»Die Verbreitung des Prinzips der einfachen Lebensweise kommt einer konsequenten evolutionären Ausdehnung unserer zivilisatorischen Entwicklung gleich.«

bekommt diese *Verlagerung des Schwergewichts auf die inneren Werte* eine zentrale Bedeutung. Die Gesellschaft würde versuchen, dieses Mißverhältnis aufzuheben, indem sie die Entfaltung einer Reihe von inneren menschlichen Werten mindestens bis zu einem Grad unterstützen würde, der an das enorme externe Wachstum heranreichte, das sich in den letzten Jahrhunderten vollzogen hat.

Auf diese Weise bekäme unsere Nation immer mehr Verantwortung für die bewußte Evolution unserer Welt und würde in zunehmendem Maße die Fähigkeiten und das Bewußtsein entwickeln, die diese verantwortungsvolle Aufgabe ihnen abverlangt. Unter der richtigen Führung könnten die industriellen Errungenschaften unserer Nation als eine materielle Basis genutzt werden, um den universellen Evolutionsprozeß individueller und sozio-kultureller Bewußtheit zu fördern. So gesehen ist die Verbreitung des Prinzips der einfachen Lebensweise eine konsequente evolutionäre Ausdehnung unserer zivilisatorischen Entwicklung.

Die Lebens- und Arbeitsbereiche

Die Gesellschaft würde dahin tendieren, von großen und unüberschaubaren Lebens- und Arbeitsbereichen zu kleineren und überschaubareren Bereichen zurückzukehren. Im Zusammenhang damit stünde wahrscheinlich ein Rückzug aus den großen Städten in Kleinstädte und aufs Land. Durch solche Prozesse würden soziale Aktivitäten auf lokaler Ebene gefördert, der Gemeinschaftssinn würde neu belebt und soziale Kontakte vertieft.

Identität

Eine Gesellschaft, die sich an einer einfachen Lebensweise orientiert, würde dazu neigen, persönliche Identität weniger in Kategorien der Konsumption als vielmehr in Kategorien psychologischer, sozialer und geistiger Bewußtheit zu definieren. Für viele Amerikaner ist die Konsumption heute nicht nur ein Ausdruck ihrer persönlichen Identität, sondern sie halten sie geradezu für das eigentliche Wesen der Identität. Durch die Verbreitung der einfachen Lebensweise könnte eine kulturelle Perspektive entstehen, die in der Lage wäre, neue Formen der Identität zu entwickeln, wie z. B. durch das Experimentieren mit verschiedenen Formen der einfachen Lebensweise; durch die

Entwicklung neuer Lebensformen durch veränderte Gruppen- oder erweiterte Familienbeziehungen; durch Hunderte von verschiedenen bewußtseinsfördernden Theorien etc.

Technologie

Die »hoch«entwickelte Technologie unseres »Weltraumzeitalters« würde sich in einer an der einfachen Lebensweise orientierten Gesellschaft zu einer *»angemessenen«* Technologie entwickeln. So wie sich das industrielle Zeitalter auf der Grundlage einer hochentwickelten Technologie entfaltete, wird sich das Zeitalter der einfachen Lebensweise bewußt auf eine Technologie stützen, die ökologisch vernünftig, energiesparend, umweltfreundlich, leicht verständlich und in die Natur integriert wäre und ihre Wirksamkeit entfalten würde, solange sie auf einer begrenzten Ebene angewendet würde.

Politik

Eine Gesellschaft, die sich an der einfachen Lebensweise orientierte, erhielte durch politische Aktivitäten auf verschiedenen Ebenen direkter demokratischer Zusammenschlüsse der Bevölkerung wichtige Impulse für ihre weitere Entwicklung. Die extensive Dezentralisierung von Institutionen würde den lokalen Gemeinden ein größeres Verantwortungsbewußtsein für das Wohlergehen der Bevölkerung auferlegen. Indem die Menschen ein Gefühl für den engen Zusammenhang, der zwischen den Prozessen der persönlichen Entfaltung und sozialer Veränderung besteht, entwickelten, bekäme auch die Politik zunehmend menschlichere, d.h. offenere und empfindsamere Züge. Es wäre auch möglich, daß sich eine Reihe neuer politischer Koalitionen und Parteien herausbilden würden.

Weiter hätte diese Entwicklung zur Folge, daß die Menschen ein größeres Selbstwertgefühl bekämen, daß sich die Appelle nach einem geistigen Bekenntnis zu größerer politischer Übereinstimmung vermehren würden, daß sich die Spannungen zwischen den Anhängern der einfachen Lebensweise und den Vertretern der industriellen Weltanschauung vertiefen würden, daß sich bezüglich der Rechtmäßigkeit und des Umfangs von Planung und Durchführung sozialer Programme auf lokaler Ebene Schwierigkeiten ergeben würden etc. Insgesamt gesehen wären die politischen Prozesse in dieser Ge-

---

»Für viele Amerikaner ist die Konsumption heute nicht nur ein Ausdruck ihrer persönlichen Identität, sondern sie halten sie geradezu für das eigentliche Wesen der Identität.«

---

sellschaft experimentellerer Natur, sie würden die Gefahr von Fehlern miteinkalkulieren und bewußt nach größerer sozialer Differenzierung streben.

Auswirkungen der einfachen Lebensweise im Weltmaßstab

Ein an der Philosophie der einfachen Lebensweise orientiertes Amerika würde ohne Zweifel in der internationalen Politik zu großen Veränderungen führen. Einige dieser Veränderungen wollen wir hier nennen:

- Die Unterstützung internationaler Gremien, die sich mit Fragen der Verteidigung, der Nahrungsmittel- und Energieversorgung, des Naturschutzes, der Umweltverschmutzung, wichtiger Rohstoffe, der Kontrolle der Kernenergie etc. befassen
- Der Abbau von Handelsgrenzen und eine größere wirtschaftliche und technische Unterstützung der Entwicklungsländer
- Die Vertiefung internationaler kultureller Beziehungen
- Eine Veränderung der Machtpolitik; die USA sollten versuchen, ihre Vormachtstellung nicht ökonomisch oder militärisch, sondern moralisch zu behaupten.

Wäre diese Politik erfolgreich, könnten die USA schließlich zu einem Symbol der Menschenrechte werden, sie könnten aufgrund ihrer differenzierten Erfahrungen Hilfestellung bei der Lösung technologischer Probleme geben und zum Inbegriff eines weltweiten Gemeinschaftsgefühls der Völker werden.

Wirtschaftliche Folgen in der Zukunft

Würde sich ein großer Teil der Bevölkerung völlig oder teilweise an dem Prinzip der einfachen Lebensweise orientieren, hätte dies auch für den Bereich der Wirtschaft bedeutsame Folgen. Einige dieser Folgeerscheinungen wollen wir hier kurz ansprechen.

Die Einkommensentwicklung

Nach unseren Schätzungen würde sich das Bruttosozialprodukt durch die einfache Lebensweise nicht so stark verringern, wie man annehmen könnte; wenn z. B. im Jahre 2000 ein Drittel der erwachsenen Bevölkerung nach diesem Prinzip leben würde (und dabei den Konsum auf die Hälfte beschränkte), würde dadurch unserer Meinung nach das persönliche Einkommen der Konsumenten nur um ungefähr 15 % des heutigen Standes sinken. Dies würde sich hauptsächlich auf die Struktur der Konsumption insgesamt und auf die Mäßigung des Wachstums auswirken.

Diejenigen Wirtschaftsbereiche, die die einfache Lebensweise nicht als Bedrohung, sondern als eine günstige Gelegenheit begreifen, würden sich damit vielleicht den am schnellsten anwachsenden Konsumgütermarkt der kommenden Jahrzehnte erschließen. Nach groben Schätzungen könnte sich der Umfang eines an der einfachen Lebensweise orientierten Konsumverbrauchs von 35 Milliarden Dollar heute auf vielleicht 140 Milliarden Dollar in zehn Jahren und auf über 300 Milliarden Dollar im Jahre 2000 erhöhen (Dollarwert von 1975). Dieses Wachstum erscheint uns mehr als geeignet zu sein, um die traditionelle Geschäftswelt zu aktivieren und um eine Reihe von neuen Unternehmen zu unterstützen, die es sich zum Ziel gesetzt haben, das Konsumbedürfnis einer einfachen Lebensweise zu befriedigen.

Die Verbreitung der einfachen Lebensweise würde eine zunehmend ungleichmäßigere Einkommensverteilung nach sich ziehen. Der unserer Gesellschaft zugrunde liegende Gegensatz zwischen arm und reich würde sich noch verschärfen, da der Einkommensbereich, der sich an der einfachen Lebensweise orientiert, sich immer mehr dem Lohn derjenigen anpassen würde, die unfreiwillig einfach und in Armut leben müssen (wenngleich dies auch aus einer ganz anderen Motivation heraus geschähe). Wie lange diese Kluft fortbestünde, ist eine offene Frage. Unseres Erachtens wäre deshalb eine gerechte Neuverteilung des Einkommens eines großen Teils der Bevölkerung und besonders der Armen eine Vorbedingung für die Verwirklichung der einfachen Lebensweise.

Die Konsummärkte

Die Kriterien des an der einfachen Lebensweise orientierten Konsumverhaltens sind, wie wir schon ausführten, von denen der traditionellen Lebensweise sehr verschieden. Käufer der einfachen Lebensweise bevorzugen Produkte, die funktional, gesund, umweltfreundlich, dauerhaft, reparierbar und regenerierbar sind oder aus einem Material hergestellt sind, das energiesparend, authentisch und ästhetisch anziehend ist und mit Hilfe einfacher Technologien produziert werden können. Diese Kriterien werden sich auf die Verbreitung von Produkten, die nur zum oberflächlichen Konsum hergestellt werden, nachteilig auswirken. Dagegen wird das Prinzip der einfachen Lebensweise außerordentlich günstige Marktbedingungen für folgende Produkte schaffen:

- Erstklassige, dauerhafte Produkte, wie solide Holzmöbel, technisch hochentwickelte Musikanlagen und Fernsehgeräte, solides Werkzeug, Fahrräder mit Gangschaltung
- Kräftige, zeitlose Baumwoll- und Wollkleidung, die ausgebessert, vererbt und jahrelang getragen werden kann
- Do-it-yourself-Ausrüstungen fürs Haus, zum Kochen, für den Garten, für die Unterhaltung etc.

- Preisgünstige »flexible« Fertighäuser
- Serienmäßige und leicht zu bauende und zu wartende Autos und Autozubehör
- Gesunde, »natürliche« Nahrungsmittel ohne künstliche Zusätze
- Produkte zur Selbsthilfe auf medizinischem Gebiet, zur Versorgung der Kinder oder des Haushalts
- Produkte, die für das Handwerk oder die Künste oder ähnliche ästhetische Einrichtungen gebraucht werden
- Einfaches, sicheres, nicht aus Kunststoffen oder Metall hergestelltes Spielzeug und Spiele für Kinder
- Produkte und Leistungen im Zusammenhang mit verschiedenen Aufgaben in den Bereichen des kommunalen Lebens, der Kooperativen, des Recycling, und im Zusammenhang mit Projekten der Energiereduzierung und der Erhaltung von Nahrungsmitteln
- Freizeitbeschäftigungen, die auf ein ländliches Leben zugeschnitten sind
- Phantasievolle Wege, um alte Stadtwohnungen und Landhäuser zu renovieren
- Mobile Autoreparaturwerkstätten und Ersatzteillager
- Maschinen, Ausrüstungen und Systeme, die intermediäre Technologien ausnutzen

Preise

Viele Preise würden aufgrund der qualitativen Nachfrage des Marktes wesentlich ansteigen; der Markt wird variierende Gewinnspannen nicht länger hinnehmen (d. h. der Gewinn wird in zunehmendem Maße auf der Basis einer »Kosten-Gewinn«-Rechnung beruhen) und wird nicht länger bereit sein, überhöhte Preise für bestimmte Modestile oder Modeerscheinungen zu bezahlen. Statt dessen werden die Preise eher den Ausdruck von Tauschgeschäften oder des »Austauschs von Energie« annehmen. Die Vorliebe sparsamer Käuferschichten für billige Massenware sollte man als ein Anzeichen für das Bedürfnis nach einheitlichen Preisen werten.

Absatzmärkte

Ein wachsender und bemerkenswerter Anteil des Marktgeschehens wird sich auf »alternativen Märkten« abspielen: auf Flohmärkten, in Reparaturwerkstätten, über Kleinanzeigen, kommunale Anschlagbretter etc. Konsumkooperativen und Versandunternehmen werden entstehen und damit zum Ausdruck bringen, daß die Konsumenten, die an einer einfachen Lebensweise orientiert sind, nicht länger gewillt sind, überflüssige Zwischenhandelskosten zu zahlen. Um die Kosten für das Transportwesen zu senken und die Ausnutzung intermediärer Technologien zu fördern, wird sich das Kaufgeschehen immer mehr auf einen lokalen Bereich konzentrieren.

Gegenüberstellung von Positionen der industriellen Weltanschauung und Positionen der einfachen Lebensweise

Schwerpunkte der industriellen Weltanschauung	*Schwerpunkte der einfachen Lebensweise*
	Wertvorstellungen
Materielles Wachstum	Materielle Genügsamkeit, verbunden mit psychischer und geistiger Entwicklung
Der Mensch steht über der Natur	Der Mensch ist Bestandteil der Natur
In Konkurrenz stehende Selbstinteressen	Aufgeklärtes Selbstinteresse
Ausgeprägter Individualismus	Kooperativer Individualismus
Rationalismus	Rationalismus und Intuition
	Soziale Charaktereigenschaften
Große, unübersichtliche Lebens- und Arbeitsbereiche	Kleinere, durchschaubarere Lebens- und Arbeitsbereiche
Wachstum materieller Komplexität	Reduzierung materieller Komplexität
»Weltraum«-Technologie	Angepaßte Technologie
Konsum als Grundlage der Identität	Die Entwicklung innerer Fähigkeiten und zwischenmenschlicher Beziehungen als Grundlage der Identität
Zentrale Regulierung und Kontrolle auf nationaler/staatlicher Ebene	Größere lokale Selbstbestimmung, verbunden mit der Herausbildung globaler Institutionen
Spezialisierte Arbeitsfunktionen durch die Arbeitsteilung	Integrierte Arbeitsbereiche (z.B. Teamarbeit, Vielseitigkeit des Arbeitsplatzes etc.)
Orientierung am äußeren Wachstum	Gleichgewicht zwischen äußerem und innerem Wachstum
Massenhaft produzierte, schnell verbrauchte, standardisierte Produkte	Handwerklich hergestellte, dauerhafte, individuell angepaßte Produkte
»Lifeboat«-Theorie (Rettungsboot-Theorie) in bezug auf die Gestaltung der Beziehungen mit anderen Ländern	Raumschiff-Ethik
Kulturelle Vereinheitlichung, teilweise Akzeptierung von Vielfältigkeit	Kulturelle Heterogenität, Bemühen um Vielfältigkeit
Großer Streß und Sachzwänge, »Hundeleben«	Entspannte Existenz (relaxed existence)

Günter Altner

Verdrängung der Werte

Wer die Alternative einer lebenskonformen Politik wagen will, der muß Abschied nehmen und sich trennen können von Vorrechten, angemaßten Sicherheiten und schließlich auch vom Leben, das nur dann als ein unerschöpfliches Kapital geachtet ist, wenn es empfangen, gehegt, geteilt und weitergegeben wird. Das ist die Alternative, die es heute im Widerstreit politischer, wirtschaftlicher und wissenschaftlicher Interessen zu wagen gilt. Das ist die Aufgabe, die Regierungen, Parteien, Verbände, Verwaltungen und Bürger – welcher Hautfarbe und Ideologie auch immer – nur um den Preis dessen lösen werden, daß sie zu qualitativen Änderungen ihrer Anschauungen und Wertmaßstäbe bereit sind. Der gewohnte Weg der exponentiellen Steigerung von Ansprüchen auf Kosten von Menschen, Kreaturen und kommender Generationen ist längst gescheitert. Es ist an uns, der Verheißung des Lebens mit den Mitteln unserer endlichen Vernunft zu folgen. Das Kapital, aus dem wir leben, erschließt sich uns nur, wenn wir uns als abhängiger und unvergänglicher Teil desselben begreifen lernen.

Denken in Alternativen – Korrektur der technischen Zivilisation?

Auf dem Sterbebett sprach der Maler *Alfred Kubin* zu seinem Arzt, der ihm mit tröstenden Worten kommen wollte: *»Nehmen Sie mir meine Angst nicht, sie ist mein einziges Kapital.«* Die von Kubin gelebte Alternative eines Lebens in eingestandener und damit auch bewältigter Todesangst ist ein ungeheuer reiches und zukunftsträchtiges Kapital, allerdings ein Kapital, dessen sich heute nur wenige erinnern. In unserer Welt der Bohr- und Kühltürme, der Atompilze und Neutronenbomben gilt nur das als Kapital, was zum eigenen Nutzen mit den Mitteln der technischen Zivilisation vermarktbar und vermehrbar ist: Bodenschätze, Energiequellen, technisches Know-how, Rüstungspotentiale, die totale Ausschöpfung von Ressourcen, die Mehrung von Devisen dieser und ähnlicher Art, in möglichst kurzer Zeit und zu möglichst eigenem Pläsier. Alles aber, was vom Bewußtsein des Todes und der Endlichkeit her lebt und besteht, Kinder, Künstler und Kulturen, wird in den rasenden Zirkel dieser Todesflucht hineingerissen, deformiert und zerstört. Ja selbst das aufkommende Krisenbewußtsein wird nach dem Muster der gängigen Vermarktung konsumiert.

Nimmt es da Wunder, daß heranwachsende Menschen zu Gurus und Drogen fliehen oder der Irrationalität der Gewalt verfallen, daß der Kampf um Nahrungsmittel und Ressourcen zunehmend härter wird, daß Millionen von Menschen psychisch zu leiden beginnen und alles in allem die Gleichgewichte der irdischen Lebensverhältnisse ins Rutschen zu geraten drohen!? Es ist keineswegs ein Zeichen angemessener Krisenbewältigung, wenn die Staatsmänner in Ost und West allein auf ihr technokratisches Krisenmanagement setzen und sich jede alternative Wertbesinnung und -orientierung verbitten.

Selbstverständlich ist eine so geartete Einleitung zum Thema Alternativen emotional. Wie könnten unsere Überlegungen auch auf Emotionen verzichten, wenn die tiefsitzende und lebensnotwendige Emotion des Menschen gegen den Tod in Gestalt eingestandener Todesangst unter den Bedingungen der technischen Zivilisation verleugnet und verdrängt wird. Ist es doch heute schon fast unanständig, gegen die Neutronenbombe, einen atomaren Waffentyp, der menschliches Leben auslöscht (»versaftet«), unbelebte Strukturen hingegen weitgehend bestehen läßt, Emotionen zu zeigen. Im technischen Prinzip der Neutronenbombe kulminiert das gefährliche Selbstverständnis der technischen Zivilisation: Sicherheiten und Überlebensgarantien werden nach dem Muster des technisch Machbaren und Reproduzierbaren weit unter dem Anspruchsniveau organismischer und humaner Komplexität entwickelt.

So wird das Sicherheitsstreben der Völker und Regierungen zum Popanz einer technisierten Abschreckungsmanie, die schließlich nur noch das zu schützen vermag, was ohnehin leblos und tot ist, und gleichzeitig wird suggeriert, daß daraus Sicherheit und Bewahrung für das menschliche Leben resultiere. Der Fixierung auf *quantifizierbare Kategorien* entspricht das Verfügen- und Mehrhabenwollen aufgrund eben dieser Prinzipien, was sich insbesondere darin zeigt, daß das wachsende Abschreckungspotential unter den internationalen Partnern zu immer neuen Überlistungsversuchen Anlaß gibt. So werden die Prinzipien des Gleichgewichts des Schreckens und der Abschreckung gleich auch zur Voraussetzung ihres Scheiterns, was von den Befürwortern dieser Taktik verdrängt und bestritten wird.

Die Faszination durch das rein Mechanische und Nichtlebendige, in dem sich das alte Pathos des Descartesschen Naturbegriffs – der Mensch Herr und Meister der Natur mittels objektivierender Erkenntnis und technischer Instrumente – fortsetzt, ist nicht nur deshalb so bedrohlich, weil sie weit unter dem Anspruchsniveau irdischer Lebensverhältnisse angesiedelt ist; die eigentliche Gefahr geht von der Tatsache aus, daß dieser Herrschaftsanspruch

»Heute ist es schon fast unanständig, gegen die Neutronenbombe, einen atomaren Waffentyp, der menschliche Leben auslöscht (»versaftet«), unbelebte Strukturen hingegen weitgehend bestehen läßt, Emotionen zu zeigen.«

unter gleichzeitiger Verdrängung seiner Voraussetzungen und Folgen als objektiv richtig und wertfrei auftritt. Der Anspruch der Technokraten, objektiv und wertfrei zu sein, versucht über die gefährliche Wertigkeit ihrer Lebenseinstellung und Lebensinteressen hinwegzutäuschen. *Erich Fromm* spricht in diesem Zusammenhang von einer unbewußten Nekrophilie der technischen Zivilisation. Und es ist wohl nicht zuletzt diese uneingestandene Nähe zu tödlicher Destruktion, die *Heidegger* von einer unbeherrschbaren Macht im Wesen der neuzeitlichen Technik sprechen läßt.

Es ist ganz unumgänglich, die Suche nach den Alternativen zur technischen Zivilisation damit zu beginnen, daß nach dem Grundübel der technischen Zivilisation gefragt wird, wie es in der lebensgefährlichen Verdrängung des Todes zum Ausdruck kommt. Alfred Kubin konnte aus der individuellen Perspektive seines Künstlerlebens die Todesangst sein einziges Kapital nennen. Das war ja wohl im Sinne eines Kapitals gemeint, aus dem sich leben und schließlich auch sterben ließ.

Gilt solches auch von denen, die heute nach einer alternativen Technik suchen, nach einer Lebenseinstellung, die davon ausgeht, daß nicht ausbeutende Bedürfnisvermehrung, sondern das Eingeständnis erfahrener Lebenszehrung Voraussetzung für ein Leben in Menschlichkeit ist? Was geschieht mit den Kategorien und Perspektiven unserer Naturnutzung, Gesellschaftsführung und Lebensfristung, wenn wir in sie die Erfahrung des Todes in Gestalt respektierter Lebensgrenzen wieder einführen? Am klarsten und konsequentesten ist dieser Bewußtseinswandel in *Albert Schweitzers* Gebot zur Ehrfurcht vor dem Leben vollzogen:

»Ich bin Leben, das leben will inmitten von Leben, das leben will.«

Albert Schweitzer spricht vom Leben und nicht vom Tod, aber in seiner Einbeziehung des Menschen in den allgemeinen geschöpflichen Kontext ist die Verflochtenheit von Leben und Tod unabdingbar für alle Geschöpfe mit vor-

»Der Anspruch der Technokraten, objektiv und wertfrei zu sein, versucht über die gefährliche Wertigkeit ihrer Lebenseinstellung und Lebensinteressen hinwegzutäuschen.«

ausgesetzt. Leben vollzieht sich im Ausgleich konkurrierender Lebensansprüche, und es ist der Auftrag des Menschen, aus seinem tieferen Wissen um diese Zusammenhänge, neue Überlebensgarantieren zu stiften. Hier wird Erkenntnis der Natur durch den Menschen zu praktizierter Mitgeschöpflichkeit, und eben diese Erfahrung konvivialen Verbundenseins wird zur Voraussetzung aller menschlichen Naturerschließung.

Alternativen, ein Experiment, das gerade begonnen hat

Kommt in der technischen Zivilisation ein gegenläufiges Prinzip zur Auswirkung, die monomane Durchsetzung des Mechanischen zum Zwecke der Maximierung von menschlichen Lebensbedürfnissen – das Recht des Stärkeren – bis hinein in die Prinzipien der internationalen Politik, so münden die Bemühungen um eine alternative Technologie in einen gegenläufigen Trend (Garantierung einer symbiontischen Zivilisation), ohne daß die Praxisversuche und der theoretische Grundansatz schon hinreichend stimmig wären. Überprüft man die heute in Diskussion befindlichen Argumente, so stößt man auf Gegensätze, die aus vordergründigen politischen Interessen unterschoben werden, der Sache nach aber nicht bestehen müssen. Da wird Umweltschutz gegen Arbeitsplatzsicherung ausgespielt, und ebenso wird den ökologischen Strategien Technikfeindlichkeit unterstellt. Die vier zentralen Prinzipien dieser alternativen Technologie und Wirtschaftsordnung, *menschengemäß, umweltschonend, energie-* und *rohstoffsparend* zu produzieren, lassen schon erkennen, daß von Technikfeindlichkeit und unsozialen arbeitsplatzfeindlichen Zielstellungen nicht die Rede sein kann. Man wird vielmehr die Gefahr des bisherigen industriewirtschaftlichen Fortschritts darin sehen müssen, daß aus privat- oder staatskapitalistischen Interessen genau gegen jene vier Rahmenwerte einer alternativen Technologie und Wirtschaftsordnung permanent verstoßen wurde.

Der unkontrollierte exponentielle Charakter des bisherigen industriewirtschaftlichen Fortschritts hat dazu geführt, daß Produktionskapazitäten geschaffen wurden und geschaffen werden, die umweltzerstörend, rohstoff- und energievergeudend und menschenfeindlich sind. Die Menschenfeindlichkeit des industriewirtschaftlichen Fortschritts bedarf einer genaueren Interpretation. Hierbei ist nicht nur an die Ausbeutung der Lohnabhängigen durch den Produktionsprozeß zu denken, sondern vor allem an die technologisch bedingte Arbeitslosigkeit, die manipulative Beeinträchtigung der menschlichen Grundrechte durch Kommunikationstechnik, Biotechnik und Waffentechnik und schließlich an die Gefährdung der internationalen Ordnung durch eine zunehmende Ungleichverteilung der technischen Produktionsinstrumente und eine allgemeine Massierung von Vernichtungswaffen.

Am Beispiel der Kernenergienutzung läßt sich sehr klar zeigen, daß die Sozialpartner derzeit große Schwierigkeiten haben, die Gefährlichkeit des von ihnen getätigten Fortschritts zu durchschauen. Findet der Ausbau der Kernenergienutzung auf der Unternehmerseite weitgehende Zustimmung, weil er mit bestimmten produktionswirtschaftlichen Zielen in Einklang steht, so erhofft sich die Gewerkschaftsseite durch den expansiven Ausbau der Kernenergienutzung eine Belebung des Arbeitsmarktes und findet sich unter Hintanstellung ökologischer und anderer Gesichtspunkte zu einer Befürwortung bereit. Dabei wäre es gerade im Hinblick auf die Kernenergienutzung geboten, eine gesamtwirtschaftliche Kosten-Nutzen-Analyse unter Einbeziehung der fernerliegenden ökonomischen und ökosozialen Folgen vorzunehmen.

Die Suche nach dem Sinn des Lebens

Damit rückt aber ein *weiterer Werthorizont* in das Bewußtsein der gegenwärtigen Diskussion über eine zivilisatorische Alternative. Die Langfristigkeit der beim technischen Fortschritt in Kauf genommenen Risiken zwingt dazu, die Folgen für kommende Generationen zu überdenken. Es ist unter den Befürwortern der Kernenergienutzung üblich geworden, gerade auf die angebliche Fragwürdigkeit eben dieser Perspektive hinzuweisen: Wo käme man

---

»Es ist ganz unumgänglich, die Suche nach den Alternativen zur technischen Zivilisation damit zu beginnen, daß nach dem Grundübel der technischen Zivilisation gefragt wird, wie es in der lebensgefährlichen Verdrängung des Todes zum Ausdruck kommt.«

---

hin, wollte man die Gestaltung des industriewirtschaftlichen Fortschritts auch noch von den Lebensinteressen künftiger Generationen abhängig machen!? Das würde den Fortschritt und die Konkurrenzfähigkeit vollends blockieren! Es wird bei solchen Argumenten meistens übersehen, daß wir es heute bei vielen Entwicklungen der Großtechnik mit Langfristfolgen zu tun haben, die qualitativ über die klassischen Produktionsrisiken hinausführen.

Als Parameter für die sich anbahnende neue Situation mag die Jahrtausende überdauernde Halbwertszeit von Plutonium gelten. Zweifellos hat es in der Geschichte der Menschheit auch schon früher die unbedachte Verursachung von Langfristschäden (Abholzungen, Vergiftungen u.a.) gegeben, was durch den angeschlagenen Zustand des irdischen Ökosystems insgesamt dokumentiert wird. Atomtechnik, Biotechnik, Lasertechnik, Kommunikationstechnik u.a. zeigen uns jedoch, daß die Tiefen- und Breitenwirkung der industriellen Produktionsinstrumente immens zugenommen haben.

»Am Beispiel der Kernenergienutzung läßt sich sehr klar zeigen, daß die Sozialpartner derzeit große Schwierigkeiten haben, die Gefährlichkeit des von ihnen getätigten Fortschritts zu durchschauen.«

Dieser Tatbestand sollte die Politiker unruhig machen und zur Aufstellung qualitativ neuer Sicherheitskriterien veranlassen. Leider ist von einer solchen Sensibilisierung, wie das Beispiel der Kernenergienutzung zeigt – von wenigen Ausnahmen abgesehen –, nicht viel zu spüren. Insgesamt droht den politischen Bewertungsmaßstäben eine Perversion durch den zunehmenden Einfluß technokratischen Denkens. Insofern ist es nicht unzulässig, davon zu sprechen, daß sich die Hoffnung der Mechanisten früherer Jahrhunderte, den Staat als sensibles organisches Gebilde nach den Gesetzen der Physik technokratisch verfügbar und steuerbar zu machen, heute zu erfüllen beginnt. Wo der Mensch solcherart unter die Zwänge des »Es«-haften und Anorganischen gerät, da wird er für den Sinn des Lebens unempfänglich, da versteinert und erstarrt er, da wird die belebte Natur für sein Denken und Handeln zum Steinbruch ausbeuterischer Wünsche, da scheint der Tod endgültig gebannt, obwohl er nun in der Unmenschlichkeit und Lebensfeindlichkeit technokratischer Verhältnisse gefährlich überrepräsentiert ist.

Der Abschied vom technokratischen Fortschrittsglauben hin zu einem qualitativen Wachstum um des Menschen und der ihn tragenden Lebenswelt willen fällt uns heute deshalb so schwer, weil der produktionswirtschaftliche Konsens in der kapitalistischen Wirtschaft zu eben dieser Fehlentwicklung zwingt, alle politischen Instanzen erfaßt hat und gleichzeitig ohne Alternative ist. Über den Staatskapitalismus im östlichen Einflußbereich braucht man in diesem Zusammenhang kein zusätzliches Wort zu verlieren. Der Widerstand der Bürgerinitiativen gegen den massiven Ausbau der Kernenergienutzung ist der mühselige Versuch der Betroffenen, dem industrie- und technikwüchsigen Kapitalismus (oder auch umgekehrt: der kapitalwüchsigen Technik) die Bedürfnisse des Lebens, und seien sie auch egoistisch formuliert, entgegenzuhalten. Aber welcher Erfolg wird diesem Versuch beschieden sein, wenn Regierungen, Behörden und Verwaltungen über öffentliche und halböffentliche Unternehmen unentrinnbar in das Geflecht privatwirtschaftlicher Unternehmerinteressen mit einbezogen sind? Es liegt in der

»Insgesamt droht den politischen Bewertungsmaßstäben eine Perversion durch den zunehmenden Einfluß technokratischen Denkens.«

Konsequenz dieser Krisenentwicklung, wenn heute die Verfassungsgemäßheit der Kernenergienutzung von den Verwaltungsgerichten zur Diskussion gestellt wird.

Die Sozialpflichtigkeit des Fortschritts

Die Frage nach den Alternativen zum bisherigen industriewirtschaftlichen Fortschritt nötigt uns hier, noch einen Schritt in die angedeutete Richtung weiterzugehen und die Sozialpflichtigkeit des Fortschritts (im Sinne einer allgemeinen ökosozialen Verträglichkeit) als allgemeinen verfassungsrechtlichen Auftrag an die Politiker hervorzuheben. Die Lösung einer solchen Aufgabe, die nichts anderes als die Garantierung der öffentlichen Wohlfahrt darstellt, erscheint heute insofern als etwas Außergewöhnliches, als der technisch-industrielle Fortschritt in eine Krise hineingeraten ist, aus der er sich nur um den Preis von Grundsatzkorrekturen wird befreien können.

Im Hinblick auf den zukünftigen industriewirtschaftlichen Fortschritt ginge es darum, Produktionsmittel und -ziele zu finden, die ökologisch und sozial tragbar, technisch und ökonomisch möglich und politisch durchführbar sind. Es ist bei dieser Aufgabenstellung vorausgesetzt, daß es im Hinblick auf das weitere wirtschaftliche Wachstum nur eine Optimierung menschlicher Bedürfnisse unter gleichzeitiger Berücksichtigung der bestehenden Grenzen geben kann, eine optimale Verwaltung des Mangels also, mit dem die Staaten der Erde leben lernen müssen.

Diese Aufgabenstellung führt einerseits an ökologische Erfahrungen heran und berührt sich andererseits mit Albert Schweitzers Mahnung zu konvivialer Existenz in der Ehrfurcht vor dem Mitleben. Zur nationalen und internationalen Durchsetzung eines solchen Vorgehens bedürfte es, die Machbarkeit einmal vorausgesetzt, einer umfassenden ökosozialen Bestandsaufnahme unter vollständiger Einbeziehung aller sekundären Kosten und einer Prioritätensetzung im Hinblick auf das, was künftig wachsen darf und was nicht. Dabei stellt allein schon das wirtschaftliche Gefälle zwischen Industriestaaten und Entwicklungsländern nahezu unüberwindliche Schwierigkeiten, von den nationalen Ungleichverteilungen ganz zu schweigen. Es ist eine schwer und keineswegs von vornherein abschlägig zu beantwortende Frage, ob eine solche Ökonomie des verwalteten Mangels nicht auch neue ökonomische Prinzipien erforderlich mache. Ginge es nur um neue Rahmenbedingungen für den Mechanismus der kapitalistischen Wirtschaft, oder ginge es auch um eine qualitative Modifizierung der bisherigen Marktgesetze? Mit dem Methodenansatz der »*Mittleren Technologie*«* ist zumindest der Versuch gemacht, eine Diversifizierung der Ziele und Mittel unter konsequenter

* Vgl. dazu die Beiträge von K. W. Kieffer, G. Röhlke, G. Keil und G. Altner in: Wirtschaft und Wissenschaft, H. 2/1977, S. 2 ff., hg. vom Stifterverband für die Deutsche Wissenschaft, Essen

»Im Hinblick auf den zukünftigen industriewirtschaftlichen Fortschritt ginge es darum, Produktionsmittel und -ziele zu finden, die ökologisch und sozial tragbar, technisch und ökonomisch möglich und politisch durchführbar sind.«

Berücksichtigung der vor Ort vorfindlichen gesellschaftlichen, ökologischen und ressourcialen Verhältnisse zu erproben.

Nimmt man diesen Versuch ernst, so ist er über die Ökonomie hinaus kritisch in das Selbst- und Weltverständnis von Technik und Naturwissenschaft voranzutreiben. *C. F. von Weizsäcker* hat immer wieder darauf hingewiesen, daß die sogenannte Wertfreiheit der Naturwissenschaften eine Selbsttäuschung ist, die heute nur noch dazu dienen kann, die scheinbare Neutralität von Technik und Naturwissenschaften zu bemänteln. In Wirklichkeit ist die politische Brisanz der technisch-naturwissenschaftlichen Welterfahrung dadurch erwiesen, daß die exponentielle Mehrung objektivierender Erfahrung der Natur zu einem Vehikel technokratischer Herrschaft auf allen Gebieten geworden ist. Das äußert sich nicht zuletzt darin, daß politische Kategorien und Wertmaßstäbe insgesamt einer technokratischen Überfremdung unterliegen, deren Wertnatur und Konsequenzen noch weitgehend undurchschaut sind, da dieser Vorgang in der Regel als Zeichen begrüßenswerter Fortschrittlichkeit empfunden wird.

Angesichts dieser Situation ist die Behauptung der Wertneutralität technisch-naturwissenschaftlicher Intelligenz eine unhaltbare These, die nur dazu dient, die Wissenschaft von der politischen Verantwortung für die ökosoziale Wertigkeit ihres Tuns und ihrer Ergebnisse zu befreien. Die von dem Forscher in Anspruch genommene Unschuld, nur wertfreie Grunderkenntnisse geliefert zu haben, die dann aber mißbräuchlich pervertiert wurden, ist so nicht mehr aufrechtzuerhalten. C. F. von Weizsäcker hat diese fragwürdige Situation ganz schonungslos analysiert:

»Es wäre eine selbstbetrügende Ideologie, zu meinen, angewandte Forschung solle den wirtschaftlichen und politischen Entscheidungsträgern nur wertfreie Sachaussagen zur Verfügung stellen. Diese Ideologie dient der Beschwichtigung der zum Überleben der technischen Kultur unerläßlichen Selbstkritik. Sie sichert jenes glatte Funktionieren des Apparates, das ihn blind in die selbstverschuldeten Krisen rennen läßt.«

Der horrende Erfolg der Biowissenschaften, insbesondere auf dem Gebiet der Biochemie, der ungeahnte Möglichkeiten der Manipulation des Menschen eröffnet, wurde um den Preis dessen gewonnen, daß sich die Lebenswissenschaften mehr und mehr den Prinzipien von Mathematik und Physik öffneten. Am Leben berechenbar zu machen, was berechenbar ist, ist die Devise. Die Totalisierung dieses Aspektes, gegen den aus Gründen klassischer wissenschaftlicher Tradition nichts einzuwenden ist, führt aber nun dazu, daß sich die sogenannten exakten Lebenswissenschaften je länger desto mehr von den Phänomenen entfernen, die das Leben als Leben erscheinen lassen, seine Individualität, seine Wandelbarkeit und alles in allem seine Todesanfälligkeit.

Die Tatsache, daß die modernen Biowissenschaften ihre Erforschung des Lebens nur dadurch voranzutreiben vermögen, daß sie den Organismus töten, bevor oder während sie ihn erforschen, ist nicht nur eine weitere Variante der von uns beschriebenen neuzeitlichen Todesverdrängung, sie birgt auch erheblichen politischen Sprengstoff in sich. Es gibt keine eindeutigere Werteinstellung zum Leben als jene todesvermehrende Todesvergessenheit der neuzeitlichen Biowissenschaften. Es kann nicht ausgeschlossen werden, daß wir im Zeitalter ökopolitischer Forderungen unter exponentiell wachsendem Kostenaufwand gerade jene Ausbeutungsbiologie bekommen und ausbauen, die die ökologischen Bedürfnisse der irdischen Biosphäre vollends verfehlt.

Geraten die Biologie und alle anderen Naturwissenschaften zunehmend unter den Einfluß des industriellen Produktionskapitalismus, seiner Mittel und seiner Interessen, so werden sie umgekehrt auch durch ihren physikalistischen Methodenmonismus zum Treibriemen einer immer schneller vonstatten gehenden industriellen Ausbeutung der irdischen Lebenswelt, wie sie über alle ideologischen Grenzen hinweg eine zunehmende politische Legitimierung erfährt. Als Reaktion auf diese Entwicklung begegnen uns im Bereich wissenschaftlicher Intelligenz vier Korrekturversuche.

Der vergebliche Versuch, die Regreßerscheinungen der technischen Zivilisation durch Überkompensation des wissenschaftlich-technischen Fortschritts zu beheben, braucht hier kaum noch erwähnt zu werden. Das hieße nur Teufel mit Beelzebub auszutreiben. Auch das Anliegen, die Prüfungskriterien für die technologische Umsetzung wissenschaftlicher Erkenntnisse zu verschärfen, führt noch nicht in das Zentrum der bestehenden Krise, ist aber als Voraussetzung einer konsequenten ökosozialen Selbstkontrolle des Fortschritts unverzichtbar. Dennoch wird diese Methode der Kontrolle nur eine

---

»C. F. von Weizsäcker hat immer wieder darauf hingewiesen, daß die sogenannte Wertfreiheit der Naturwissenschaften eine Selbsttäuschung ist, die heute nur noch dazu dienen kann, die scheinbare Neutralität von Technik und Naturwissenschaften zu bemänteln.«

Möglichkeit der nachträglichen Reaktion auf eingetretene oder latente Schädigungen darstellen können. Hier führt der Versuch politisch aufgeschlossener Wissenschaftler weiter, die Gefahren der Technik durch demokratische Kontrolle der bestehenden Herrschaftsverhältnisse zu minimieren. Aber auch bei diesem Versuch einer sozialreflektierenden Technik bleibt das Dilemma bestehen, daß die zwar demokratisch kontrollierten Produktionsmittel der Technokratie in ihrer technokratischen Substanz unverändert bleiben. Und so findet sich eben technokratische Ausbeutung in Ost und West. Erst dort, wo die Wissenschaft auf die Bedingungen der Möglichkeit ihrer Erfahrung von Natur – durchaus unter Einbeziehung der vorgenannten letzten beiden Schritte – grundsätzlich zu reflektieren beginnt, tut sie den Schritt nach vorn, der über die konkrete Forschungsarbeit hinausführt und modifizierend auf sie zurückwirken könnte und sollte.

Kann die Erforschung der Natur nur nach dem alten Descartesschen Muster verobjektivierender Unterwerfung unter den Menschen erfolgen? Heißt Leben erforschen nicht auch, sich am Leben zu beteiligen, wie es Viktor von

»Die Wertneutralität technisch-naturwissenschaftlicher Intelligenz ist eine unhaltbare These, die nur dazu dient, die Wissenschaft von der politischen Verantwortung für die ökosoziale Wertigkeit ihres Tuns und ihrer Ergebnisse zu befreien.«

Weizsäcker aus seiner Erfahrung als Arzt heraus formuliert hat? Sollten wir nicht auf eine prinzipiell weniger machtförmige, dafür aber lebensdienlichere Möglichkeit wissenschaftlicher Erfahrung hoffen dürfen, die zu einer Neuinstrumentierung wissenschaftlichen Erkennens und damit auch zu einem versöhnteren Naturumgang der neuzeitlichen Zivilisation führt? Und ist es nicht dieses, was Albert Schweitzer weit jenseits aller persönlichen Idylle mit seinem Gebot zur Ehrfurcht vor dem Leben gemeint hat?

Die Ziele einer alternativen Politik

Wer heute so fragt, gerät unversehens in den Verdacht romantischer Technikfeindlichkeit und wird in das für Spinner reservierte Abseits abgeschoben. Freilich bestärkt diese Form der abwälzenden Verdrängung der kommenden Katastrophe die Berechtigung der hier gestellten Frage. Entpuppt sich doch in dieser Aversion die Realität der todesverdrängenden Gewalt, die das Naturverhältnis der naturwissenschaftlich-technischen Zivilisation bis in ihre philosophischen und psychischen Grundvoraussetzungen hinein bestimmt.

»Kann die Erforschung der Natur nur nach dem alten Descartesschen Muster verobjektivierender Unterwerfung unter den Menschen erfolgen? Heißt Leben erforschen nicht auch, sich am Leben zu beteiligen, wie es Viktor von Weizsäcker aus seiner Erfahrung als Arzt heraus formuliert hat?«

Die Alternative, die uns heute abverlangt ist, bedeutet nicht, daß wir zwischen zwei gleichgearteten Möglichkeiten wählen könnten, sie nötigt uns vielmehr, dorthin zu treten, wo die verdrängten lebensbedrohlichen Schwächen der technischen Zivilisation eingestanden und die unverzichtbaren Offenheiten des neuen Weges bewußt akzeptiert werden.

Was hätte denn eine alternative Technik, die menschengemäß, umweltschonend, energie- und rohstoffsparend ist, anderes zu bieten, als die Garantie gemeinsamen Überlebens unter der Respektierung naturgeschichtlich gewordener Grenzen? Was wäre denn das Ziel einer alternativen Politik, wenn es nicht um die Einschränkung von Privilegien zugunsten der Benachteiligten im irdischen Ökosystem (Entwicklungsländer, kommende Generationen, nichtmenschliche Natur) ginge? Was wäre die Verpflichtung zu einer alternativen Ökonomie, wenn es nicht um die unbestechliche Verwaltung des Mangels zugunsten aller ginge? Was wäre das menschliche Leben, wenn wir nicht dem Bewußtsein unserer Endlichkeit und Sterblichkeit Raum gäben in der Konkretheit bestehender politischer Aufgaben?

Wer die Alternative einer lebenskonformen Politik wagen will, der muß Abschied nehmen und sich trennen können von Vorrechten, angemaßten Sicherheiten und schließlich auch vom Leben, das nur dann als ein unerschöpfliches Kapital geachtet ist, wenn es empfangen, gehegt, geteilt und weitergegeben wird. Das ist die Alternative, die es heute im Widerstreit politischer, wirtschaftlicher und wissenschaftlicher Interessen zu wagen gilt. Das ist die Aufgabe, die Regierungen, Parteien, Verbände, Verwaltungen und Bürger – welcher Hautfarbe und Ideologie auch immer – nur um den Preis dessen lösen werden, daß sie zu qualitativen Änderungen ihrer Anschauungen und Wertmaßstäbe bereit sind. Der gewohnte Weg der exponentiellen Steigerung von Ansprüchen auf Kosten von Menschen, Kreaturen und kommender Generationen ist längst gescheitert. Es ist an uns, der Verheißung des Lebens mit den Mitteln unserer endlichen Vernunft zu folgen. Das Kapital, aus dem wir leben, erschließt sich uns nur, wenn wir uns als abhängiger und unvergänglicher Teil desselben begreifen lernen.

Elisabeth Michel-Alder/Wolf Linder

Erfahren – Handeln – Mitbestimmen

Die verschiedensten Dimensionen der Gesellschaftskritik in entwickelten Industrieländern mit Konkurrenzdemokratie – etwa die Spätkapitalismus-Kritik, die Wachstums-, Ökologie- und Energiedebatte, die Emanzipations-Bewegungen vieler Lebensbereiche, aber auch Mitbestimmungspolitik und Bürgeraktionen – lassen sich zwar nicht auf einen Nenner bringen. Unter dem Begriff der »nachmodernen Gesellschaft« könnte trotzdem so etwas wie ein Kristallisationspunkt für eine umfassende Gesellschaftsreform gesehen werden, die folgende Vorstellungen umfaßt: Ablösung des »quantitativen Wachstums« der industriellen Warenproduktion durch eine »qualitative« Entwicklung gesellschaftlicher Produktion; größere Unabhängigkeit des einzelnen von der Warenproduktion: sowohl als Lohnabhängiger wie als Konsument; starke Dezentralisierungen bestimmter Lebensbereiche, in denen die Aufhebung überkommener Rollenteilung, Spezialisierung, Professionalisierung und Bürokratisierung vermehrte Autonomie (Selbst-Erfahren, Selbst-Handeln, Mitbestimmen) ermöglicht; Offenheit und dauernde Veränderbarkeit aller je gegebenen gesellschaftlichen Strukturen.

Wer die Möglichkeit einer solchen Gesellschaftsreform überhaupt bejaht, muß sich Gedanken über Strategien machen, die geeignet sind, die gewünschten und notwendigen Veränderungen herbeizuführen. Wir gehen von folgenden Bedingungen aus:

- alle Strategien müssen nicht nur selbst »demokratisch« sein, sondern müssen mit die Erweiterung von Demokratie von der Staats- zur allgemeinen Lebensform beinhalten. Dies aus zwei Gründen. Einmal ist das Demokratieprinzip das einzige, das größtmögliche Freiheit für alle in der Gesellschaft garantiert, und das einzige, das notwendige Herrschaft legitimiert. Sodann sind demokratische Verfahren die einzigen, die Machtveränderungen und die Lösung unausweichlicher Konflikte auf friedliche und geregelte Art erlauben.

- Strategien sind Weg und Ziel zugleich. Sie sind also nicht bloß ein Schritt hin zu einer »besseren« Welt, sondern haben als Teilveränderungen gesellschaftlicher Realitäten einen Eigenwert: dann, wenn sie das Ergreifen von mehr oder besseren Möglichkeiten beinhalten, die in der Wirklichkeit neben bestehenden Realitäten angelegt sind. »Fortschritt« ist nicht bloß ein Ergebnis, er ist ein Prozeß.
- Strategien müssen individuelles Verhalten wie gesellschaftliche Strukturen verändern, denn beide bedingen sich wechselseitig.
- Strategien müssen an Zeugnissen, am Experiment und Beispiel anknüpfen.

Zeugnisse: nicht alles muß neu erfunden werden. Sinnvoller Umgang mit Geschichte, Kultur und Tradition kann heißen, darin Zeugnisse zu suchen, in denen als Möglichkeit angelegt war, was wir uns als Künftiges wünschen.

Experimente: andere Betätigungs- und Lebensformen verlangen die Erprobung durch das Experiment. Das knüpft an zwei Bedingungen. Erst ist der Freiraum für Experimente, die oft neben oder gegen bestehende Institutionen arbeiten müssen, zu sichern. Dann muß die Widerstandsfähigkeit des Experiments gegen Erstickungsdrohungen von außen vorbedacht und erkämpft werden.

Beispiel: ein Experiment, das »funktioniert«, wird zum Beispiel, wenn es Nachahmung erfährt. Die Verbreitung einer Einzelreform durch Nachahmung, Übertragung auf andere Bereiche und Verallgemeinerung ist der erfolgreichste Weg struktureller Veränderung.

Vorhandene Machtstrukturen, der Konservativismus pluralistischer Politik lassen keinen großen Spielraum für Reformen, die von den Betroffenen an die Hand genommen werden. Strategie der Veränderung von unten setzt daher auf viele kleine exemplarische, auch gleichzeitige Veränderungen, die sich fettfleckenartig verbreiten.

Wichtige Ansatzpunkte gesellschaftlicher Veränderung

Unter den gegebenen Bedingungen für gesellschaftliche Veränderungen sehen wir folgende wichtigste Ansatzpunkte:

Ansatzpunkt: Motivierung (für persönliches Handeln)

Personen und Gruppen mindern ihre Abhängigkeit von Arbeitswelt, Produktion und Konsum noch nicht aufgrund rationaler Argumente und Ein-

»Nicht alles muß neu erfunden werden.«

sicht in die Wünschbarkeit einer veränderten Entwicklung. Aufklärung und Einsicht sind unerläßlich; Erfolg steht aber erst in Aussicht, wenn die Umwelt alternatives Verhalten durch positives Echo herausfordert, stützt und belohnt.

Bislang konzentriert sich Wahrnehmung und Auswertung von Dingen, Natur, persönlichen Beziehungen und Dienstleistungen auf die Dimensionen Nutzen und Erfolg. Nicht in der Tätigkeit selbst liegt der Lohn (Arbeit wird als Last, als Entfremdendes in Kauf genommen), sondern im indirekten Gewinn, den sie verschafft: in Macht, Geld, Konsum, Prestige etc.

Einen ersten Ansatzpunkt bildet die Ablösung dieses Belohnungsmechanismus durch immanente Anreize im Tätigsein selbst, im persönlichen, qualitativ anspruchsvollen Handeln und Erfahren. Vielfältiges sinnlich/emotionales Engagement, bei dem der Eigencharakter von Personen, Dingen, Verhältnissen und Natur ins Zentrum rückt, bestärkt intensive Fremd- und Selbsterfahrung. Anreiz und Lohn liegen überdies im so angeeigneten Produkt. Damit vollzieht sich allmählich die Befreiung der Wahrnehmungs-, Erfahrungs- und Interaktionsfähigkeit des Menschen aus fremdbestimmenden Zwängen.

Wir glauben, daß solche Anreizsysteme zunächst außerhalb der privatwirtschaftlichen Lohnarbeit oder des staatlichen Dienstleistungssektors zu erproben und sukzessiv durch Arbeitszeitverkürzung zu entwickeln sind. Die Entfaltung voller menschlicher Produktivität setzt damit »von außen« an: im Ersetzen von Lohnarbeit durch produktive Sozialtätigkeit im weitesten Sinn, im Ersetzen von Konsum durch Selber-Machen. Damit werden einzelner und Gesellschaft unabhängiger von Zwängen, vom formierenden Druck der industriellen Warenproduktion.

Dabei erfährt der *Leistungsbegriff* eine Neudefinition. Heute sind nur wenige Tätigkeiten und Fähigkeiten mit einem gesellschaftlich verbindlichen Leistungsmaßstab versehen: sie gruppieren sich um die geldwirtschaftlich meßbare Produktivität, also um das, was auf dem Markt verkauft werden kann und ins Sozialprodukt eingeht. Eine solche Verengung von »Produktivität«, deren »Kosten« in der Reduktion des Menschen auf seine Konkurrenzfähigkeit auf dem Markt, in innerer Verelendung trotz zunehmender Warenfülle liegt, muß nicht länger aufrechterhalten werden.

Leistung, die menschliche Bedürfnisse der Produzenten im Vollzug unmit-

»Bislang konzentriert sich Wahrnehmung und Auswertung von Dingen, Natur, persönlichen Beziehungen und Dienstleistungen auf die Dimension Nutzen und Erfolg.«

telbar befriedigt, impliziert eine Vielfalt von Tätigkeiten. Die Grenzen des Leistungsbegriffs werden neu bestimmt aufgrund sowohl gesamtgesellschaftlicher wie individueller Wünsche und Notwendigkeiten. Lust- und Realitätsprinzip finden dabei einen Ausgleich.

Ansatzpunkt: Kultur (als Zentrum gesellschaftlicher Produktion)

Dieser *Lohn-auch-in-sich-selbst-tragenden* Form von Leistung, die auf volle Entfaltung menschlicher Produktivität abzielt, ist ein veränderter Kulturbegriff zur Seite zu stellen. Kultur meint Pflege, Differenzierung und Fortentwicklung menschlicher Lebensäußerungen. Traditionell ist sie beschränkt auf privilegierte Gesellschaftsschichten; überdies anerkennt sie nur wenige Produzenten gegenüber vielen passiven Konsumenten. Die notwendige Begriffsrevision hebt Beschränkungen auf und macht Kultur zum Merkmal sämtlicher Mitglieder der Gesellschaft.

Eine erste Erweiterung von »Kultur« ist möglich, wenn der geschichtliche Sinn der industriellen Warenproduktion – der Produktivitätsfortschritt – genutzt wird für Verkürzungen der *Lohnarbeitszeit.* Sie ist sinnvoll, weil sie gesellschaftlich/individuellen Bedürfnissen Raum schafft, die heute nicht zur Entfaltung gelangen: wir meinen Prozesse und Produkte, die von sozialen Gruppen selbst bestimmt werden und wo Produkte nicht wegen ihrer Tauschfähigkeit auf dem Markt, sondern zum gegenseitigen Gebrauch hergestellt sind.

Im weiteren zielt die Neudefinition von Kultur auf Überwindung des Luxuscharakters. Wenn soziale Beziehungsnetze, Umgangsformen und Begegnungen *des Alltags* (behagliches Wohnen, kollektive Spiele und Zeremonien, Quartiergestaltung, die Herstellung von Gegenständen des täglichen Gebrauchs etc.) gepflegt und differenziert werden, so sehen wir darin gesellschaftliche Produktivität, die sich an menschlichen Entfaltungsansprüchen orientiert. Industrielle Warenproduktion, Geld und Lohnarbeit werden nicht gänzlich abgelöst, verlieren aber ihre beherrschende Stellung, wenn kulturelle Betätigung als *alternative Produktionsform* den Alltag verändert.

Im kulturellen Schaffen ist persönliches Engagement im Produktionsprozeß ebenso wichtig wie die Eigenschaften des Produktes: es verspricht *authentische Erfahrung* mit Personen und Sachen. Indem sie die Verdinglichung des Menschen mindestens außerhalb der Lohnarbeit tendenziell abbaut, trägt sie in anderen Bereichen zum Widerstand gegenüber Entfremdung bei.

In kollektiv produzierter Kultur erkennen sich die Beteiligten selbst wieder und finden *soziale wie persönliche Identität.* Damit verbunden sind Wachheit der Sinne, Finden neuen Interesses, rational und emotional engagierter Objektbezug, der stets neu auf Verständigung und Kooperation zu anderen auf Soziales hin drängt.

Herkömmliche Formen von »Kultur« behalten dabei ihren guten Sinn. Nichts gegen künstlerische Werke, die in dem Nichtkünstler unerreichbarer Weise Befindlichkeiten, Einsichten oder Phantasien darzustellen vermögen und – in geeigneter Art der Öffentlichkeit zur Verfügung gestellt – *auch* zur Erweiterung des Erfahrungsfeldes beitragen!

Ansatzpunkt: Alltag und Öffentlichkeit (als wichtigste Handlungsfelder)

Ausschlaggebend für die Lebensqualität ist der Alltag. Wo die Verwandlung von Freizeit in Freiheit, von Arbeit in selbstbestimmte Leistung gelingt, lohnt sich höchste Anstrengung. Die Entfaltung unvernutzter sozialer Produktivkräfte drängt nach *Öffentlichkeit,* verlangt aber auch neue Grenzziehungen zwischen »Privatem« und »Öffentlichem«.

In öffentliche Verantwortung fällt, sicherzustellen, *daß* Gruppen und Individuen ihre elementaren Bedürfnisse und darüber hinaus ein möglichst hohes Maß an Interessen befriedigen können, wobei auf gerechten Ausgleich zwischen Realisierungschancen zu achten ist. Einerseits gilt es, den durch Warenverkehrsformen zerstörten, entpersönlichten Privatbereich soweit wiederherzustellen, daß er authentische Begegnungen zwischen Menschen, *Intimität,* aber auch *guten direkten Umgang mit Natur und Dingen* erlaubt. Zusammenleben und soziale Beziehungen werden sukzessiv von vorgestanzten Mustern befreit und auf der Basis vorhandener und sich wandelnder Bedürfnisse der Beteiligten neu gestaltet.

Anderseits erfährt der Aktionsbereich Öffentlichkeit eine Ausdehnung weit über Staatsaufgaben, Wahlen und Volksbefragungen hinaus. Vorgänge,

---

»Heute sind nur wenige Tätigkeiten und Fähigkeiten mit einem gesellschaftlich verbindlichen Leistungsmaßstab versehen.«

Zustände und Entscheidungen mit Rückwirkungen aufs Persönlich/Private sind sukzessiv öffentlicher Bestimmung bzw. Mitbestimmung zu übergeben. Zur Öffentlichkeit gehören folglich Wohnen, Verkehr, Informationsmedien, Schulen, Kirchen, Sport, Kultur, Militär, nichtprivater Besitz an Boden, Bauten und Natur, Rechtsprechung etc. Öffentlichkeit ist dann erreicht, wenn für jeden Interessierten *wahrnehmbar* ist, was wie und warum geschieht und wenn allen Betroffenen *Beteiligungs- und Mitentscheidungschancen* zustehen.

Öffentlichkeit findet Schranken nicht nur im Anspruch sozialer Gruppen auf Selbstgestaltung des Privaten, sondern heute vor allem im Verfügungsanspruch auf Besitz. Damit sind so wichtige Bereiche wie Arbeitsplätze und

Produktion öffentlicher Bestimmung zumeist entzogen. Hier bieten sich zweierlei Strategien an: Humanisierung der Verhältnisse innerhalb der Betriebe, Öffnung aller Türen und Fenster, Herstellung größtmöglicher Transparenz und Einbindung der Produktion in den Rahmen öffentlicher Interessen. Sollen private Unternehmen nicht öffentlich bedeutsame Aufgaben erfüllen?

Die rekonstruierte *Öffentlichkeit verklammert gesellschaftliche Teilbereiche,* fördert wechselseitigen Bezug: Schule und Familie, Handel und Produktion, Kultur und Alltag, Arbeit und Freizeit etc. Bereits weit ausdifferenzierte Bereiche wie Wirtschaft und Staat werden entlastet, zum Teil entbehrlich, während Soziales und Kulturelles an Bedeutung gewinnt zur Befriedigung alltäglicher Bedürfnisse und zur Wahrnehmung neuer Aufgaben.

Öffentlichkeit ist ein offenes, selbstverwaltetes, wandlungsfähiges Feld; jung und alt können hier Vorgänge identifizieren, die sie betreffen, können eingreifen und lernen. Seine Teilnahme reguliert jeder selbst. Erst recht ist ihm größtmögliche Freiheit in der Ausgestaltung seiner übernommenen öffentlichen Rollen anheimgestellt: *Er tritt privat wie öffentlich als Subjekt auf.*

Zauderer und Selbstungewisse bleiben nicht aus dem Spiel: Professionelle Könner und motivierte Laien treten von Zeit zu Zeit als Animatoren in Funktion und zeigen Mutlosen oder Neuen sinnvolle Handlungsfelder und -vollzüge. Der Grundsatz zu pflegen, was an Initiative sprießt, wird ergänzt durch institutionelle Planung: aktivierende öffentliche Situationen für soziale Schichten, Interessen, Talente und Gruppen, die sich zunächst nicht aus eigener Initiative organisieren, werden von der Selbstverwaltung im Sinne einladender Angebote arrangiert.

Öffentlichkeit kann die gesetzten Ziele im *kommunalen Rahmen* am ehesten erreichen. Stadtteil und Gemeinde stehen im Vordergrund dieser Veränderungsstrategie, die sich primär auf neue Erfahrung in konkreten Handlungsvollzügen abstützt. Das heißt keineswegs, daß die anvisierten Verhaltens- und Erfahrungsfähigkeiten im umfassenden Kontext von minderer Bedeutung bleiben. Sie sind dort nur schwieriger zu entwickeln und abstrakter zu beschreiben. Vielleicht vermögen Anstöße aus dem kommunalen Bereich im Hinblick auf Veränderung nationaler und universeller Zusammenhänge Überschüsse zu produzieren?

Die Kommune muß zur Erfüllung dieser strategischen Aufgabe eine *möglichst vielfältige Struktur* in Produktion, Verteilung, Konsum, staatlichen Einrichtungen, Schulen etc. aufweisen. Es ist Aufgabe kollektiver öffentlicher Planung und Verfügung über Boden und Bausubstanz, zugunsten einer rei-

---

»Die Neudefinition zielt von Kultur auf Überwindung des Luxuscharakters.«

---

chen Betriebs- und Branchenstruktur, Durchmischung sozialer Schichten, Interessen- und Altersgruppen etc. Vorkehrungen zu treffen.

Offene, nutzbare Räume sind unabdingbare Voraussetzung zur Entfaltung sozio-kultureller Produktivität. Es ist vornehmste Aufgabe öffentlicher Planung und Verwaltung, möglichst viele solche Orte zugunsten der Bewohner zu behändigen.

Zielsetzungen der Erneuerung

In diesem Abschnitt sind die Ziele skizziert, die hinter den strategischen Ansatzpunkten stehen.

Erweiterte Erfahrungsfähigkeit – umfassendere Erfahrungsmöglichkeiten

Erfahrung wird in der Auseinandersetzung mit Umweltverhältnissen, Dingen und Personen gewonnen. Als »Instrumente« dienen dazu Wahrnehmung, Denken und Aktion; Gefühle, Sinne, Intellekt und körperliche Motorik treten in Funktion. Von *Ausdifferenzierungsgrad* und *Anspruchsniveau* dieser »Instrumente« ist jede Erweiterung von Erfahrungsfähigkeit abhängig: Beobachten und spüren, was sich zwischen drei Personen abspielt (auch ohne selbst betroffen zu sein); eigene Haut dem Wind aussetzen und dabei merken, woher er weht und welches Wetter er bringt; mit geschlossenen Augen den Sortenunterschied zweier Tomaten riechen; den Rhythmus von Musik körperlich erfahren und in Bewegung umsetzen; das Material des Gewebes erspüren, das durch die Finger schlüpft; nachsinnen über eigenes Verhalten, eigene Rollen; Formen und Farben im Lichtwechsel des Tages sehen und sich die Welt ausmalen, wenn grün rot und weiß schwarz wäre. Dies vor allem: Wahrgenommenes, Erlebtes, Gelesenes sich ganz anders vorstellen; Phantasie.

Unverstellt von Klischees aktiv und lustbetont sich selbst wahrnehmen in einer sich mitteilenden Umwelt und sich mit Realität auseinandersetzen ist eine zentrale Zielvorstellung. In verschiedenen Spielformen die eigene Person wie die Umgebung zu erproben und dabei lernend zu verändern, ist eine weitere. Das Ich erfährt sich dabei als Subjekt und treibt nicht atemlos in der Welt herum auf der Jagd nach Auch-Vollzug gesellschaftlich vorfabrizierter Erlebnismuster.

Guter Umgang des einzelnen mit sich selbst ist sowohl Ziel wie Voraussetzung; er steht an zentraler Stelle, weil selbständige Menschen, die mit sich selbst im Lot sind, zu besonders offenem, solidarischem, gegenüber unbekannten Dingen und Menschen neugierigem Verhalten fähig sind. Solch guter Umgang schließt Einsicht in eigene Fähigkeiten und Unvermögen, Kenntnis persönlicher Wirkung auf andere, das Wissen, mit eigenen Problemen einsichtig zu leben, und zu guter Letzt auch das humorvolle Akzeptieren von Mängeln und Marotten ein.

Guter Umgang mit der eigenen Person impliziert ein wohlintegriertes Gleichgewicht zwischen verschiedenen Persönlichkeitsdimensionen: Körperlichkeit, Psychischem, Kognitiv/Intellektuellem. Der Körper beispielsweise ist weder ein Gefängnis des Geistes noch eine Kathedrale des Fitnessideals. Er will mit Spaß und Vernunft ernährt, im Bewegungsdrang respektiert und seiner Anfälligkeit für Krankheit bzw. Sterblichkeit gepflegt sein.

Anknüpfend an die gegenwärtige Situation ist zuerst das Gewicht auf die *Ausdifferenzierung affektiv-psychischer Ausdrucks- und Wahrnehmungsmöglichkeiten* zu legen.

Merkmale entwickelter psychosozialer Kultur sind Ausdrucksfähigkeit und Spontaneität, besonders auffällig ist eine reiche nicht-verbale Ausdrucksfähigkeit. Viele Affektkontrollen im sozialen Leben erweisen sich als Hemmnisse.

Erweiterte Erfahrung ist undenkbar ohne veränderte *Begegnung des Menschen mit seiner sachlichen und natürlichen Umwelt,* die er nicht als Instrument zur Vervollkommnung eigener Macht- und Konsumansprüche, sondern als Gegenüber mit eigenem *Objektcharakter* erfahren soll. Die Erfordernisse greifen hier ineinander, finden sich im Begriff Authentizität: Sinnliche Reizvielfalt von Dingen hängt mit Selbstwert und dieser wiederum mit Beziehungen zwischen Person und Objekt bzw. Natur zusammen: Kleidung aus feiner Wolle, zugeschnitten auf persönlichen Geschmack und subjektives Wohlbefinden, versehen mit verspielten Knöpfen eigener Produktion läßt den skizzierten Umgang beispielsweise zu; Serien-Wegwerfware aus miesem Material gemäß fremddiktierter Mode kaum. Äpfel sollen Narben aufweisen und asymmetrischen Wuchs, aber auch spezifischen Charakter und eigenen Duft.

Die Skizzen persönlicher Fähigkeiten sind stets im Zusammenhang mit strukturellen Merkmalen, die solche Fähigkeiten stimulieren und belohnen, zu sehen:

Sprechen wir zuerst von der *Warenwelt:* Das Angebot des Marktes kann zahlenmäßig schmaler werden, vorausgesetzt, es befriedigt höhere Qualitätsansprüche. Soll die nähere dingliche Umwelt des Menschen, sein Besitz, persönliche Ansprüche spiegeln, kann sie nicht beliebig austauschbar sein. *Gegenstände des täglichen Gebrauchs* sollten eine persönliche Beziehung erlauben, ein subjektives »Markenzeichen« tragen. Selbstgefertigte Spielzeuge, Möbel, Kleider, Keramik, Gebrauchstextilien, Schmuck, Geräte, Salben, Farben etc. weisen die nötigen Qualitäten meist auf. In der Nachbarschaft von besonders Talentierten gefertigte und im Austausch erworbene Dinge, an deren Entstehungsprozeß der Nutzer beobachtend teilnahm, stehen dahinter kaum zurück.

Damit ist keineswegs einer Rücknahme des technologischen Fortschritts das Wort geredet: Besitzgüter wie Autos und Kühlschränke oder arbeitsspa-

»Guter Umgang des einzelnen mit sich selbst ist sowohl Ziel wie Voraussetzung; er steht an zentraler Stelle, weil selbständige Menschen, die mit sich selbst im Lot sind, zu besonders offenem, solidarischem, gegenüber unbekannten Dingen und Menschen neugierigem Verhalten fähig sind.«

rende Apparate beispielsweise werden weder verbannt noch selbstgebastelt. Vorausgesetzt, sie sind nicht zum Verschleiß gebaut und kommen zweckrational zum Einsatz, gehören einige zu Recht zur menschlichen Umgebung und ermöglichen erst, Sorgfalt und Zeit für Wesentliches aufzubringen.

Fremdbestimmung oder verhinderte authentische Erfahrung schlägt sich vielleicht am deutlichsten in mißlichen Wohnumwelten nieder, die Möblierung, Tätigkeiten und Bezüge ihrer Bewohner im vornherein zementieren. Vielleicht liegen hier Ansatzpunkte einer Strategie: in beispielhaften Experimenten der Verwandlung untauglicher Bausubstanz.

Zur Stimulierung von Erfahrungsfähigkeit sind zweifellos *veränderte Erziehungsumwelten* und *-praktiken* unabdingbare Voraussetzung: Weder Schule noch häusliche Erzieher vermögen den Kindern weiszumachen, wie Dinge und Verhältnisse beschaffen sind und wie man ihnen zu begegnen hat. Unterliegen Dinge und Verhältnisse nicht steter Veränderung? Treten Menschen nicht freier auf, wenn fremde Erwartungen sie nicht beengen? Sehen unvoreingenommene Augen nicht mehr? Neugierverhalten birgt potentiell stets Erkenntnislohn und Erfahrungsgewinn. Die Bereitschaft, sich auf Unbekanntes sorgfältig, furchtlos und zugleich kritisch einzulassen, darf keine Grenzen kennen. Sie ist funktional in bezug zur dynamisch-selbstgesteuerten gesellschaftlichen Entwicklung.

Erweiterte Handlungsfähigkeit – umfassendere Betätigungsformen

Wahrnehmung, Gegenüberstellung, Betroffensein und Kontemplation sind wichtige Momente guten Umgangs mit sich selbst und den Dingen. Oft münden sie in Aktion, in kulturelle Produktion aus; damit verknüpft sind *soziale Aspekte:* Gespräch, Austausch, Zusammenarbeit, kollektive Projekte.

Erfahren drängt zur Mitteilung: andere sollen mitdenken, mitfühlen, mittun, helfen. Zielvorstellung sind einerseits Menschen, die selbstbestimmt und spontan ausdrucks- und kommunikationsfähig sind, anderseits eine soziale Öffentlichkeit, die produktiv auf verschiedenste Äußerungen von Gruppen und Individuen zu reagieren versteht. *Kommunikation konzentriert sich nicht allein aufs Wort;* Geste, Bewegung, Klänge, Bilder, Spiel, Kleidung, Kostüm vermögen – sind sie erst genügend ausdifferenziert – zusätzlich und in ganz anderer (manchen Gruppen angemessenerer) Weise Botschaften über Befindlichkeit, Wünsche, Probleme oder Konflikte auszutauschen.

In *symbolischen Aktionen* (Zeremonien, Festen, Maskeraden, Spielen, Umzügen, Wandzeitungsfehden etc.) findet Affektives adäquaten Ausdruck und Integration; da kann sich intellektuell gebändigte Energie freier und kreativer äußern als in restriktiv verbalem Austausch. Gerade für kollektive Veranstaltungen nicht ausschließlich verbaler Art gilt freie Wahl von Mustern und Formen als Prinzip. Zum Ritual verkommen, entbehren sie jeglicher kritisch produktiven Funktion.

Konventionen, Tabus und *Normen* müssen immer wieder in Schule und Öffentlichkeit kritisch gesichtet werden. Wo sie authentische Erfahrung ohne Gewinn für die Gesellschaft unterbinden, sind sie zu verflüssigen. Ziel von Revisionsbemühungen ist es, eine anreizende Vielfalt an Erfahrungs- und Betätigungsformen zu fördern, Kontinuitäten und Diskontinuitäten gegeneinander wirken zu lassen, Kehrtwendungen zu ermöglichen und dynamischen Fortschritt im Sinne kontinuierlicher Verfeinerung des sozialen Gebildes bei gleichzeitiger Minderung ungleicher Teilnahmechancen verschiedener sozialer Gruppen (z.B. Alter) zu gewährleisten.

Entsprach »*Moral*« früher bloß dem, was der einzelne als Tradition verinnerlichte, und zerfiel sie dementsprechend in die partikuläre Moral einzelner Gruppen, so wird sie nun zum Gegenstand der Fortentwicklung durch Diskussion. *Allgemein verbindlich* können sich dabei eine Handvoll Prinzipien zur Regelung des Konsensus unter den jeweils Betroffenen herauskristallisieren, vielleicht auch einige Grundsätze, die der Fortentwicklung des Norm- und Prinzipienkatalogs, der Aufrechterhaltung »guter« Bedingungen der Diskussion selbst dienen.

In dieser Auseinandersetzung um »Moral« werden Erfahrungserweiterung, Identitätsfindung, Zuverlässigkeit und soziale Verantwortung gegenüber Partnern wechselseitig verknüpft.

Zusätzliche spezifische Verhaltensnormen, die fürs Funktionieren von Teilbereichen oder Organisationen (Betriebe, Schule, Wohngruppen, Vereine) unerläßlich sind, werden von den Betroffenen ausgehandelt und festgesetzt. Zugleich wird vereinbart, wer über die Einhaltung der Bestimmungen wacht und welche Gruppe ihre Tauglichkeit bis zum Zeitpunkt der im voraus festgesetzten Revision evaluiert. (Die Aufsichtsfunktion soll wechseln und nicht diffus dem Kollektiv überlassen bleiben; ansonsten könnte sich einschnürende Sozialkontrolle einnisten.)

Aushandlungsprozesse in Gruppen, *Vereinbarungen auf Zeit, Kontrakte* zur Regelung privater Beziehungen sind zentrale Merkmale einer entfalteten sozialen Kultur. Eine moderne ausdifferenzierte Gesellschaft ist auf zeitliche Sozialkontrakte angewiesen. Wohngruppen, Kindererziehung, sexuelle Partnerschaft, Nachbarschaft und Wohnbereich, Schulen etc. können in unzähligen Varianten mit Erfolg organisiert und ganz global oder bis ins Detail vereinbart sein, je nach Bedürfnis der Beteiligten. Dabei lassen sich gewisse legitime Bedürfnisse nach Sicherheit und Konstanz gegenüber Wünschen nach offener persönlich/sozialer Entwicklung sowie wechselseitige Verpflichtungen und Ansprüche in ein gewisses Gleichgewicht bringen. Lebenslange Versprechungen scheinen obsolet in einer Welt, die ein Menschenleben unabsehbar macht. Wenn leben heißt: lernen und sich wandeln, dann ist im sozialen Bereich immer auch die Möglichkeit vorzusehen, daß aus dem Lernen strukturelle Konsequenzen erwachsen, daß auch die Umgebung zu verändern ist. Jede soziale Situation ist Experiment in einem bestimmten biographischen Abschnitt. Was sich bewährt, wird weitergeführt; was persönliche Entfaltungen hemmt, ruft nach Revision. Selbstverständlich ist mit dieser *Diversifikation sozialer Formen* keiner Auswucherung des Lustprinzips das Wort geredet: Spaß und Einsicht in Notwendigkeiten, Solidarität und Verantwortung gehören zur selben Medaille. Der einsichtige Verzicht ist ebenso persönlichkeitsbildend wie bestätigte Durchsetzungsfähigkeit gegenüber Dritten.

Öffentlichkeit und Gesetzgebung treten gegenüber heute mit eigenen Bestimmungen zugunsten von Sozialkontrakten zurück (vgl. dazu den Abschnitt Alltag und Öffentlichkeit).

Strukturell lautet die Zielsetzung (auf einen kurzen Nenner gebracht): Einrichtung wandlungsfähiger sozialer Zellen. Vorgegebene *gesellschaftliche Rollen* (Lehrer, Mutter, Künstler, Arbeiter, Krankenschwester etc.) sind auf ihr Verdinglichungspotential hin zu untersuchen und – ohne Verzicht auf sinnvolle Aufgabenwahrnehmung – in ihren Spielräumen optimal persönlich auszugestalten. Handeln soll ja im Vollzug Spaß bereiten! Soziale Kreativität zeigt sich auch in der Schaffung bzw. der Übernahme neuer Rollen oder im Rollentausch.

Erweiterte Mitgestaltungsfähigkeit – umfassende Entscheidungsfelder

Die sich selbst produzierende und kultivierende Gesellschaft funktioniert nur aufgrund vielfältiger Partizipation und Mitverantwortung ihrer Mitglieder. Wandel tritt nicht als nachträgliche Anpassung an sogenannte Sachzwänge ein; er vollzieht sich orientiert an vorweg bestimmten *Zielen* und *Richtwerten.*

»Es wird keineswegs einer Rücknahme des technologischen Fortschritts das Wort geredet: Besitzgüter wie Autos und Kühlschränke oder arbeitssparende Apparate beispielsweise werden weder verbannt noch selbstgebastelt.«

In diese Ziel- und Richtungssetzung fließen Überlegungen zu Bedürfnissen, Ressourcen und Ertrag ein. Welche Werte – materieller und immaterieller Art – sind zu schaffen und wie zu verteilen? Mit sämtlichen Ressourcen ist sorgfältiger, nicht ausbeuterischer Umgang zu pflegen. Während sich Personengruppen solidarisch gegen Fehleinsatz ihrer Arbeitskraft potentiell zu wehren vermögen, ist analoge Abwehr seitens der natürlichen Umwelt nicht zu erwarten. Auf lange Sicht angelegte Pflege ist hier von gesetzlichem Schutz und menschlicher Vernunft abhängig. Hier tritt der früher postulierte engagierte und zugleich rational unterbaute Objektbezug in Funktion. Menschliches Eigennutzdenken ist unzulänglich, denn Entscheide greifen oft in soziale, gegenständliche und natürliche Systeme über. *Entscheidungsverantwortung umschließt den gesamten Lebensbereich.* Mitbestimmung ist sehr eng mit der Fähigkeit zur Selbstbestimmung verknüpft. Gesellschaftliche Strukturen und individuelle Handlungsfähigkeit entwickeln sich in logischer Verbindung und Schritt für Schritt verklammert. Mit der Öffnung neuer Entscheidungsfelder wächst somit schrittweise die Fähigkeit zur Partizipation. Dabei (wie selbstverständlich auch beim Aushandeln von Sozialkontrakten) sind Fähigkeiten zur Identifizierung, Artikulation und Durchsetzung eigener individueller oder kollektiver Interessen und Werte, aber auch die Entfaltung politischer und solidarischer Handlungspotentiale von Bedeutung.

Die Entfaltung aktiver Handlungsfähigkeit als politische Produktivkraft trägt zum gesellschaftlichen Fortschritt bei. Nicht Befriedigung und Loyalitätsbindungen dürften die Folge sein, sondern intensivere Wahrnehmung von Konflikten. Die Transparenz erweiterter Öffentlichkeit verhindert ein Überkleistern gegensätzlicher oder inkongruenter Positionen: Die Konflikte sind nicht zu verdrängen, sondern in geregelten Verfahren auszutragen und zu entscheiden. Das fördert die langfristig lebenswichtige Dynamik. Ohne um wesentliche Dimensionen (z. B. Expressivität, Witz, Humor) *erweiterte politische Kultur* sind die Konfliktpotentiale kaum zu bändigen.

Interessenvertretung, Problemdarstellung und Durchsetzungskampf können nicht nur mit verbalen Mitteln geführt werden. Sie sollen in Straßentheatern, Plakatgeschichten, Bildern, Umzügen, arrangierten »Schauprozessen« und anderen symbolischen Darstellungen adäquate Repräsentanz finden. Dabei gelangen auch die emotionalen Gehalte von Konflikten zu angemessenem Ausdruck. Mit einem Entscheid sind sie nicht erledigt: Niederlagen beispielsweise rufen gerade wegen ihres affektiven Momentes – damit Frustration nicht in Resignation umschlägt – nach produktiver kollektiver Verarbeitung. Auch hier scheinen öffentliche symbolische Aktionen am Platz als erster Schritt auf dem Weg zur rationalen Planung künftiger Strategie.

Bedürfnisse und Interessen zu organisieren erprobt sich in Stadtteil und Gemeinde primär und modellhaft am besten. Hier, wo Ansprüche, Handlungsmöglichkeiten, Machtverhältnisse und Vorgänge leichter identifizierbar und persönliche Betroffenheiten virulent sind, kann expressive politische Kultur zu voller Blüte gelangen. Übergreifende politische Zusammenhänge setzen grundsätzlich gleiche, aber abstraktere Reflexion und Interessenvertretung voraus.

Partizipation als politische Produktivkraft macht nicht an den Grenzen des Öffentlichen halt; sie fordert angemessene Berücksichtigung auch in privat bestimmten Organisationen, beispielsweise am Arbeitsplatz. Angestrebt ist der Ausgleich zwischen Interessen beteiligter Personen einerseits und institutionellen Zwecken andererseits. Letztere sind selbstverständlich nicht sakrosankt, unterstehen sie doch im kollektiven Entwicklungssteuerungsprozeß gesamtgesellschaftlichen Optionen.

Umfassendes Engagement beim Gestalten und Entscheiden birgt die *Gefahr mangelnder affektiver Distanz.* Man identifiziert sich leicht mit dem Selbstgewollten und -geprägten und entwickelt »heimatliche« Bindungen. Das kann für einzelne und Gruppen auf diffuse Abhängigkeit, für den betroffenen Bereich auf Stagnation hinauslaufen. Solidarität und Integration in größere Zusammenhänge setzen eine ausgewogene Verbindung von emotionalem Engagement und vernünftiger Reflexion voraus; universalistische Orientierungen in Denken und Handeln sind unerläßlich besonders im lokalen Bereich. Vereinnahmtwerden wie unüberwindliche Distanz führen zum Verlust personeller und sozialer Identität.

Mobilität ist erwünscht und notwendig zur Entfaltung von sozialen Zellen, Kommunen, Kultur, Politik und Personen. Ein Wechsel der Umgebung erlaubt der voll handlungsfähigen Person eine Bestätigung ihrer Identität gerade in veränderten Bedingungen.

Szenarien

Abschließend vermitteln wir als Anregung für die Leser, Modelle eigener Selbstwerdung, in Form von grundsätzlichen fünf »Drehbüchern«.

Szenario: Schule

S. besucht die Schule bereits seit fünf Jahren; er wurde vor kurzem elfjährig. Zuvor schon – seit seinem dritten Lebensjahr – hatte er Umgang und Spiel mit anderen Kleinkindern kennengelernt, in einer Vorschulgruppe, die in der Nachbarschaft von verschiedenen Eltern gemeinsam mit einem ausgebildeten Erzieher organisiert (und staatlich mitfinanziert) worden war. Mindestens drei Kinder mußten, höchstens sieben Stunden durften sie sich da zur Entwicklung ihrer Ausdrucksfähigkeit, ihrer Sinne, handwerklichen und körperlichen Geschicklichkeit, zur Förderung gestalterischen Umgangs mit vielerlei Materialien und zur Entfaltung sozialer Fähigkeiten einfinden. Der Erzieher wurde im Turnus von Eltern und anderen Leuten aus der Nachbarschaft (Alten, Kinderlosen) ergänzt und unterstützt.

»Entsprach ›Moral‹ *früher bloß dem, was der einzelne als Tradition verinnerlichte, und zerfiel sie dementsprechend in die partikuläre Moral einzelner Gruppen, so wird sie nun zum Gegenstand der Fortentwicklung durch Diskussion.«*

S. hält sich nur halbtags im Bildungszentrum auf, wo »Unterricht« – organisiert von professionellen Lehrern in wechselnder Zusammenarbeit mit interessierten und geeigneten Laien – veranstaltet wird. Die Arbeit findet in Lernprojekten statt, die um ein Thema kreisen, das an die Alltagserfahrung der Kinder anknüpft (nicht in sogenannten Fächern). Verschiedene Begabungen und individuelles Lerntempo finden in dieser Unterrichtsorganisation einen angemessenen Platz. Ohne Preisgabe einer Systematik wird auf Impulse, Interessen und Voraussetzungen der Schüler bestmöglich Rücksicht genommen: Sie sind an der Planung der Lernvorhaben mitbeteiligt und beeinflussen Thema, Dauer, einzelne Lernschritte, Schwerpunkte etc.

In der zweiten Tageshälfte halten sich die Schüler unterschiedlichen Alters gruppenweise in privaten oder öffentlichen Ateliers, Werkstätten, Dienstleistungsorganisationen, in Gewerbe und Industrie etc. auf: in Bereichen, wo Erwachsene Lohnarbeit verrichten, an der sie spielerisch aktiv teilnehmen. In der Post, der Gärtnerei, im Photoatelier, im Lebensmittelgeschäft, in der Altenbetreuung, auf dem Bauplatz, in der Töpferei, im Nähatelier, der Garage, im Restaurant, der Zeitungsdruckerei etc. übernehmen sie – angeleitet von Leuten des Betriebs und betreut von Personen aus dem Schulbereich (die notfalls ihre Interessen verteidigen) – sie verrichten eine Reihe von einfachen, sinnvollen Funktionen, manchmal auch auf Kosten effizienter Betriebsführung. Sie betätigen sich aber auch auf Abenteuerspielplätzen, treiben Sport, tummeln sich in Theater, Radiostudio, Museum, Bibliothek oder engagieren sich in ihrer Nachbarschaft. Sie tragen Erfahrungen aus allen Lebensbereichen zurück in den schulmäßigen Unterricht, wo diese gemeinsam verarbeitet werden.

Die Schüler haben ein Minimum an Halbtagen in verschiedenen Arbeitsfeldern, Kulturbereichen und Tätigkeiten obligatorisch zu verbringen, darüber hinaus können sie frei wählen.

S. hat die Chance, verschiedene Fähigkeiten gleichberechtigt auszubilden: Abstraktes Denken und praktische Intelligenz, handwerkliches Tun und soziale Fähigkeit. Weil Bildung in verschiedenen Feldern gesellschaftlicher Aktivität anhand konkreter Erfahrung stattfindet, kann S. Zusammenhänge herstellen, mit Hilfe von Lehrern und Praktikern Überblicke gewinnen und zu guter Letzt nicht nur aufgrund von Hörensagen seine künftige berufliche Beschäftigung bestimmen.

Nach dem zehnten Schuljahr muß S. wählen, ob er beruflich eher handwerklich, künstlerisch, administrativ, theoretisch/wissenschaftlich, landwirtschaftlich, sozial etc. tätig werden möchte. In diesem Zeitpunkt streben verschiedene Bildungswege auseinander, doch endgültig ist der Entschluß nicht. Es gibt Brücken zwischen den Wegen und Ausstiege in berufliche Praxis nach verschiedenen Abschnitten. Jederzeit kann S. auch als Erwachsener an seine früheren Ausbildungsblöcke anknüpfen und sich neue Fähigkeiten, Fertigkeiten und Erkenntnisse beruflicher oder anderer Art in organisiertem Unterricht erarbeiten.

Szenario: Nachbarschaft

A, B, C, D und E sind fünf Wohngruppen, insgesamt fünf Kinder und zehn Erwachsene im Alter zwischen 22 und 38 Jahren. Gemeinsam haben sie vor zwei Jahren ein älteres Mehrfamilienhaus aus städtischem Besitz in Pacht übernommen. Dieser Bau ist Zelle einer 300-Personen-Siedlung mit Bewohnern jeglichen Alters und unterschiedlicher Berufe. Die fünf Wohngruppen haben den verlotterten Bau gemeinsam gründlich umgebaut und neu ausstaffiert; im Pachtvertrag wurden diese Instandsetzungsarbeiten vereinbart. Fachleute und Laien aus der Siedlung nahmen aktiv an der Renovation teil. Um diese Hilfe bewarben sich die fünfzehn Pächter mit einem bunt gemalten Plakat, das an zentraler, dafür reservierter Stelle der Siedlung festgeheftet wurde. Hier fragt man Know-how, Dienstleistungen oder selbstproduzierte Dinge von Siedlungsbewohnern nach bzw. man bietet solche an.

Im allgemeinen sind die Nachbarn zu motivieren. Sie haben die Überzeugung, inmitten eines größeren Kreislaufes selbst auch wieder auf die Rechnung zu kommen. Früher war das Führen einer Austauschbuchhaltung nötig. Inzwischen haben die Leute sich im nachbarschaftlichen Austausch adäquat zu verhalten gelernt: Jeder sucht selbst ein Gleichgewicht zwischen Einsatz für andere und Ansprüchen gegenüber Dritten. Häufig engagierte Baufachleute oder ein Automechaniker beispielsweise beanspruchen überdurchschnittlich oft den Kinderhütedienst, überlassen den Pflanzgarten anderen etc. Potentiellen Profiteuren (beispielsweise Neuzuzüglern) bleibt wenig Aussicht auf Erfolg: Wer durch ein Übermaß an Wünschen auffällt, wird vom Nachbarschaftskomitee an die Spielregeln gemahnt. Das Komitee funktioniert als Anlaufstelle für neue Ideen und Initiativen und koordiniert ihre Verwirklichung, aber es wird auch eingeschaltet in Konfliktfällen. Mit der Einrichtung dieses Komitees hat die Nachbarschaft ein goldenes Ei im Interesse des sozialen Klimas gelegt: Jeder kann nun den anderen nach eigener Fasson selig werden lassen.

Es gibt eine Reihe von Austauschvereinbarungen mit Nachbarschaften, z.B. in Bergregionen: Man besucht sich in den Ferien, erhält Wolle und strickt dafür etc. In der Siedlung gibt es eine Vielzahl gefragter Talente, die ihre eigenen Arbeitsräume (in der Wohnung oder einer Werkstatt) zu quasi öffentlichen Aktivitätszentren entwickelt haben. Hier findet sich ein, wer Instruktion, wer eine instrumentelle »Infrastruktur« benötigt. Es gibt Nähstuben, eine Keramikbrennerei, Lehrerstudenten, welche in Erziehungsfragen beraten, ein Reparaturkeller für allerlei Motoren, einen Märchenerzähler, Steuerberatung etc.

Im Lauf der Zeit haben sich aus Sparsamkeitsgründen gemeinsame Einrichtungen entwickelt: ein Gewürzgarten, ein Magazin für kostspielige Haushaltgeräte, Holz- und Metallwerkzeuge, eine Wagenburg mit allerlei Transportmitteln, eine Druckerei samt Vervielfältigungsecke etc. werden genossenschaftlich verwaltet.

Die fünf eingangs vorgestellten Wohngruppen haben bei ihrem Einzug überlegt, was sie – in Übereinstimmung mit eigenen Interessen – spezifisch zur Bereicherung des Siedlungsangebots beitragen könnten, und haben sich entsprechend spezialisiert.

Sie bedauern im Haus die Abwesenheit älterer Leute. Beim Umbau haben sie gemeinsame Räume ausgeschieden: Gastzimmer, Speise- und Aufenthaltsstube, Kinderspielzimmer, Werkräume. Zwei Autos, Fahrräder, Schreibmaschinen, Schallplatten etc. werden gemeinsam verwaltet. Jede

»Die sich selbst produzierende und kultivierende Gesellschaft funktioniert nur aufgrund vielfältiger Partizipation und Mitverantwortung ihrer Mitglieder.«

Gruppe verfügt über eigenen Wohnraum samt Küche, in dem sie autonom schaltet und waltet. Von Woche zu Woche wird abgesprochen, wer wann gemeinsam essen will (und wer kocht), wer die ganze Wäsche besorgt, Kinder beschäftigt etc.

Die Gruppe A besteht aus einem Buchhalter und seinem sechsjährigen Sohn; die B.s nebenan sind eine sechsköpfige Postbeamtenfamilie. Frau B. arbeitet vorübergehend nicht um Lohn, sie näht gern und versorgt das halbe Haus mit ihrer Produktion. Frau C lebt mit ihrer Freundin zusammen; beide arbeiten drei Stunden täglich in einer Drogerie. Am Nachmittag stecken sie in ihrer »Quacksalberei«, wie Uneingeweihte ihre ausgebaute Küche nennen: Da fabrizieren sie frische Kosmetikmittel nach eigenen Rezepten und vertreiben sie laufend über die Gasse. Die Studenten D organisieren den Sport; der Jüngste zaubert als Meisterkoch mindestens die Hälfte aller gemeinsamen Mahlzeiten zurecht. Im Dachstock haust ein fideles Paar, halbe Zigeuner. Beide verrichten nur Gelegenheitsarbeit, und alle sechs Monate diskutieren sie ernsthaft über eine Trennung – dies seit elf Jahren. Herr B ist schwierig, zuweilen ein Querulant. Zur Zeit lernt er Pakistanisch, weil er dort für ein Projekt vorgesehen ist. Diese Perspektive erfüllt die Hausbewohner mit Erleichterung. Der Wohnvertrag spiegelt die dynamischen Verhältnisse und regelt Wechsel denkbar einfach.

Szenario: Stadtteil, Kleinstadt, Dorf

Anfangs September findet im Stadtteil wieder eines dieser Feste statt, die alt und jung während dreier Tage auf die Beine bringen: Schulanfang.

Im April ist jeweils Siedlungstag. Im Turnus lösen sich gastgebende und Besuchersiedlungen ab. Dabei werden die eigenen Probleme dargestellt, Produkte zum Kauf angeboten, wird für spezielle Projekte geworben (beispielsweise ein Kinder-Mittagstisch in Chile) etc.

Werkstätten, Zirkel, Jugendgruppen, Bibliothek, sowie private und öffentliche Unternehmen legen ihre Aktivitäten einer interessierten Stadtteilöffentlichkeit zur kritischen Stellungnahme vor. Selbstverständlich setzt dies intensive kooperative Vorbereitung im Sinne von ökonomischen, sozialen oder persönlichen Bilanzen voraus. Aufgrund von Diskussionen und Anregungen werden nach dem Ereignis neue Planungen und Entwicklungen in die Wege geleitet. Diese sachlichen Auseinandersetzungen sind in ausgelassene Festivitäten eingebettet.

M, N und O suchen nach längerem Auslandsaufenthalt eine neue Bleibe. Das Siedlungsfest ist ihnen willkommene Gelegenheit, sich ein solides Urteil über ein potentielles Wohnquartier zu bilden. Das Alltagsleben haben sie schon mehrmals beobachtet: Das Arbeitsplatzangebot ist auffallend breit, verschiedenste Branchen sind vertreten. Zufällig ist das nicht: Die Bewohner haben längst Bebauung, wirtschaftliche Entwicklung und Verfügung über den Boden zur gemeinsamen Aufgabe gemacht. Was nicht strikt privat beansprucht wird, wird als gemeinsamer Lebensraum gestaltet und genutzt: Straßen, Plätze, Fabriken, öffentliche Bauten stehen als grandiose »Gesamtkunstwerke« auf Zeit da. Auch hier gelten Kontrakte: Nach einigen Jahren werden die Gestaltungskonzepte überprüft und allenfalls revidiert. Oft überdauern nur die tatsächlich professionellen Werke wie bei G die Rutschbahn eines bekannten Künstlers.

Für M, N und O ist die Existenz einer ganzen Reihe von Arbeitszirkeln starkes Argument für die Niederlassung. Sie schätzen diese Form von Weiterbildung und Auseinandersetzung. Auf Initiative von Anbietern, die z. B. berufliches Know-how breiter streuen möchten, oder angeregt durch Leute, die eine Erkenntnislücke schließen möchten, kommen diese Zirkel zustande. Sie sind nicht der einzige Ort institutionalisierter Diskussion. Im Stadtteil gibt es verschiedene Kneipen mit regem politischem und kulturellem Leben. Hier finden sich Leute ein, die sich mit Gleich- oder Andersdenkenden über Aktualitäten, Beobachtungen oder Gelesenes auseinandersetzen möchten. Die Gaststätten sind genossenschaftlich geführt und von den Bewohnern (die während der Spitzenzeiten freiwillig mitarbeiten) eingerichtet: Ihre

Aufgabe, Treffpunkt zu sein, nehmen sie ebenso ernst wie die kulinarische Funktion.

Nicht zuletzt haben sich die drei potentiellen Zuzügler von der Stadtteilzeitung – die von einem professionellen Journalisten mit einer größeren Laiengruppe gemeinsam fabriziert wird – überzeugen lassen, die das Feld der Kommunikation in amüsantem Stil bewußt über die paar Quadratkilometer vertrauter Umgebung hinausspannt.

M, N und O haben auch die Versorgung des Stadtteils mit Gütern des täglichen Gebrauchs unter die Lupe genommen. Frische Nahrungsmittel werden jeden Vormittag auf dem Markt angeboten. Für die Anbieter versteht es sich von selbst, daß Käufer strenge Qualitätskontrollen vornehmen, auch ungewohnte Quantitäten verlangen und das Verpackungsmaterial selbst mitbringen. Die ansässigen Großverteiler haben Zusammenarbeit mit Spezialgeschäften und den Marktfahrern längst gelernt; die Kunden wußten durch Konsumentenstreiks ihre Ansprüche unmißverständlich zu artikulieren: daß plastikverhüllte, uniformierte Verpflegung gegen wohlduftende, natürliche Gaumenfreuden nicht aufkommt.

N hat längere Zeit im Gesundheitswesen gearbeitet; sie ist für alle Aspekte persönlicher Dienstleistungen sensibilisiert. Das praktizierte Modell leuchtet ihr nicht ein, hier plant sie verändernd einzuwirken. Ihre Zielvorstellung ist die Bereitstellung von Alternativen in der Kranken- wie Altenbetreuung, bei Sozialhilfe und Beratung. In der Mehrzahl aller Fälle beanspruchen die Frau, die einen Beinbruch zu kurieren hat, oder der junge Mann mit individuellen Orientierungsproblemen das Dienstleistungsangebot der Nachbarn oder Quartierbewohner. Leute, die befürchten, dadurch in persönliche Abhängigkeiten zu geraten, nutzen die verfügbaren anonymen Dienstleistungen professioneller Anbieter.

Szenario: Politik

Erika S., 48, ist Angestellte in einer Druckerei. »Politik« machte sie früher im Betrieb. Sie war dabei, als die Belegschaft für bessere Arbeitsbedingungen focht: für die Möglichkeit, statt der Lohnerhöhung eine entsprechende Arbeitszeitverkürzung zu wählen, eine Arbeitsstelle zu zweit flexibel teilen zu können, oder für die Wahl eigener Vorarbeiter und Vorgesetzter.

Vor zwei Jahren wurde Erika S. in den Stadtteilrat gewählt. Diesen gibt es erst seit einem Jahrzehnt, seit viele städtische Aufgaben an die Stadtteile delegiert wurden. Über die bauliche Entwicklung und Sanierung aufgrund gesamtstädtischer Leitlinien, über soziale Dienstleistungen, kulturelle und Bildungseinrichtungen, die Altenbetreuung, Polikliniken, über die Zusammenarbeit mit Hauseigentümern, Handwerkern und Läden für die Versorgung und über das Gemeindezentrum entscheidet der Stadtteil selbständig aufgrund eines von der Stadt bestimmten Budgets.

Wenn Erika S. über die Erhöhung der Beiträge an das Gemeindezentrum abstimmt, weiß sie, worum es geht: kein Wunder nach den vielen und lebhaften Debatten im Stadtteil. Auch an Wandzeitungen haben Bewohner ihre Argumente und Wünsche angeschrieben und auf der Straße diskutiert. Erika S. kennt aber auch den inneren Betrieb des Zentrums: sie organisiert Laienhelferkurse zur Altenbetreuung, die von einem Sozialarbeiter geleitet sind. Besonders beschäftigt hat sie die Forderung einer technischen Amateurgruppe, die Geld wollen für einen eigenen Fernsehbetrieb im Stadtteil: Erika S. mag das nicht, sie findet, im Stadtteil komme man besser persönlich zusammen.

Erika S. bezieht zwar kein Geld für ihre Arbeit im Stadtteil, aber für ihren Einsatz erhält sie einen Steuerabzug. Dank dem Laienhelfersystem kann die vollamtliche Verwaltung kleiner gehalten werden als früher: die Bewohner verwalten sich – unter Mitwirkung von Profis – in hohem Maße selbst. Ihre eigenen Fähigkeiten zur Verwaltung hat Erika S. zusammen mit anderen neuen Räten und Laienhelfern in einem Bildungszirkel erworben: unter Anleitung eines erfahrenen Beamten der Finanzverwaltung lernte sie die handwerklichen Grundlagen des öffentlichen Rechnungswesens, lernte sie juristisches und ökonomisches Grundwissen der Kommunalverwaltung an Projekten kennen.

Letzthin wurde sie angefragt, ob sie nicht in der Bundespolitik einsteigen wolle. Nach reiflicher Überlegung hat sie abgesagt. In der jetzigen Situation

---

Die Konflikte sind nicht zu verdrängen, sondern in geregelten Verfahren auszutragen und zu entscheiden.«

---

sieht sie viele Konflikte zwischen lokaler und zentraler Ebene: der Bund ist immer noch festgelegt auf herkömmliche Wachstumspolitiken für eine kapitalintensive Produktion, will den Gemeinden auch ihre Verfügungsrechte über den Boden wieder wegnehmen, ihre Autonomie durch Beschneidung der Reformmöglichkeiten einschränken. Beide Mandate auszuüben, hätte Erika S. in Widersprüche gebracht.

Gerade jetzt geht es um ein neues Expreßstraßenprojekt, welches den Stadtteil zerschneiden würde. Als Vertreterin der Gegner versucht sie, größere Zusammenhänge aufzuzeigen. Erika S. erklärt dazu: »Seit die Leute hier in so vielen öffentlichen Aufgaben nicht nur abstimmen wie früher, sondern effektiv mitwirken, machen sie andere Erfahrungen. Sie werden viel selbstbewußter. Wenn sie erfahren, daß sie Dinge ihres unmittelbaren Alltags selbst in die Hand nehmen können, beginnen sie sich zu interessieren für überörtliche Probleme, und sie nehmen auch in Anspruch, dort mitzuwirken. Konkret haben wir nicht einfach, nach St. Florians Prinzip, die Straße unsern Nachbarn anhängen wollen, sondern gefragt, ob sie überhaupt notwendig sei. Wir haben daher ein Alternativprogramm für die regionale Siedlungsplanung ausgearbeitet, das weniger Verkehr erzeugt und längerfristig die Expreßstraße überflüssig macht. Ob wir damit durchkommen, ist zweifelhaft, denn gewisse Leute möchten unserem Stadtteil, der als aufmüpfig gilt, natürlich sehr gerne mit dieser Straße ein großes Pflaster übers Maul binden. Unsere Politik, unsere Experimente, aber auch der Widerstand zusammen mit anderen Stadtteilen sind deshalb wichtig. Mein Platz ist hier. Ich glaube, verändern können wir nur von unten, mit den Leuten, wenn sie gute Erfahrungen mit Veränderungen selbst gemacht haben.«

Szenario: Lebenszyklus

Ursula K. besucht seit drei Wochen die Höhere Betriebswirtschaftsschule. An ihrem 39. Geburtstag hat sie die Anmeldeformulare ausgefüllt. Sie bereitet sich damit auf ihren ersten eigentlichen Beruf vor und blickt gespannt auf die bevorstehende, von Lohnarbeit geprägte Lebensphase.

An Veränderung und großem Einsatz zur Bewältigung neuer Situationen fehlt es in ihrer bisherigen Lebensgeschichte nicht. Als sie mit knapp zwanzig Jahren ihre Grundschulbildung mit einer Art Abitur abgeschlossen hatte, wollte sie rasch Kinder zur Welt bringen und intensiv mit Kindern zusammenleben. Ihr Jugendfreund teilte diese Vorstellungen; beide entschlossen sich, gemeinsam eine Familienphase zu gestalten. Ihr erster gemeinsamer Kontrakt erstreckte sich auf acht Jahre. Während Kurt regelmäßige Berufsarbeit ausübte, beschäftigte sich Ursula mit drei eigenen und einem halben Dutzend freundschaftlich verbundener Kinder. Ursula und Kurt richteten die Familienphase als Entwicklungsstufe ein; sie bestärkten sich wechselseitig im Aufspüren von Interessen, Aufgaben, Sozialkontakten und Sinngebung. Nach acht Jahren erneuerten sie ihren Kontrakt mit wenigen Änderungen um zwei weitere. Doch immer deutlicher liefen die Wege auseinander. Eine neue Verlängerung fiel außer Betracht; die Planung neuer Situationen war bei beiden bereits in vollem Gang. Ursula verbündete sich – euphorisch gestimmt – mit einer gleichaltrigen Freundin, ebenfalls Mutter, die sie von Begegnungen im Kinderhaus kannte. Die zwei Frauen teilten Wohnung, Kindererziehung, Finanzen und persönliche Probleme. Gemeinsam wagten sie den Versuch, zu neuen Perspektiven mitmenschlichen Umgangs aufzubrechen.

Nie zuvor und nie danach hat Ursula so offene, warme menschliche Begegnungen ohne Konkurrenzdruck oder Verfügungsanspruch erlebt wie während der gemeinsamen Zeit mit V. Doch auch diese Beziehung führte an eine Grenze. Nach gut zwei Jahren empfand U. Stagnation in ihrer und ihrer Kinder Entwicklung. Es kam zum Konflikt und zur Trennung von V., die am Geruhsamen festhalten wollte.

Ursula zog in eine große Wohngemeinschaft, knüpfte ein völlig neues soziales Netz, engagierte sich bei der Organisation des Hauses, löste die Bande zu ihren Kindern, die allmählich ins Emanzipationsalter kamen. Sie begann sich mit einer Berufswahl zu beschäftigen. Nach verschiedenen Betriebspraktika war ihr Entschluß perfekt: Mit Personalfragen und Arbeitsplatzorganisation möchte sie sich professionell auseinandersetzen. Die Betriebswirtschaftsschule bietet vielfältige Ausbildungsblöcke an; sie kann ihren individuellen Lehrgang unter Berücksichtigung gemachter Erfahrungen selbst zusammenbasteln. Über ihre Arbeitsmarktchancen hat sie sich zuvor eingehend erkundigt: Als Frau anfangs Vierzig werden ihr befriedigende Möglichkeiten prognostiziert: Gegenüber jungen Kollegen kann sie den Vorzug vielfältiger persönlicher Entwicklung ins Feld führen; gegenüber Alterskollegen mit Berufserfahrung das Plus einer aktuellen, auf neue Problemstellungen ausgerichteten Ausbildung.

Ursula K. freut sich auf berufliche Verantwortung. Mit dem Diplom in der Hand will sie zunächst in einem mittleren Privatunternehmen unterkommen. Doch in fernerer Zukunft hat sie eine Zusatzausbildung im Auge, die ihr den Übertritt ins Spitalwesen ermöglicht.

Ob es je soweit kommen wird? Ursula hat zwar Pläne, aber stur ist sie nicht. Wenn neue Bedürfnisse in den Vordergrund rücken, ist sie zum Umschwenken bereit. Dabei nimmt sie sich selber ernst, sucht Engagement, will sich mit ihren Tätigkeiten weitgehend identifizieren und Handlungsspielräume nutzen.

Ihre Entscheide zur Veränderung waren nie eitel Zuckerschlecken; nicht schmerzlos fand sie jeweils eine angemessene neue Umgebung. Aber sie kann von sich behaupten: Ich lebe in meiner und nur in meiner Haut und fühle mich darin auch wohl. Dabei ist diese Haut noch keineswegs ausgewachsen! Schon jetzt steht eine ansprechende Reihe von Büchern auf dem Gestell, die sie als ältere Dame nach dem Ausscheiden aus der Arbeitswelt unbedingt lesen will.

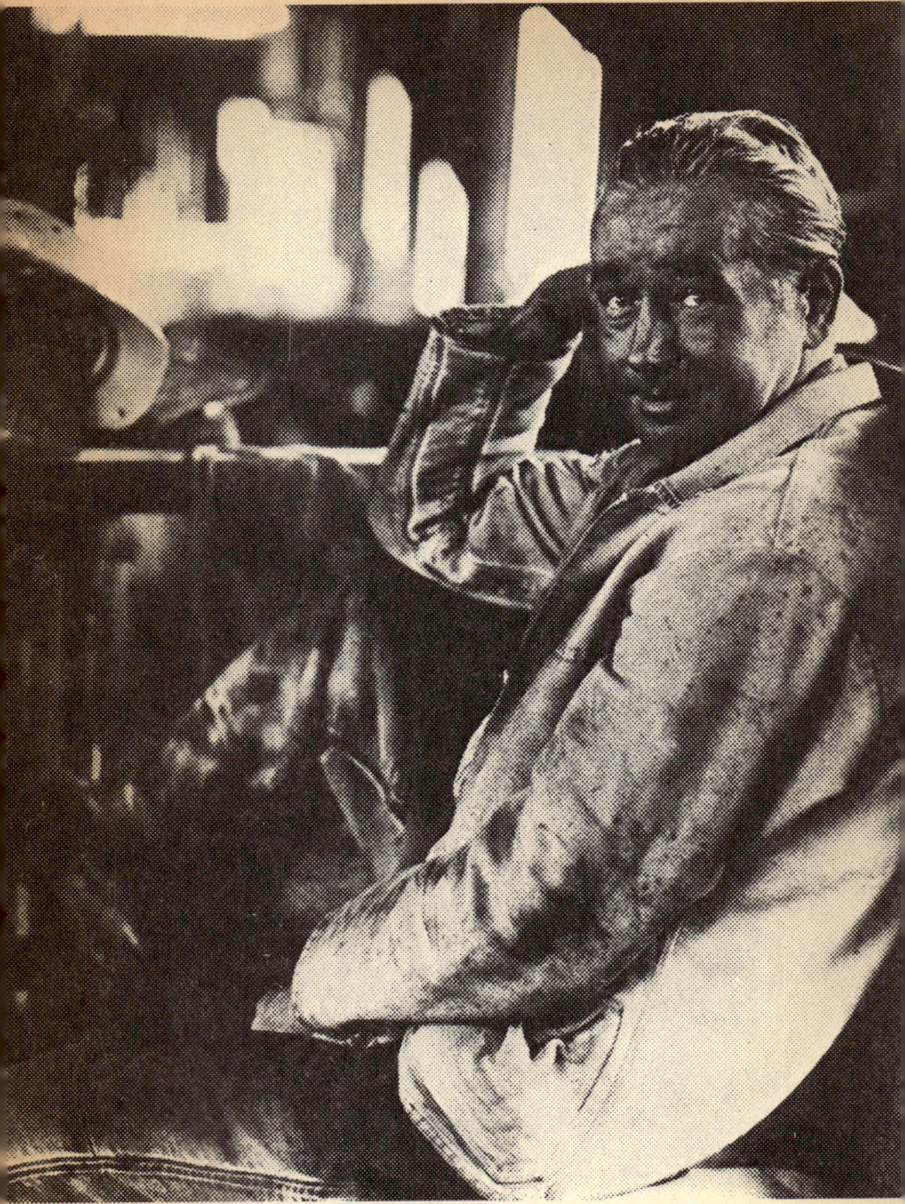

Edward Goldsmith

Entindustrialisierung – unsere Überlebenschance

Die Enttäuschung über die Leistungen der modernen Industrie ist gegenwärtig beträchtlich, und die konventionelle Weisheit verliert einen großen Teil ihrer Glaubwürdigkeit. Es ist vielleicht nur eine Frage von ein oder zwei Jahren, und diese Enttäuschung schlägt um in eine totale Desillusionierung. Es ist ebenso nur eine Frage der Zeit, und die konventionelle Weisheit wird, angesichts unserer offensichtlichen Unfähigkeit, die immer größer werdenden Probleme in den Griff zu bekommen, völlig unglaubwürdig werden. Wenn dieses Stadium erreicht ist, werden die Menschen panisch nach einer alternativen Sozialphilosophie und nach anderen Lösungsmöglichkeiten suchen. Dabei wird die ansprechendste Lösung wahrscheinlich die radikalste sein, d. h. diejenige, die den Werten des Industrialismus die zugkräftigsten Alternativen entgegenzusetzen hat. Die Ökologische Sozialphilosophie ist am besten in der Lage, auf diese Bedürfnisse einzugehen. Rechte und linke Bewegungen können nur verschiedene Rezepte anbieten, wie man den industriellen Kuchen backen sollte und wie man seine Scheiben am besten verteilt. Wir könnten dagegen einen ganz anderen Kuchen anbieten, der uns nicht nur viel besser bekommen würde, sondern wahrscheinlich auch der einzige wäre, über dessen Zutaten wir tatsächlich verfügen könnten.

1. Es wäre überflüssig, alle Mißstände aufzuzählen, denen wir heute ausgesetzt sind, oder den Nachweis zu erbringen, daß sie sich ständig verschlimmern und daß die Gegenmaßnahmen, die wir ergreifen, zunehmend wirkungsloser sind. Viel wichtiger ist es meines Erachtens, den Ursachen für diese Mißstände auf die Spur zu kommen.

2. Wir neigen natürlich dazu, unser Versagen auf einem rein technischen Gebiet, in der *Realisierung* unserer Politik, zu suchen, statt *Fehler in der Politik selbst dafür verantwortlich zu machen,* denn unser Weltbild und unsere Gesellschaft sind von dieser Politik so stark geprägt, daß sich andere politische Vorstellungen in dieses Konzept nicht einfügen lassen und deshalb auch nicht in Erwägung gezogen werden.

3. Ich möchte deshalb zunächst die Hauptmerkmale dieses Weltbildes näher untersuchen. Ihm liegt die Vorstellung zugrunde, daß unsere Welt *unvollkommen* ist. Auch die Katharer und andere Häretiker des Mittelalters betrachteten die Welt als unvollkommen. Sie zogen daraus jedoch die Konsequenz, sich aus der realen Welt zurückzuziehen und statt dessen in einer geistigen Welt nach ihrer eigenen Vorstellung zu leben. Wir dagegen gehen daran, die Welt *systematisch* zu verbessern. Wir haben uns davon überzeugt, daß sie mit Hilfe von Wissenschaft, Technologie und Industrie in ein wahres Paradies verwandelt werden kann, in dem jedem ein stattliches Spektrum von Konsumgütern und genialen technischen Einrichtungen zur Verfügung steht und in dem riesige spezialisierte Institutionen sich mit Problemen wie Arbeitslosigkeit, Obdachlosigkeit, Unwissenheit, Kriminalität und Gesetzesübertretungen, die uns seit Anbeginn unseres Zeitalters zu schaffen machen, so »wissenschaftlich« auseinandersetzen, daß diese Probleme ein für allemal beseitigt werden.

4. Irrtümlicherweise hält man diesen Prozeß für eine Entwicklung, und die Richtung, in die er weist, für fortschrittlich. Es ist deshalb nicht erstaunlich, daß anfallende Probleme mit einer angeblichen Unterentwicklung erklärt werden und daß man meint, diese Probleme aus der Welt schaffen zu können, indem man die wissenschaftliche Forschung, die technische Entwicklung und die Industrialisierung vorantreibt, d.h. indem man einen Entwicklungsprozeß beschleunigt, der sich in unserer Gesellschaft selbstverständlich vollzieht.

5. Wir haben uns also mit anderen Worten mit unseren Problemen nicht *objektiv* auseinandergesetzt (eine Aufgabe, die eigentlich der Wissenschaft zukommt), sondern wir haben sie von unserem *subjektiven* Standpunkt aus so interpretiert, daß allein solche Lösungen möglich erscheinen, die keine radikale Veränderung unseres Weltbildes und der sozialen Verhaltensmuster, die daraus hervorgehen, verlangen – Lösungen, die unter anderem gegenwärtig ebenso *ökonomisch lebensfähig* als auch *politisch vernünftig* erscheinen.

7. So wird z.B. *Armut* als ein Mangel an materiellen Gütern definiert, der die Produktion von immer mehr Waren rechtfertigt. Es kommt uns dabei nicht in den Sinn, daß man mit einem etwas realistischeren Blickwinkel die Armut auch als einen *fehlgelenkten Zustand* bezeichnen könnte, *in dem mehr materielle Güter benötigt werden, als tatsächlich produziert werden können,* denn dann bestünde die Llösung des Problems darin, die sozio-ökonomischen Bedingungen zu schaffen, in denen weniger statt mehr Waren gebraucht werden.

8. Oder nehmen wir das Wohnungsproblem, das im allgemeinen darauf zurückgeführt wird, daß zu wenig Wohnraum vorhanden ist und somit den Bau von mehr und mehr Häusern rechtfertigt. Mit einer realistischeren Betrachtungsweise würden wir darauf kommen, daß hier eine fehlgelenkte Situation vorliegt, deren Grundlage hauptsächlich in der Desintegration der Familie zu sehen ist, ein Resultat der Tatsache, daß heute nur noch zwei bis drei Menschen in einem Haus wohnen, in dem früher acht bis zehn lebten. Diese Interpretation wäre allerdings unbequem, denn die industrielle Gesellschaft weiß zwar, wie man Häuser baut, aber nicht, wie man die Integrität der Familie wiederherstellen kann.

9. Nach dem gleichen Schema interpretieren wir die hohe Kriminalitätsrate als Anzeichen dafür, daß die Polizeikräfte nicht ausreichen oder nicht gut genug ausgerüstet sind. Die Kriminalität als ein Symptom sozialer Desintegration zu begreifen, kommt uns dabei nicht in den Sinn. Verständlicherweise, denn bisher begegnete man diesem Problem relativ einfach dadurch, daß man die Polizeitruppen erweiterte, neue Gefängnisse baute und mehr und mehr Panzerwagen und Alarmanlagen produzierte (in den USA werden jährlich um die 20 Milliarden Dollar auf diese Weise ausgegeben), aber einen Mechanismus, der unsere Gesellschaft stabiler machen könnte, ohne andere Ziele, denen wir einen höheren Stellenwert einräumen, zu gefährden, haben wir noch nicht gefunden.

10. Wäre unsere Interpretation all dieser Probleme, die sich unserer Gesellschaft heute stellen, tatsächlich richtig, könnte man daraus logischerweise ohne weiteres den Schluß ziehen, *daß diese Probleme nie gelöst werden können* und daß die Menschheit in der Tat eine düstere Zukunft erwartet. Aber glücklicherweise ist diese Interpretation falsch. Unsere Probleme sind ganz anderer Art und auf eine viel einfachere Weise zu lösen. Die Aufgabe dieses Aufsatzes besteht deshalb darin, eine realistischere Einschätzung unserer Probleme zu entwickeln und zu versuchen, eine optimale Strategie und Taktik zu ihrer Lösung festzulegen.

11. Ich möchte diesen Prozeß der ›Entwicklung‹, oder, genauer gesagt, seine Endphase, die ›Industrialisierung‹, etwas gründlicher untersuchen. Zunächst einmal kann man feststellen: Sie vollzieht sich autonom und nicht in einem Vakuum, wie moderne Wirtschaftswissenschaftler behaupten. Bestünde die Welt aus einer ebenso leblosen Wüstenlandschaft wie der Mond, wäre eine Industrialisierung nicht denkbar. Sie ist überhaupt nur deshalb möglich geworden, weil sich die Wüstenoberfläche unseres Planeten im Laufe der letzten paar Tausend Millionen Jahre zu einem immer vielfältigeren biologischen System entwickelt hat – der Biosphäre, der Welt der Lebewesen – oder der ›realen Welt‹, wie ich sie nennen möchte – die die erforderlichen Rohstoffe für die Industrialisierung bereitstellt. Die Industrialisierung ist ein Vorgang, der in die Biosphäre eingreift. *Es ist also die Biosphäre – die reale Welt –, die industrialisiert wird.*

12. In diesem Prozeß der Industrialisierung entwickelt sich eine neue Organisation der Materie: die Technosphäre oder die Welt der materiellen Güter und technischen Erfindungen, kurz: die *Surrogatwelt.*

13. Dies führt uns zum zweiten wichtigen Merkmal der Industrialisierung: Ihr Folgeprodukt, die Surrogatwelt, steht in *direkter Konkurrenz* zur realen Welt, *ohne deren Ressourcen sie sich nicht entwickeln könnte* und der sie gleichzeitig *die Abfallprodukte überläßt, die in der industriellen Produktion unvermeidlich anfallen.*

14. Dafür gibt es folgende Gründe. Die Entwicklung der Surrogatwelt vollzieht sich in drei Stufen: *Erstens* einmal wird die reale Welt ihrer natürlichen Rohstoffbestände beraubt, was nur zu ihrer Zerstörung und ihrem Verfall führen kann. Denn um Holz zu gewinnen, muß man Wälder abholzen, und das zieht die Erosion des Bodens, ein Sinken des Grundwasserspiegels und das Austrocknen der Flüsse nach sich und vergrößert die Gefahr schwerer Dürre- und Überschwemmungsperioden. Um Baumaterial wie Steine und Ton für Ziegel zu gewinnen, wird der Baumbestand weiterer Gebiete abgeholzt und ihr Mutterboden zerstört.

15. *Zweitens* erfordert der Ausbau der Surrogatwelt mit ihren Städten, Fabriken, Autobahnen und Flughäfen immer neuen Raum. Wiederum werden Bäume gefällt und fruchtbarer Boden wird vernichtet, bevor er mit Zement oder Asphalt zugeschüttet wird – ein Vorgang, der den Prozessen des realen Lebens zuwiderläuft.

16. *Drittens* erzeugt dieser wie auch alle anderen Prozesse nach dem ersten Satz der Thermodynamik Abfallprodukte. Diese bestehen mit fortschreitender Industrialisierung in zunehmendem Maße aus Giftstoffen (natürliche Materialien werden immer häufiger durch synthetische Stoffe ersetzt). Nun verursachen jedoch unglücklicherweise die Prozesse der Surrogatwelt, die, verglichen mit denen der realen Welt, unterentwickelt sind, entsprechend mehr Abfall. Und da dieser sich weder seiner Bestimmung nach noch vom Material her als notwendiges Rohmaterial für die weitere Entwicklung der Surrogatwelt verwenden läßt, sammelt er sich meist beliebig an und tritt den beiden rivalisierenden Organisationen der Materie ungeordnet gegenüber.

17. Zur Verdeutlichung dieses Gedankenganges stelle man sich einmal eine Großstadt mit ca. einer Million Einwohner vor. Wolman bezeichnet eine solche Stadt als ein ungeheures Monster mit einem besonders gearteten Stoffwechsel, das täglich an die 9500 Tonnen Brennstoff, 2000 Tonnen Nahrungsmittel, 625 000 Tonnen Wasser, 31 500 Tonnen Sauerstoff und dazu unbekannte Mengen verschiedener Mineralien verschlingt und gleichzeitig an die 28 500 Tonnen CO_2, 12 000 Tonnen H_2O (das durch die Verbrennung von fossilen Brennstoffen entsteht), 150 Tonnen Staub, 500 000 Tonnen Abwässer und ungeheure Mengen von Abfallstoffen, Schwefel- und Stickstoffoxide und verschiedene andere Stoffe wieder ausstößt.

18. Soll der Organismus eines solchen Monsters funktionieren, darf sein Stoffwechsel gleich dem eines Lebewesens nicht zum Stillstand kommen. Das bedeutet: neues Rohmaterial muß von irgendwoher herangeschafft und der Abfall irgendwo gelagert werden. Nach dem ersten Satz der Thermodynamik läßt sich dieser Abfall jedoch nicht einfach vernichten. Die Kontrolle über die Umweltverschmutzung besteht nun schlichtweg darin, den Industriemüll an Orten zu verteilen, wo er am wenigsten Schaden anrichtet, ihn in die Luft entweichen zu lassen oder ins Meer zu schütten (der Verlust beim Wiederaufbereitungsprozeß ist jedoch im Falle der meisten Materialien so groß, daß dies keine langfristige Lösung des Problems darstellt). Eine wirksame Kontrolle der Umweltverschmutzung ist überhaupt nur durchführbar, solange es nur wenige solcher Monster gibt; wird ihre Zahl zu groß, ist jede Kontrolle unmöglich – die Umweltverschmutzung weitet sich dann von einem lokalen zu einem globalen Problem aus, so daß am Ende weder Platz noch Gelegenheiten mehr vorhanden sind, um den Industriemüll einfach irgendwo zu verteilen.

19. Daraus folgt, daß alle drei Entwicklungsstufen der Surrogatwelt die Zerstörung und den Verfall der realen Welt nach sich ziehen. Das ökonomische Wachstum, in dessen Kategorien man diese Entwicklung mißt, ist also ein biologischer und sozialer Zerstörungs- und Verfallsprozeß. *Es sind nur zwei verschiedene Seiten ein und derselben Medaille.*

20. Nun sind wir unglücklicherweise Teil der realen Welt, nicht der Surrogatwelt. Unserer phylogenetischen (und einstmals auch kulturellen) Bestimmung nach haben wir innerhalb dieser Welt besondere unterschiedliche Funktionen zu erfüllen. Es wäre in der Tat naiv, anzunehmen, daß die systematische Zerstörung der realen Welt uns nicht in irgendeiner Weise berühren würde. Um genau herauszufinden, welche Folgen dieser Vorgang für uns hat, müssen wir uns mit den Grundzügen der realen Welt auseinandersetzen. Das wird heute leider von den meisten Wissenschaftlern vernachlässigt, die sich mehr damit beschäftigen, Trivialitäten anzuhäufen, als Verständnis für die grundlegendsten Prinzipien zu entwickeln.

21. Das grundlegendste Prinzip des Verhaltens der Biosphäre ist, wie sich an allen ihren Verhaltenssystemen nachweisen läßt, das Prinzip der *Zielgerichtetheit.* Dieses Ziel heißt Stabilität, definiert als die Möglichkeit eines Systems, angesichts von Veränderungen seine Grundstruktur zu wahren – also Kontinuität und, im weitesten Sinne der Bedeutung des Wortes, Überlebenskraft zu gewährleisten. Ein System, das seine Stabilität wahren will, darf sich räumlich und zeitlich nicht auf einen bestimmten Punkt fixieren, sondern muß sich auf einen Verlauf, eine Entwicklung, einstellen. Auf diese Weise werden Schwankungen und Unregelmäßigkeiten auf ein Minimum reduziert. Es läßt sich zeigen, daß primitive Gesellschaften auf eben dieses Ziel ausgerichtet waren. Ihre Mitglieder waren vor allem darum bemüht, ihre Traditionen zu wahren und sie möglichst unangetastet ihren Kindern und Enkeln weiterzugeben. Nur eine fehlgeleitete Gesellschaft wie unsere bringt es fertig, so systematisch die Veränderung in einer bestimmten Richtung zu betreiben; sie wird deshalb auch nur eine begrenzte Lebensdauer haben.

22. Der zweite Aspekt der Biosphäre, der mir hier wichtig erscheint, ist die *Selbstregulierung,* ein Prinzip, das für alle Systeme der Biosphäre konstituierend ist. Diese Selbstkontrolle wird dadurch erreicht, daß wichtige Angaben über die Verhaltensmuster des Systems ausfindig gemacht werden, die als Modell für ihre Beziehungen mit der Umwelt dienen können. Auf die Gesellschaft übertragen wäre dies das ›Weltbild‹, mit dessen Hilfe gesellschaftliches Verhalten vermittelt und überwacht wird. Dieser Begriff der Selbstregulierung ist so wichtig für das Ziel, Stabilität zu schaffen, daß beide Begriffe normalerweise in dem Konzept der Homöostase zusammengefaßt werden. Wird diese Selbstregulierung beeinträchtigt und das System von einer äußeren (systemfremden) Macht kontrolliert, ist der Mechanismus, der das System auf Stabilitätskurs hält, außer Kraft gesetzt. Es ist nicht verwunderlich, daß die Selbstregulierung ein wesentliches Merkmal primitiver Gesellschaften war, die bemerkenswert gut mit der Kontrolle der öffentlichen Meinung und ohne die Hilfe formeller Institutionen auskamen. Dagegen wird unsere Gesellschaft in zunehmendem Maße von externen, asystemischen Mächten, Diktatoren oder immensen Bürokratien, gesteuert, die nicht der Kontrolle des Sozialsystems insgesamt unterworfen sind, denn dieses ist weitgehend in eine strukturlose Masse zerfallen, die die Erfordernisse eines sich selbst regulierenden Systems nicht länger erfüllt.

23. Aus der Ersetzung der systemischen Kontrolle durch eine systemfremde Macht folgt eine weitere Konsequenz: die normale Beziehung zwischen einem System und seinen Untergliederungen wird beeinträchtigt. Handelt es sich dabei um ein soziales System, entstehen daraus *Motivationsprobleme*. Darauf werde ich noch näher eingehen.

24. Ein System der Selbstregulierung zeichnet sich durch ›*Ordnung*‹ (oder ›negative Entropie‹) aus, die sich darauf gründet, daß alle Teile des Systems voneinander unterschieden werden, um unterschiedliche Aufgaben zu erfüllen. Sie sind also nicht länger autonom, sondern werden statt dessen gerade voneinander abhängig gemacht, um das Zusammenspiel der Funktionen, die für ihr gemeinsames Überleben notwendig sind, zu ermöglichen. Mit anderen Worten: Sie müssen zusammenarbeiten und sich in einer Weise verhalten, die den Erfordernissen des Systems, dessen Teil sie sind, gerecht wird und so dessen Stabilität und Überlebenskraft stärkt. Dies geschieht nicht durch den Druck einer externen Macht, sondern entspricht entwicklungsgeschichtlich gesehen ihrer gesellschaftlichen und individuellen Bestimmung, diese notwendigen unterschiedlichen Funktionen zu erfüllen. Gerade die Wahrnehmung dieser Aufgaben stabilisiert ihre Beziehung zu den zahlreichen anderen Teilen ihrer Umgebung, gleicht sie einander an und sorgt so tatsächlich am besten für die Befriedigung ihrer Bedürfnisse.

25. Die Wirkungsweise dieses Prinzips wird am Beispiel des Familienlebens offensichtlich: Eine Mutter erfüllt ihre übliche Rolle, sich dem Mann und den Kindern gegenüber in bestimmter Weise zu verhalten und so den Zusammenhalt der Familie zu sichern, *weil sie mit diesem Verhalten ihre eigenen grundlegenden physischen und psychischen Bedürfnisse am besten befriedigen kann.* Es wird sich noch erweisen, daß das gleiche Verhaltensprinzip auf jedes System der Selbstregulierung, sei es ein Gemeinwesen oder ein Ökosystem, zutrifft. Ich möchte dies als »Prinzip Hierarchischer Zusammenarbeit« bezeichnen, das man folgendermaßen definieren könnte: *In einem System der Selbstregulieerung führt das Verhalten, das den Bedürfnissen einzelner gerecht wird, auch zur Befriedigung der Bedürfnisse aller.*

26. Dies trifft jedoch auf die moderne Industriegesellschaft nicht mehr zu, denn ihr Verhalten wird entweder, wie schlecht auch immer, den Bedürfnissen eines Teils der Gesellschaft gerecht oder der Gesamtheit, aber nie beiden zugleich. In diesen Zusammenhang gehört auch Garrett Hardins berühmte Allegorie: »The Tragedy of the Commons« (Die Tragödie des Gemeinwesens), die in einem sozialen System der Selbstregulierung schlichtweg undenkbar wäre.

27. Der Grund hierfür ist darin zu sehen, daß ein System im Prozeß der Desintegration zunehmend weniger in der Lage ist, seinen Untergliederungen den Raum zu verschaffen, den sie für die optimale Erfüllung der Funktionen, die ihnen aufgrund ihrer Entwicklung oder Erziehung zugedacht sind, brauchen. Ist ein Teilbereich des sozialen Systems nicht mehr fähig, den Bedürfnissen seiner Mitglieder nachzukommen, werden diese sich auch nicht länger so verhalten, daß es die Stabilität des Gesamtsystems oder, um es anders auszudrücken, des nötigen sozialen Raums für diese Entwicklung, gewährleistet.

28. Eine desintegrierte Gesellschaft hat es deshalb sehr schwer, ihre Mitglieder für die Zusammenarbeit an einem Projekt zu gewinnen, das nicht ausdrücklich auf die Interessen des einzelnen ausgerichtet ist. Diese Interessen geraten aufgrund der Desintegration der Gesellschaft in Konflikt mit denen der Gesamtheit, und wir stehen nun plötzlich vor einem *Motivationsproblem,* das in dem sich selbstregulierenden System einer Stammesgesellschaft undenkbar wäre. Die Zusammenarbeit der einzelnen Mitglieder der Gesellschaft ist nur noch durch finanziellen Anreiz oder, falls das betreffende Projekt dem Interesse des einzelnen zu sehr entgegensteht, durch Zwang zu erreichen.

29. Ein weiterer Aspekt dieses Problems besteht darin, daß ein natürliches System, das das Prinzip der Selbstregulierung aufgibt, sich in seinem Verhalten nicht länger auf die Ausnutzung seiner vorhandenen sozialen Kräfte stützen kann. Um die tägliche Funktionsfähigkeit des Systems zu sichern und es somit letztlich am Leben zu erhalten, muß es Kräfte für sich nutzen, die dem System äußerlich und fremd (asystemisch) gegenüberstehen – und dies schafft wiederum ernsthafte Probleme.

30. Zunächst einmal ergeben sich daraus gravierende logistische Probleme, denn die zu leistende Arbeit vermehrt sich entsprechend. Das heißt: Übernehmen wir immer mehr Funktionen des Selbstregulierungssystems der Natur, wie die Kontrolle über Seuchen, die Düngung des Bodens, die Organisierung der Wasserversorgung oder die Regierung über die menschliche Gesellschaft, *wächst die Arbeitslast entsprechend an.*

31. Wir gehen meist davon aus, daß wir diese Funktionen so lange ausbauen können, wie die technischen Möglichkeiten dazu gegeben sind. Aber das ist ein Irrtum. *Unserer Arbeitsbelastung sind Grenzen gesetzt.* Es gibt sogar sichere Anzeichen dafür, daß wir den Bogen bereits überspannt haben und daß weder vorhandenes Kapital noch physische Reserven – um nur zwei Faktoren zu nennen, die dabei eine Rolle spielen – es uns erlauben, weitere

Funktionen zu übernehmen, die bis jetzt noch von dem Selbstregulierungssystem der Natur gesteuert werden. Kämen wir zum Beispiel zu der Ansicht, daß die Befruchtung der Blüten durch Hummeln altmodisch und ineffektiv sei und daß es für uns vorteilhafter sei, diese Funktionen der Gesellschaft zu übertragen, könnten wir einen solchen Vorgang selbst dann nur eine unbedeutende Zeitlang durchhalten, wenn uns die genialsten technischen Erfindungen auf diesem Gebiet zur Verfügung stünden – *die daraus folgenden logistischen Probleme wären unüberwindbar.*

32. Das Ausmaß dieser logistischen Probleme wird deutlich, wenn wir uns klarmachen, wie kümmerlich unsere asystemischen Kontrollen im Gegensatz zu den systemischen Kontrollen der Natur sind. Die Biosphäre oder die reale Welt ist, wie schon oben erwähnt, eine Organisation. Die Bedeutung dieser Erkenntnis kann nicht oft genug betont werden. Man denke nur daran, daß der Mensch nichts weiter ist als eine kleine und äußerst unbeeindruckende Anzahl von Rohmaterialien; er besteht zu 80 % aus Wasser, und der Ladenpreis der Chemikalien, die zu seinem Entstehen nötig sind, übersteigt kaum ein Pfund. Und dennoch hat die experimentelle, evolutionäre Entwicklung von 3000 Millionen Jahren diese Rohmaterialien in einer solchen Weise geordnet, daß daraus ein so wunderbares Wesen wie der Mensch geworden ist. Wie blaß müßte sich dagegen jedes noch so raffinierte, von Menschen geschaffene, künstliche Gebilde ausnehmen, das aus dem gleichen Material hergestellt wäre!

33. Daraus läßt sich folgendes ableiten: Da der Gesellschaft – selbst in den besten Zeiten – nur ein begrenztes Maß an Rohstoffen zur Verfügung steht (unsere Welt ist von der Perspektive der Materialquantität aus gesehen ein geschlossenes System, während sie von dem Blickwinkel der Energie aus gesehen offen ist), ist es unvergleichlich wirksamer, dieses Material für den Aufbau der realen Welt, nicht für den der Surrogatwelt, zu nutzen – und damit systemische Prozesse anstelle von systemfremden zu fördern.

Wenn sich Probleme vervielfachen

34. Wir haben gesehen, daß das Verhalten eines sich selbst regulierenden Systems sowohl die Bedürfnisse des einzelnen als auch die der Gesamtheit zufriedenstellt. Dies bedeutet gleichzeitig, daß es den Bedürfnissen der verschiedenen aufeinanderbezogenen Teilgruppen des Systems gerecht wird. Wir haben auch festgestellt, daß dies nicht mehr der Fall ist, sobald das System sich in einem Prozeß der Desintegration befindet, sondern daß dann nur noch die Bedürfnisse einzelner zu ihrem Recht kommen. Das hat natürlich wiederum Auswirkungen auf die anderen Teilsysteme. *»Es ist unmöglich, nur eine Sache zu tun«,* sagt *Garrett Hardin,* und da diese eine Sache sich auf die anderen bestenfalls *zufällig* positiv auswirkt, andernfalls jedoch Schaden anrichtet, hat dies notwendigerweise weitere Anpassungsschwierigkeiten der

Teilgruppen zur Folge. *Asystemische Prozesse und Kontrollen haben deshalb unliebsame Nebenwirkungen, systemische dagegen nicht, denn ihre sekundären Effekte sind alle nützlich und notwendig. Die ersteren sind Problem-Multiplikatoren, die letzteren Lösungs-Multiplikatoren.*

35. Die Anpassungsschwierigkeiten, die aus den asystemischen Prozessen resultieren, haben darüber hinaus die Tendenz, ständig zuzunehmen, desto mehr asystemische Kontrollen eingeführt werden und desto weiter die Surrogatwelt daraus hervorgeht. Dies wirkt sich wiederum so auf unsere Umwelt aus (die aus der schwindenden realen Welt und der wachsenden Surrogatwelt besteht), daß es den Zerfall der phylogenetisch und ontogenetisch bestimmten und deshalb für unsere Umwelt optimalen Strukturen beschleunigt. *Boyden* vertritt die Ansicht, daß die sogenannten Zivilisationskrankheiten: Krebs, Herzinfarkt, Diabetes, Blinddarmentzündung, Magengeschwüre, Krampfadern und Karies, deren Häufigkeit dem Pro-Kopf-Wachstum des Bruttosozialprodukts entspricht, die also in dem Maße zunehmen, in dem unsere Umwelt sich vom optimalen Zustand entfernt, nur die Symptome phylogenetischer und biologischer Anpassungsschwierigkeiten sind.

36. Realistisch betrachtet sind soziale Probleme wie Kriminalität, Gesetzesübertretungen, Alkoholismus, Drogenabhängigkeit und Vandalismus, die in bedrückendem Maße zunehmen, Symptome sozialer Anpassungsschwierigkeiten, die durch die Desintegration unserer sozialen Umgebung und die Veränderung seiner naturgesetzlichen Infrastruktur hervorgerufen werden. Sie führen uns von dem optimalen gesellschaftlichen System, mit dem wir aufgrund unserer Entwicklungsgeschichte eng vertraut sind und dem wir uns auch individuell anpassen können, immer weiter weg.

37. Es ist ebenso realistisch, die anwachsende Vernichtungsrate von Pflanzen- und Tiergattungen als Symptome ökologischer Desintegration zu werten. Die natürliche Folge davon ist eine explosionsartige Vermehrung einiger Mikro-Organismen, die zu Pflanzen- und Tierepidemien führt (und durch die manche Arten ganz ausgerottet werden). Alle Arten von Lebewesen (besonders auch die Gruppe des Homo sapiens und seiner Parasiten) sind der fortschreitenden Desintegration der Ökosysteme von der phylogenetischen Norm ausgesetzt – als Resultat der ständigen Beeinflussung durch die Surrogatwelt.

38. Die Befürworter der Industrialisierung werden dagegen einwenden, daß im Falle des Homo sapiens solche Anpassungsschwierigkeiten aufgrund seiner vermeintlichen grenzenlosen Fähigkeit zur Anpassung nicht denkbar seien. Wie *Boyden* feststellt, klammern wir uns an diese Illusion jedoch nur deshalb, weil der Ausdruck ›Anpassung‹ noch nie adäquat definiert worden ist. Systemische Prozesse sind deshalb anpassungsfähig, weil sie Probleme tatsächlich lösen können. Asystemische Prozesse, zu denen auch die Lösungen gehören, die die industrielle Gesellschaft bereithält, können dagegen ein Problem nur auf Kosten neuer, zunehmend schlimmerer Probleme lösen. Ganz abgesehen davon, daß diese Lösungsversuche nicht funktionieren, was sich unschwer daran erkennen läßt, daß unsere Probleme überall nur größer werden, gehen uns auch zunehmend das Geld und die Rohstoffe aus, die wir zu ihrer Anwendung brauchen. Boyden nennt sie deshalb Pseudo-Anpassungen. Sie behandeln die Symptome, nicht die Ursachen, und indem sie die Krankheit erträglicher machen, tragen sie im Grunde nur dazu bei, diese zu verfestigen. Das trifft besonders auf unser System des Wohlfahrtsstaates zu. Wird der Begriff ›Anpassungsfähigkeit‹ korrekt definiert, stellt sich heraus, daß der Mensch in Wirklichkeit nicht anpassungsfähiger ist als andere Lebewesen. Er ist sogar weitaus labiler als viele Mikro-Organismen – deshalb würde ein chemischer Krieg, den wir gegen sie unternehmen, für uns schlimmere Folgen haben als für diese angegriffenen Arten von Lebewesen.

Wo liegt die Lösung?

39. Die vorausgegangene Analyse hat deutlich gezeigt, daß die Probleme, vor denen wir heute stehen, nur gelöst werden können, wenn die Funktionsfähigkeit der natürlichen Systeme, die einst die Erfüllung unserer Bedürfnisse garantierte, wieder hergestellt wird, d. h., wenn man sich wieder auf die Ausnutzung jener unvergleichlichen Quellen besinnt, die die Biosphäre oder die reale Welt ausmachen: Individuen, Familien, Gemeinden und Ökosysteme. Bevor ich nun näher darauf zu sprechen komme, wie dies bewerkstelligt werden muß, möchte ich auf eine oder zwei der vielen möglichen Implikationen eingehen.

40. Natürlich impliziert diese Rückbesinnung zunächst einmal die Vorstellung von der Entwicklung einer stabilen, auf einer sicheren Basis stehenden Gesellschaft. Damit assoziiert man jedoch meist auch eine ökonomische Stagnation. Aber eine Gesellschaft, in der Kapitalinvestitionen und Geldentwertung, Geburtenrate und Todesfälle gleich hoch wären, in der also materielles Gleichgewicht herrschte, könnte man deshalb noch nicht als stabil bezeichnen. Das Ausmaß des Eingriffs der menschlichen Aktivitäten in die Systeme der Natur (oder der ökologische Bedarf) *nimmt ständig zu* (er liegt oberhalb der Grenze der natürlichen Regeneration). Das bedeutet, daß biologische, soziale und ökologische Kosten immer mehr ansteigen würden.

41. In einer stabilen Gesellschaft würden die Kapitalinvestitionen der Geldentwertung, die Geburtenraten den Todesraten entsprechen, aber der Stand der *absoluten Höhe der Kapitalinvestitionen und der Geburtenraten wäre beträchtlich geringer als gegenwärtig* – ein Stand, der ›ökologischen Bedarf‹ auslösen würde, den man tatsächlich decken könnte, d. h. der der natürlichen Regenerationsrate entspräche. Wir müssen deshalb unser Ziel nicht auf Wachstum ausrichten, sondern auf *negatives Wachstum,* oder *ökonomische und demographische Zurückhaltung.*

42. Dagegen könnte man einwenden, daß uns diese Rückentwicklung ja gerade bevorsteht, nachdem die Ölkrise eine Weltrezession eingeleitet hat.

In einer Gesellschaft, die sich noch erfolgreich am ökonomischen Wachstum orientiert, muß sich ökonomische Zurückhaltung jedoch zwangsläufig ganz anders auswirken – denn sie fördert, im Gegensatz zu einer Gesellschaft, in der planmäßig ökonomische Zurückhaltung betrieben wird, gezielt die Wünsche, deren Erfüllung nur durch Wachstum möglich ist.

43. Die am Wachstum orientierte Gesellschaft wird auf diese Weise immer mehr aus dem Gleichgewicht geraten, die andere wird, indem sie sich unabänderlichen Gegebenheiten anpaßt, Mittel entwickeln, um Ungleichmäßigkeiten zu vermindern.

44. Einer der gravierendsten Einwände gegen dieses Programm besteht darin, daß man ökonomische Zurückhaltung mit einer Reduzierung des ›Reichtums‹ und so des ›Lebensstandards‹ gleichsetzt. Auch diese Auffassung resultiert wieder aus einer irreführenden Definition der beiden Begriffe. Sie dienen als Maß der Vorteile, die die Surrogatwelt, *nicht derjenigen, die die reale Welt* zu bieten hat.

45. In unserer Gesellschaft wird der Wert der Dinge durch die Anwendung des Gesetzes von Angebot und Nachfrage festgesetzt. Einen Wert erhalten die Dinge nur dadurch, daß sie in das ökonomische System einbezogen und dann knapp gehalten werden, denn der ökonomische Wert *ist nicht der Durchschnittswert, sondern der Marginalwert der Waren. »Desto größer die Anzahl einer Ware ist«,* schreibt *Samuelson* zu diesem Thema, *»desto geringer wird die relative Nachfrage nach den einzelnen Produkten, obwohl ihr absoluter Nutzwert ständig mit der Anzahl der Produkte steigt. Es ist deshalb offensichtlich, warum große Wassermengen so billig sind. Oder warum Luft trotz ihres hohen Nutzwertes nichts kostet. Ist eine Ware in großer Menge vorhanden, senkt sich dadurch ihr Wert.«*

46. Darüber hinaus würde sich die Behauptung vieler Wirtschaftswissenschaftler, daß sich solche »Äußerlichkeiten« wie saubere Luft oder unverseuchtes Wasser internalisieren, d.h. in das System der modernen Wirtschaftstheorie integrieren ließen, nur dann bewahrheiten, wenn ihr wirklicher Wert sich tatsächlich in Geldquantitäten ausdrücken ließe.

47. Geld ist jedoch weder ein natürliches Zahlungsmittel noch gehorcht es den Gesetzen der modernen Ökonomie. Die Vorteile der realen Welt wie saubere Luft und unverseuchtes Wasser sind nicht, wie wir glauben, proportional zu dem Preis, den wir zu zahlen bereit sind, zu haben. Mit Geld könnten wir sie uns nur dann verschaffen, wenn unsere technologischen Kontrollen wirksam wären – und daß sie das nicht sind, haben wir bereits festgestellt. Aber selbst wenn sie es wären, lohnte sich die Investition beträchtlicher Geldsummen nur dann, wenn diese Güter bereits soweit verbraucht worden wären, daß sie aufgrund dieser Verknappung einen ansehnlichen ökonomischen Wert bekämen.

48. Genauso unzutreffend wie unsere Vorstellung von ›Reichtum‹ ist unsere Auffassung von ›Kosten‹, zu denen unsere Wirtschaftswissenschaftler nur kurzfristige Geldausgaben rechnen. Den Schaden, der Gesellschaften und Ökosystemen zugefügt wird, ziehen sie nicht in Betracht. Und dennoch drückt dieser sich später in Kosten aus – was den gewaltigen inflationären Trend heutzutage großenteils erklärt.

49. Es ist belustigend und erschreckend zugleich, festzustellen, daß eine Reihe von kritischen Entscheidungen auf Basis der Kosten-Nutzen-Rechnung heute von Leuten getroffen werden, die weder wissen, was ›Kosten‹ sind, noch, was wirklicher ›Nutzen‹ ist.

50. Daß unser Weg der einzige ist, der systematisch zur Hebung unseres Lebensstandards führt, läßt sich anhand der Kosten-Nutzen-Faktoren der realen Welt, nicht aber denen der Surrogatwelt, nachweisen.

Bevölkerung und Konsum: Entindustrialisierung ist der einzige Ausweg

51. Einige Leute behaupten, daß wir aufgrund unserer großen Bevölkerungszahl nicht ohne das industrielle System auskommen können. Sie bezweifeln, daß wir so viele Menschen ohne die Industrie ernähren könnten. Diese Meinung gründet sich zumindest teilweise auf den Irrtum, das Problem der Nahrungsmittelversorgung aus dem Blickwinkel *eines isolierten Industrielandes,* nicht aus der Sicht der *Welt insgesamt* zu betrachten. Bis jetzt konnten die Industrieländer ihre Bevölkerung mit mehr Nahrungsmitteln versorgen als die sogenannten Entwicklungsländer – *jedoch nicht etwa deshalb, weil sie mehr produzierten,* sondern weil sie die Entwicklungsländer davon überzeugten, einen Teil ihrer Nahrungsmittel gegen Industrieprodukte einzutauschen – ein Vorgang, der sich kaum noch über längere Zeit hinweg durchführen lassen wird. Es gibt keinen Grund zu der Annahme, daß durch die Industrialisierung ein Wachstum der Nahrungsmittelproduktion möglich würde, außer für sehr kurze Zeit vielleicht, denn das anfänglich dafür zur Verfügung stehende Material ist, abgesehen davon, daß es die Zerstörung der Umwelt zur Folge hat, nur begrenzt vorhanden, so daß sein Preis auf die Dauer unerschwinglich hoch werden muß. Schon jetzt können sich höchstens 10–15 % der indischen Bauern künstliche Düngemittel leisten. Es ist im Gegenteil so, daß die Industrialisierung, d. h. der Aufbau der Surrogatwelt, nur auf Kosten der realen Welt, von der unsere Nahrungsmittel stammen, möglich ist. Indem der realen Welt Boden, Holz, Wasser (das in tropischen Ländern besonders wichtig ist und oft den ausschlaggebenden Faktor für die Nahrungsmittelproduktion darstellt) und natürlich Arbeitskraft (besonders in Industrieländern) entzogen wird, wird die Nahrungsmittelproduktion in ernst zu nehmendem Ausmaß eingeschränkt, wie insbesondere *Borgstrom* nachweist.

52. Diese Betrachtung läßt die Schlußfolgerung zu, daß die Zahl der Menschen, die die reale Welt insgesamt ernähren kann, ihrem Industrialisierungsgrad umgekehrt proportional ist. Die Entindustrialisierung ist unser einziger Ausweg – teilweise gerade deshalb, *weil* wir eine so große Bevölkerungszahl haben, nicht weil wir sie *trotzdem* haben.

Das Individuum als Faktor der Entindustrialisierung

53. Im Laufe des Industriezeitalters ist es zu einer besonderen Tugend geworden, die menschliche Arbeitskraft möglichst sparsam zu nutzen, und zwar teilweise deshalb, weil sie so teuer geworden ist, während andere Produktionsfaktoren unverhältnismäßig preiswert sind, aber auch teilweise deshalb, weil die Freizeit, oder die arbeitsfreie Zeit, hoch im Kurs gestiegen ist und ihre Verwirklichung zu einem der am allgemeinsten befürworteten Mittel zur Hebung des menschlichen Wohlbefindens geworden ist.

54. Eine solche Bedeutung kommt der Freizeit jedoch nur in solchen Gesellschaften zu, die unseren Begriff von ›*Arbeit*‹ von anderen normalen, alltäglichen Aktivitäten unterscheiden. Eine solche Abgrenzung gibt es in traditionellen Gesellschaften, in denen ökonomische Tätigkeiten auf der gleichen Ebene wie Verrichtungen des täglichen Lebens angesiedelt werden, nicht. Dies wird durch die Tatsache unterstrichen, daß es das Wort ›Arbeit‹ in der Sprache von Stammesgesellschaften nicht gibt.

55. Wichtig ist die Einsicht, daß wir durch die immensen Bevölkerungszahlen im Besitz eines beträchtlichen Reservoirs von unverseuchter Energie sind, die nichts weiter kostet als die Kalorien der Nahrungsmittel, die zur Erhaltung dieser Energie nötig sind und die sie wahrscheinlich in jedem Fall verbrauchen würde. Das Prinzip, daß die Menschen wieder handwerklich arbeiten sollen, und nicht einfach Knöpfe drücken und Hebel bewegen sollen, hat beträchtliche Folgen. Wir dürfen nicht vergessen, daß die meisten technologischen Erfindungen *gerade zu dem Zweck entwickelt werden, um Arbeit einzusparen.* Traktoren z. B. vermehren die Nahrungsmittelproduktion nicht, sie tragen sogar zu deren Verminderung bei, indem sie den Boden verfestigen und ihm den natürlichen Dünger vorenthalten, den sonst die Pferde und Ochsen, die früher an seiner Stelle benutzt wurden, produzierten.

56. Pflanzenschutzmittel sind nur nützlich, weil sie die Arbeit, die man zum Unkrautjäten braucht, überflüssig machen. Andere Schädlingsbekämpfungsmittel sind deshalb in großem Umfang nötig, weil unsere ausgedehnten Monokulturen ein solch ausgezeichneter Schlupfwinkel für Schädlingskolonien sind und diese sich – bedingt durch die Aufgabe des Rotationsprinzips – in den Monokulturen auf Dauer einnisten können. Kehrten wir zur Mehrfachkultur und zum Rotationsprinzip der Feldbestellung zurück, brauchten wir weitaus weniger Schädlingsbekämpfungsmittel. Würden wir darüber hinaus wieder Gemüse anbauen und genügend Energie aufbringen, den Kuhdünger auf den Feldern zu verteilen, statt ihn im nächsten Abflußkanal verschwinden zu lassen, brauchten wir auch kaum noch Düngemittel. In hügeligen Gegenden würde die Landwirtschaft noch mehr von den arbeitsintensiven Methoden profitieren, denn Terrassenanbau kann nur mit menschlicher Arbeit aufrechterhalten werden, ohne die der fruchtbare Boden besonders in tropischen Zonen am Ende des Tals abrupt endet. Nach einer groben Schätzung würde es ausreichen, das landwirtschaftliche Arbeitsaufkommen Großbritanniens um das 4- bis 5fache zu steigern, um das Ergebnis zu übertreffen, das Maschinen und Chemikalien, die in den letzten dreißig Jahren eingeführt wurden, erzielten.

57. Der konsequente Abbau dieser Hilfsmittel und somit die Einsparung des dafür erforderlichen Kapitals hätte die Wirkung eines Lösungs-Multiplikators. Er wäre ganz offensichtlich anti-inflationär. Er würde darüber hinaus eine große Anzahl neuer Arbeitsplätze schaffen, die sehr viel stabiler wären als die heutigen, auf Kapitalintensität beruhenden und deshalb nicht dauerhaften Industrieunternehmen. Unsere Nahrungsmittelproduktion würde ebenfalls auf stabilere Füße gestellt. Es ist nur eine Frage der Zeit, und die ungeheure Anfälligkeit des Industriesystems für Unregelmäßigkeiten aller Arten wird zu einer ernsten Nahrungsmittelverknappung, wenn nicht sogar zu Hungerperioden in einem oder mehreren Industrieländern führen. Das gleiche gilt auch für die Industrieproduktion. Auch hier kann die Steigerung der Arbeitsintensität Vorteile schaffen.

Die Familie und die Gemeinde

58. Wenn Individuen in den Organisationsformen sich selbstregulierender Familien- und Gemeindeverbände zusammengefaßt werden, erhöht sich ihr Wert als Produktivquelle erheblich.

59. Wir haben gesehen, daß die verfügbaren Arbeitskräfte voll ausgenutzt werden müssen, aber wofür sollen wir sie bezahlen? Den Lohn in Geld auszuzahlen, wäre unsinnig, es sei denn, man könnte dafür Waren und Dienstleistungen kaufen, die aber, wie wir sehen werden, in zunehmendem Maße abgebaut werden sollen. Aber wofür sonst sollten die Menschen arbeiten? Für Lebensmittel und Unterhaltskosten? Das hört sich zu sehr nach Sklaverei an. Wenn aber den Menschen als Gegenleistung für ihre Arbeit nicht der Zugang zu Konsumgütern offensteht, muß ihnen statt dessen etwas anderes geboten werden, aber was? Auf diese Frage gibt es nur eine mögliche Antwort: Der Ausgleich muß auf eine nicht-materielle Weise hergestellt werden. Aber welche Bedürfnisse müssen dabei befriedigt werden? Die Antwort: soziale Bedürfnisse. Die Befriedigung, die Menschen durch die Erfüllung ihrer Aufgaben als Mitglieder einer wirklichen Familie oder Gemeinde erfahren. Das hört sich in unserer materialistisch eingestellten Welt reichlich idealistisch an. Dabei ist es aber sowohl *praktisch* als auch *realistisch.* Nach dem Prinzip hierarchischer Zusammenarbeit muß sich das Verhalten einer stabilen Gesellschaft nach den Bedürfnissen der Gesamtheit *und* der einzelnen richten. Dabei ermöglichen diese es der Gesamtheit, zu überleben, indem sie die Funktionen erfüllen, die ihren eigenen Bedürfnissen am meisten entsprechen. Wir haben festgestellt, daß dieses Verhalten für ein stabiles Familienleben gilt, genauso gut aber auch auf die Gemeinde zutrifft. Welche praktischen Folgerungen lassen sich nun daraus ziehen?

60. In einer stabilen Gesellschaft ist die Familie eine ökonomische, biologische und soziale Einheit. *Polanyi, Dalton* und andere haben nachgewiesen, daß es in traditionellen Gesellschaften kein Verhalten gab, das man im strengen Sinne als ›*ökonomisch*‹ bezeichnen könnte (im Sinne der Gewinnmaximierung durch Kapital und Arbeit). Der alltägliche Prozeß der Herstellung und des Verkaufs von Gebrauchsgegenständen geschah aus sozialen Motiven heraus, so z. B. aus Verpflichtungen gegenüber der Familie oder aus Gründen der Prestigepflege, der dominierenden menschlichen Motivation in traditionellen Gesellschaften. Ein spezifisch ›ökonomisches‹ Verhalten ist nur das Merkmal einer desintegrierten Gesellschaft, in der soziale Erwägungen rein ökonomischen untergeordnet sind.

61. Für die Zerstörung der Familien- und Gemeindestrukturen ist in erster Linie die zunehmende Ausdehnung ökonomischer Tätigkeiten verantwortlich. Man kann deshalb mit Recht annehmen, daß eine Reintegration der einzelnen sozialen Systeme möglich ist, wenn man das Maß der ökonomischen Aktivitäten so einschränkt, daß sie wieder auf der Ebene der Familie oder der Gemeinde abgewickelt werden können.

62. Dies hätte einen Schlüsseleffekt. *Die ökonomischen Aktivitäten würden nun wieder von den sich selbstregulierenden Mechanismen gesteuert, die einstmals alle übrigen Verhaltensmuster der sich selbstregulierenden Familien und Gemeinden sicherten.* Die Menschen wären also mit anderen Worten nicht länger auf Bezahlung und große Mengen von Konsumgütern und Dienstleistungen angewiesen, die, wie wir noch sehen werden, nicht mehr zur Verfügung stehen werden; auch brauchte man ihnen die Erfüllung ihrer ökonomischen Pflichten nicht mehr schmackhaft zu machen, denn sie würden diese automatisch ausführen, so, wie selbst heute noch Eltern sich um ihre Kinder kümmern.

63. Selbst in unserer industriellen Welt gab es in den ländlichen Gebieten bis vor kurzem noch ehrenhalber geleistete Arbeit, ein Mittel, soziales Prestige zu erlangen, dessen Wert nicht unterschätzt werden sollte. Auf diese Weise verrichten in Großbritannien heute noch unbezahlte Friedensrichter und andere Honoratioren auf lokaler Ebene viele politische und administrative Funktionen. Die Übertragung dieser Funktionen auf eine zentralisierte Bürokratie erfüllt einzig und allein den Zweck, unsere irregeleiteten Vorstellungen von Tüchtigkeit und sozialer Gerechtigkeit mittels eines riesigen Kostenaufwandes zu rechtfertigen.

64. Die Folgeerscheinung einer solchen Politik wäre ein Lösungs-Multiplikator mit unterschiedlich großen Proportionen. Die Zusammenarbeit der verschiedenen Mitglieder einer stabilen Familie würde folgende Kostenfaktoren merklich verringern:

- *Ausgaben für Haushaltsgeräte und Fertiggerichte,* denn Großmütter, Tanten und Kinder könnten im Haushalt mithelfen
- *Ausgaben für die Wohnung,* denn einer der wesentlichen Gründe der Wohnungsknappheit ist die Desintegration der Familie. Die Zahl der

Menschen, die in einer Wohnung leben, ist beträchtlich gesunken (in Großbritannien ist diese Zahl um fast viermal weniger geworden)

- *Ausgaben für die Erziehung,* denn Krippen und Kindergärten würden nicht länger gebraucht, da die Familie wieder selbst in der Lage wäre, die frühe Phase der Kindererziehung zu übernehmen. Die Kosten für die Erziehung würden sich durch die zunehmende Überwindung emotionaler Instabilität und von Straffälligkeiten, die mit der Zerstörung der Familienstrukturen eng zusammenhängen, merklich verringern.
- *Ausgaben für die medizinische Versorgung,* besonders für alte Leute, die in zunehmendem Maße die Krankenhausbetten belegen – nicht unbedingt, weil sie medizinische Behandlung brauchen, sondern weil sie aufgrund des Auseinanderfalls der Familie sonst nirgendwo aufgenommen werden.
- *Die Kosten der Rechtsprechung,* denn ein hoher Prozentsatz von Straffälligen und Kriminellen kommt aus zerrütteten oder problembelasteten Familienverhältnissen; in einer sich selbstregulierenden Gesellschaft jedoch werden Recht und Ordnung öffentlich geregelt, ein System, das so gut funktioniert, daß es ernsthafte Abweichungen der kulturellen Norm verhindert.
- *Die Kosten im Transportwesen.* Nicht zu vergessen die enormen Kosten, die der Nation durch folgende Faktoren entstehen:
  - durch das Land, das durch den Bau von Autobahnen und Flughäfen verwüstet wird
  - durch die Energie, die verbraucht wird, um unser Transportsystem in Gang zu halten und auszubauen
  - durch ökologische Schäden, die durch das Umherziehen von Viehherden oder durch Menschen verursacht werden, die aus Gebieten mit endemischen Krankheiten in Gegenden ziehen, in denen die menschliche und nicht-menschliche Welt keine Widerstandskräfte gegen die betreffenden Mikro-Organismen entwickelt hat und umgekehrt.
- *Ausgaben der Regierung,* ganz abgesehen von den unerschwinglichen Kosten, die eine schlechte Regierung verursacht. Es wäre eine Illusion, zu glauben, eine Gesellschaft, in der die politischen Pflichten der Bevölkerung darin bestehen, alle fünf Jahre wählen zu gehen, wäre – außer dem Namen – eine sich selbstregierende Gesellschaft. Die unmittelbare Demokratie, in der alle erwachsenen Bürger aktiv an der Regelung ihrer eigenen Angelegenheiten mitwirken, ist da schon eine andere Sache. Dieses System ist nur in einer kleinen Gemeinde durchführbar, in der jeder in ständigem Kontakt mit jedem steht, und in der sich die öffentliche Meinung durch die gleichen kulturellen Einflüsse herausbildet.

65. Den Ökosystemen wieder zu ihrem ursprünglichen Glanz zu verhelfen, ist ganz offensichtlich unmöglich. Dazu wären selbst bei einem drastisch gesenkten Konsumverbrauch die Folgewirkungen auf die Weltbevölkerung zu groß. Etwas anderes wäre es dagegen, die Grundstrukturen der Ökosysteme wiederherzustellen. Dadurch würden zum Beispiel die Kosten und die Schäden, die durch Schädlingsbekämpfungsmittel entstehen, wesentlich gesenkt. In unberührten tropischen Wäldern gibt es zahllose Arten von Insekten, aber es gibt *keine Schädlingsplagen,* denn die Insektenbestände werden durch sich selbstregulierende ökologische Mechanismen überwacht. Man könnte die gleichen Prinzipien der Selbstkontrolle wirksam auf das viel einfachere landwirtschaftliche Ökosystem übertragen, indem man die Größe der Felder reduziert, Hecken zum Schutz pflanzt, verschiedene Feldfrüchte statt nur einer Art anbaut und zum Prinzip des Feldfruchtwechsels übergeht. Auf diese Weise würde eine zeitliche und räumliche Vielfalt hergestellt, die auch für ein natürliches Ökosystem kennzeichnend ist und die eine ähnlich stabilisierende Wirkung hätte.

66. Erhebliche Kosten könnten dadurch eingespart werden, daß man die unzureichenden Organisationssysteme der Wasserversorgung durch die Aufforstung von Wäldern in großen Flußtälern und entlang der Flußläufe ersetzte und indem man wieder Marschland und Sümpfe anlegte, die die Fähigkeit des Bodens, Wasser zu speichern, Flüsse vor dem Austrocknen zu bewahren und die Sicherung eines optimalen Wasserstands fördern würden. Der Boden ist der beste Wasserspeicher. Stauseen sind teuer und vernichten kostbares Ackerland. In tropischen Zonen sind dies ideale Brutstätten für Bazillenträger von Infektionskrankheiten wie Bilharziose und Malaria, und durch Verdunstung geht viel Wasser verloren. Mit der Anhebung des Grundwasserspiegels fördern die Stauseen durch die Versumpfung und die Salzhaltigkeit des Bodens, die in vielen Teilen der Welt eine ernsthafte Gefahr für die Produktivität der landwirtschaftliche Produktion darstellen (insbesondere in Pakistan).

67. Generell läßt sich feststellen, daß die Armut der Länder der Dritten Welt zum großen Teil das Resultat der furchtbaren Zerstörung der natürlichen Umwelt ist, das Ergebnis von Entwaldung und Bodenerosion durch Wind und Wasser. Nur ein umfangreiches Programm zur Aufforstung der Wälder und zur Bodenerhaltung kann hier Abhilfe schaffen. Dem müssen ökologisch orientierte landwirtschaftliche Methoden und eine Reduzierung der ökonomischen Aktivitäten der Menschen einhergehen, die sich, alle zusammengenommen, als Lösungs-Multiplikatoren auswirken würden.

68. Sozio-ökonomische Dezentralisation ist eine notwendige, wenn auch nicht allein ausreichende Bedingung für die Wiederherstellung stabiler Familien- und Gemeindestrukturen. Sie sind die grundlegenden Institutionen sozialen Verhaltens, denen nun wieder Macht und Verantwortung für die Probleme übertragen werden müssen, die ihnen aufgrund ihrer biologischen und kulturellen Bestimmung zur Lösung aufgetragen sind.

69. Wie wir gesehen haben, muß sich die Familie verantwortlich für alle spezifischen Familienprobleme fühlen *und darf diese nicht anderen überlassen,* indem sie z. B. Kinder und alte Leute der Aufsicht besonderer staatlicher Institutionen übergibt. *Man kann die Rolle, die Individuen, Familien, Gemeinden und Nationen bei der allgemeinen Zerstörung der Umweltstrukturen gespielt haben, indem sie ihre Probleme anderen übertragen haben, gar nicht genug betonen.* Um die Wiederholung dieses Verhaltens zu vermeiden und die sozialen Systeme auf jeder ihrer Organisationsebenen für die Bewältigung ihrer eigenen Probleme verantwortlich zu machen, wären in vielen Fällen besondere Gesetze erforderlich.

70. Das Bevölkerungswachstum ist eins dieser Probleme – und einer der wesentlichsten Gründe für die gegenwärtige hoffnungslose Weltlage. Unsere einzige Methode, mit diesem Problem fertig zu werden, bestand bisher darin, die überschüssige Bevölkerung in weniger dicht bevölkerte Länder zu exportieren. Ohne diese Maßnahme hätte sich die *Malthussche These* schon längst als richtig erwiesen. *Irland* z. B. hat nur drei Millionen Einwohner, und trotzdem weist das Land große Armut und hohe Arbeitslosenzahlen auf. Man stelle sich vor, was aus Irland heute geworden wäre, wenn es nicht einen solch immensen Teil seiner Bevölkerung in die USA »exportiert« hätte (es gibt angeblich 14 Millionen Amerikaner irischer Herkunft; und die Hälfte der gesamten Fläche der Welt einschließlich Sibiriens ist von den Europäern in Beschlag genommen).

71. Daß wir unser bestes Ackerland in Asphaltstraßen verwandelt haben, ist uns bisher nur deshalb noch nicht zum Verhängnis geworden, weil wir die Entwicklungsländer davon überzeugen konnten, ihre Nahrungsmittel, die sie übrigens selbst bitter nötig hätten, gegen unsere überaus überflüssigen Industrieprodukte einzutauschen. 35 % der indischen Exporte bestehen aus landwirtschaftlichen Produkten. Wir haben also unser Ackerland nach Indien exportiert, und bisher haben die Inder, nicht wir, deshalb gehungert.

72. Die Umweltverschmutzung ist auch so ein Problem, dessen Lösung wir, wie schon früher ausgeführt, darin sehen, es woandershin zu exportieren. Ein gutes Beispiel dafür ist Großbritannien, das sich rühmt, den Anteil des SO_2-Gehaltes in der Luft verringert zu haben. Das stimmt jedoch nur insofern, als es durch den Bau von sehr hohen Schornsteinen gelungen ist, die Abgase so abziehen zu lassen, daß sie über die Nordsee nach Skandinavien getrieben werden – und nun dort das Wachstum von Feldfrüchten und Bäumen bedrohen.

73. Solange es sozialen Gruppen noch möglich ist, ihre Probleme einfach zu exportieren, scheint es für sie keinen zwingenden Grund zu geben, nach einem anderen Weg zur Lösung dieser Probleme zu suchen.

74. Genauso trifft es zu, daß den Menschen die wirkliche Bedeutung dieser Probleme erst dann bewußt wird, wenn sie sie auf die der Ebene des täglichen

Lebens erfahren, mit der die überwiegende Mehrheit der Bevölkerung ständig konfrontiert wird.

75. Dies ist einer der Hauptgründe, warum wichtige Probleme auf der unterst möglichen Ebene des sozialen Systems behandelt werden müssen. Eine soziale Gruppe wird nur dann notwendige Schritte unternehmen, das Bevölkerungswachstum zu kontrollieren und die Vernichtung von Ackerland und andere Formen der Umweltzerstörung zu verhindern, wenn sie zu der Erkenntnis gelangt, *daß niemand sonst sich um diese Probleme kümmern wird, wenn sie es nicht tut, und daß nicht nur ihr Wohlergehen, sondern auch ihr Überleben tatsächlich einzig und allein von ihrer Fähigkeit abhängt, diese Funktionen so wirksam wie möglich zu erfüllen.*

76. Aus diesem Prinzip ergibt sich eine logische Folgerung: Wenn Menschen das Prinzip akzeptieren sollen, für die Lösung ihrer Probleme *selbst verantwortlich* zu sein, *müssen diese Lösungen auch von ihnen selbst und von niemandem sonst entwickelt werden.* Das bedeutet, daß die zentrale Regierung den lokalen Gemeinden nicht länger irgendwelche Entwicklungspläne, die in ihr Leben entscheidend eingreifen, aufzwingen darf. Wenn die Regierung eine Autobahn oder ein Kraftwerk bauen will, oder wenn ein kommerzielles Unternehmen eine Fabrik errichten will, muß dies erst einmal von der betroffenen Gemeinde befürwortet werden. Man sollte an dieser Stelle vielleicht erwähnen, daß ein ähnliches System in der Schweiz bereits in Kraft ist.

77. Eine weitere Folge dieses Prinzips wird von unserer heutigen liberalen Gesellschaft wahrscheinlich noch weniger akzeptiert: Nur wenige Leute sind bereit, Maßnahmen zur Kontrolle des Bevölkerungswachstums zu ergreifen, *wenn dieses gleichzeitig durch die Tatsache, daß Menschen von außerhalb in das System hereingeholt werden, gefördert wird.* Wenn sie die Verantwortung für die notwendigen Maßnahmen zur Reduzierung der Bevölkerungszahlen tragen sollen, müssen sie auch die Befugnis haben, über Maßnahmen zu entscheiden, die diese Zahlen noch vergrößern. Eine Gemeinde muß deshalb ein *geschlossenes* System sein – ein Prinzip, das den meisten ethischen Idealen unserer Zeit völlig zuwiderläuft. Es ist allerdings interessant, zu sehen, daß sich dieses Prinzip in der Schweiz, von deren dezentralisiertem politischem System wir eine Menge lernen können, schon in großem Umfang durchgesetzt hat. Vollkommen verwirklicht ist dieses Prinzip, das braucht man eigentlich gar nicht besonders zu betonen, in traditionellen, auf Landwirtschaft beruhenden Gesellschaften, in denen die Identität des einzelnen durch das Dorf, zu dem jemand gehört, auch wenn er dort gar nicht mehr lebt, und durch seine Familie hergestellt wird. (In Indien besteht der vollständige Name eines Mannes aus dem Namen seines Vaters, seines Dorfes, aus seinem persönlichen Namen und dem seiner Unterkaste). Wenn eine Gemeinde ein funktionierendes soziales System darstellen soll, müssen ihre Mitglieder auf den verschiedensten Ebenen in eine enge Beziehung zueinander treten, damit die Kräfte, die ihren Zusammenhahlt sichern sollen, wirksam werden

können. Diese Kräfte sollten sich darüber hinaus über eine lange Zeitspanne hinweg, möglichst schon im Kindheitsalter, entwickeln können, um wirklich effektiv zu sein. In einer traditionellen menschlichen Gesellschaft (und auch in nicht-menschlichen Systemen) dient das Erziehungssystem der Sozialisation ihrer Mitglieder. Ziel des Erziehungssystems ist es, den Kindern die Werte zu vermitteln, die sie befähigen, ihre Funktionen als Mitglieder ihrer Familie und Gemeinde zu erfüllen (ein Prinzip, das unsere Pädagogen schon lange aus den Augen verloren haben).

78. Eine Gemeinde braucht nicht völlig in sich geschlossen zu sein; eine gewisse Anzahl von ›Ausländern‹ könnte man zulassen. Aber selbst dann dürften sie, wie es in der Schweiz gehandhabt wird, nur dann an der Verwaltung der Gemeinde teilhaben, wenn die Bürger sie durch Wahlen in ihren Kreis aufnehmen würden.

79. Nur auf diese Weise kann eine dezentralisierte Gesellschaft entstehen, die die außerordentlichen Kräfte der sich selbstregulierenden Familien, Gemeinden und der ökologischen Systeme in vollem Umfang nutzt, um die wirklichen menschlichen Bedürfnisse zu befriedigen. Wie ist nun aber die entscheidende Verwandlung zu einer solchen Gesellschaft zu erreichen? Die Antwort darauf kann nur darin bestehen, daß wir, der Zielsetzung dieses Aufsatzes entsprechend, davon ausgehen, daß ein sorgfältig ausgearbeitetes, alle Seiten des Problems umfassendes Programm von der Regierung einer der führenden Industrienationen übernommen wird.

80. Wie wir noch sehen werden, muß ein solches Programm in verschiedene Teile untergliedert werden. Die Veränderung all dieser Teilbereiche würde zur gleichen Zeit in Gang gesetzt werden, dann jedoch unterschiedlich schnell vorankommen, je nach dem Ausmaß des angetroffenen Mißstandes. Seiner wahren Natur entsprechend müßte das Programm jedoch über eine beträchtliche Zeitspanne hinweg durchgeführt werden. Man kann eine Gesellschaft nicht über Nacht von Grund auf verändern. Dazu käme, daß das Programm in seiner Gesamtheit akzeptiert werden müßte. Man kann unhaltbare Zustände nicht abschaffen, ohne dadurch alle möglichen anderen Probleme wie Inflation oder Arbeitslosigkeit zu erzeugen, *wenn man nicht gleichzeitig an ihre Stelle erträglichere Zustände setzt.* Ebensowenig kann man letztere einführen, wenn man nicht gleichzeitig die ersteren beseitigt und zu diesem Zweck die Arbeitskraft und die sozialen Kräfte freisetzt.

81. Aus diesem Grund wäre es naiv, zu glauben, eine Regierung, die auf fünf Jahre gewählt ist, könnte mehr zustande bringen als ein Flickwerk von kurzlebigen Reformen. Es ist nun sehr wesentlich, daß die Regierung von der Wählerschaft das Mandat erhält, wenigstens den ersten Teil des Programms durchzusetzen. Um ein solches Mandat zu erhalten, sollte die Regierung der Wählerschaft erst einmal die außerordentlich ernste globale und somit auch nationale Lage bewußt machen – eine Lage, die die Regierungen der meisten Länder bisher tunlichst heruntergespielt haben.

Das Programm

82. Wenn das Programm alle Seiten der sozialen Problematik umfassen soll, muß es die Rückentwicklung aller wesentlichen Untergliederungen des industriellen Prozesses beinhalten. Diese bestehen nachweislich aus sechs funktionell verschiedenen Stadien (obwohl diese sich ihrer Bedeutung nach nicht unbedingt in eine Reihenfolge einordnen lassen, denn die positive Beeinflussung eines Stadiums wird auch sichere Auswirkungen auf die anderen haben).

83. Das erste Stadium umfaßt die Herausbildung der spezifischen Weltanschauung, deren hauptsächliche Merkmale ich bereits beschrieben habe. *Max Weber* hat als erster festgestellt, daß ohne eine solche feste Weltanschauung, wie sie die Nonkonformisten und insbesondere die Quäker in England vertraten, wahrscheinlich keine Industrialisierung möglich gewesen wäre.

84. Eine *neue Weltanschauung* muß an ihre Stelle treten. Die Untersuchung der Wertsysteme traditioneller, stabiler Gesellschaften zeigt, daß sie zwar im Detail sehr verschieden sein können, daß ihre wesentlichen Merkmale jedoch einander sehr ähnlich sind. Daran läßt sich nachweisen, daß es für die Sicherung der sozialen Stabilität unerläßlich ist, eine Reihe von grundsätzlichen Prinzipien in die neue Weltanschauung einfließen zu lassen, die die Festigkeit ihrer Beziehungen zur sozialen und physischen Umgebung garantieren. Ich möchte im folgenden kurz auf die grundsätzlichen Prinzipien eingehen, die der verzerrten Weltsicht des Industriezeitalters zugrunde liegen, um herauszufinden, auf welche Weise sie zu verändern sind, um zu einem annehmbaren und deshalb sicheren Schema sozialen Verhaltens zu kommen.

Humanismus – Naturalismus

85. Ein wesentlicher Bestandteil der Weltanschauung des *Industrialismus* kommt in der Ansicht zum Ausdruck, daß der Mensch nicht als integraler Bestandteil der Natur zu betrachten sei, sondern über ihr stünde, und daß er deshalb in hohem Maße unabhängig von den Gesetzen sei, die das Verhalten anderer Lebensformen auf unserem Planeten bestimmen. Um das zu rechtfertigen, stützen wir uns auf die Existenz einer Reihe von abstrakten Eigenschaften, durch die der Mensch sich augenscheinlich von den anderen, weniger glücklichen Lebewesen unterscheidet. Demnach hat nur der Mensch eine Seele, nur er handelt bewußt, und nur seinem Verhalten sagt man Intelligenz nach, während man davon ausgeht, daß das Verhalten anderer Lebewesen von ›blindem‹ Instinkt gesteuert wird. Nur menschliche Gesellschaften sind angeblich fähig zu kulturellem Verhalten. Solche Vorstellungen sind stabilen Gesellschaften, denen die Natur heilig ist und die glauben, den Zorn der Götter auf sich zu ziehen, wenn sie eigenmächtig in die Gesetze der Natur eingreifen, unbekannt. Durch die Entweihung der Natur wird ihre Zerstörung gesellschaftlich möglich, und indem man an ihrer Stelle den Menschen zum Heiligtum erhoben hat, hat man dem weiteren Verlauf dieses verhängnisvollen Zerstörungsprozesses Tor und Tür geöffnet. Wir müssen den Humanismus durch *Naturalismus* ersetzen – d. h. Respekt haben vor der natürlichen Welt, deren integraler – wenn auch sehr bescheidener – Teil wir sind.

Individualismus – Kommunalismus

86. Individualismus ist die Vorstellung, daß jeder Mensch sich selbst der nächste ist. Er ist ein deutlicher Ausdruck unserer totalen Ignoranz gegenüber dem Wesen der natürlichen Systeme, deren Teil wir sind: der Familie, der Gemeinde und den Ökosystemen sowie der Art, in der sie miteinander verbunden sind. Soll ein Individuum Mitglied eines sozialen Systems werden, muß es sich in seinem Verhalten bestimmten Zwängen unterwerfen. Ein System ist eine Organisation, und als eine solche steht sie für eine Ordnung, in der sich der Einfluß der Gesamtheit auf die einzelnen Teile geltend macht. Dieser Einfluß stellt sich dadurch her, daß die einzelnen Teile Zwängen unterworfen werden, die ihre Verhaltensmöglichkeiten einschränken, indem ihnen differenzierte Funktionen zugewiesen werden. Individualismus ist ein anderes Wort für Chaos. Mit einer stabilen, sich selbstregulierenden Gesellschaft ist er unvereinbar, genauso wie mit jedem sich selbstregulierenden natürlichen System. Wir müssen den Individualismus durch *Kommunalismus* ersetzen – und damit unsere individuellen Interessen denen der Gemeinde und dem Ökosystem unterordnen. Materialismus ist mit Individualismus eng verbunden. In traditionellen Gesellschaften waren die menschlichen Ziele durchweg sozialer Art. Die Anhäufung materieller Güter spielte im täglichen Leben dieser Gesellschaften keine Rolle. Materielle Güter werden erst dann wichtig, wenn sie gebraucht werden, um soziale und biologische Bedürfnisse zu befriedigen, und selbst dies sind nur armselige Kompensationen. *Karl Marx* hatte unrecht, als er die Religion als das Opium des Volkes bezeichnete. Die Menschen sind immer religiös gewesen. Die Religion ist ein wesentlicher Bestandteil ihrer Fähigkeit, sich gesellschaftlich zu verhalten, also die Stabilität der Gesellschaft zu sichern. Nicht die *Religion* ist das Opium des Volkes, sondern der *Materialismus.*

Szientismus – Evolutionismus

87. Hinter dem Begriff ›Szientismus‹ verbirgt sich die Methode, wissenschaftliche Kenntnisse als die Grundlage sozialer Kontrolle zu betrachten. Wir sollten jedoch nicht vergessen, daß es bisher keinen Präzedenzfall dafür gibt, daß stabile Gesellschaften sich auf wissenschaftliche Informationen verlassen hätten. Bis heute haben sie sich vielmehr ohne Ausnahme an traditionellen und sehr subjektiven Informationen orientiert, die mehr auf die Anpassung einer speziellen Gesellschaft an eine spezielle Umgebung als an die aller Gesellschaften an jede Umgebung ausgerichtet waren. Man kann nachweisen, daß nur solche kulturellen Informationen den grundlegenden kybernetischen Erfordernissen gerecht werden. Da diese Tatsache heute immer allgemeiner akzeptiert wird, sollte man auch das kulturelle Schema noch bestehender traditioneller Gesellschaften immer mehr schätzenlernen. Für eine soziale Dezentralisierung ist dies von wesentlicher Bedeutung. Wir müssen unser szientistisches Denken durch ein kulturell orientiertes Denken ersetzen. *Die Technologiebezogenheit* unserer Zeit legt nahe, daß es für alle Probleme eine technologische Lösung gibt. Sie ist dem Szientismus eng verwandt, da ja die einzigen Lösungen, die wissenschaftliche Analysen hervorbringen können, technologischer Natur sind. Beide Denkweisen sind jedoch unsinnig, denn technologische Lösungen können im System der Natur keine Rolle spielen. Statt dessen ist es nötig, einen geradezu religiösen Respekt vor dem evolutionären Prozeß zu schaffen, dessen ungehinderter Ablauf die einzig dauerhafte Lösung unserer Probleme darstellt. Wir sollten unser technologisch bezogenes Denken deshalb durch *Evolutionismus* ersetzen.

Institutionalismus – Selbstregulierung der Natur

88. Auch dieser Irrglaube hängt mit den oben genannten eng zusammen. Sind die Annehmlichkeiten des sozialen Systems materieller und technologischer Art, muß man die optimalen Bedingungen dafür schaffen, daß sie auch zur Anwendung kommen können. Solche Bedingungen bestehen in der Familie nicht, deshalb sollen Institutionen ihre Funktionen übernehmen. Unsere totale Ignoranz gegenüber sozialen und ökologischen Vorgängen der Kybernetik führt dazu, das sich selbstregulierende, natürliche System außer acht zu lassen und statt dessen davon auszugehen, daß Institutionen diese Funktionen besser kontrollieren könnten (d. h. man vertraut auf externe, asystemische Kontrollen). Anstelle der Institutionen sollten wir uns dem sich selbstregulierenden Wesen der Natur anvertrauen – dem Grundstein kultureller und ökologischer Verhaltensweisen.

Ökonomismus – Ökologismus

89. Ökonomismus besteht darin, aus Kapital oder anderen Produktionsfaktoren möglichst viel Gewinn zu ziehen. Dieses Verhalten ist den anderen, oben beschriebenen, gleichzusetzen. Wäre sozialer Wohlstand materieller, technologischer oder institutioneller Art, bestünde das beste Mittel seiner maximalen Förderung tatsächlich darin, das ökonomische Wachstum voranzutreiben. Ökonomisches Verhalten muß durch ökologisches ersetzt werden, und damit soll sichergestellt werden, daß soziales Verhalten sich nicht mehr nur nach den Interessen einzelner richtet, sondern auch den grundlegenden, oft zueinander in Konkurrenz stehenden Erfordernissen der Gemeinden und ihrer natürlichen Umgebung gerecht wird.

90. Um der neuen Weltanschauung generelle Anerkennung zu verschaffen, müßte auch das *Erziehungssystem* gründlich reformiert werden. Es müßte in großem Umfang dezentralisiert und die Lehrpläne müßten so verändert werden, daß sich der Schwerpunkt des Lernens von der Paukerei unwichtiger Zahlen auf den Erwerb kulturellen Wissens verlagern würde – eine Reform, die den Sozialisationsprozeß in angemessener Weise fördern würde.

91. Das zweite Stadium betrifft die Entwicklung der Technologie, ohne die die industrielle Gesellschaft ihre Ziele nicht verwirklichen kann. Hier ist es nun unsere Aufgabe, von der kapitalintensiven Industrie wegzukommen und unsere Bemühungen auf die Entwicklung einer ›angemessenen ‹Technologie für ein dezentralisiertes System auszurichten.

92. Das dritte Stadium umfaßt die Veränderung der Gesellschaft dahingehend, daß sie den Bedürfnissen des Produktions-Konsumtions-Prozesses nachkommt. Menschen, die einstmals vorrangig als Mitglieder von Familien, Gemeinden und Ökosystemen bezeichnet werden konnten und deren Verhalten im wesentlichen darauf gerichtet war, die Erfordernisse dieser Systeme, und somit auch der Biosphäre, dessen Teil sie sind, zu erfüllen, wurden im Laufe der Zeit psychologisch und funktionsmäßig in Produktions- und Konsumtionseinheiten verwandelt. Dieser Prozeß wird automatisch wieder rückgängig gemacht, indem das gesellschaftliche System dezentralisiert wird und die Bedingungen für die Funktionsfähigkeit der Familien, Gemeinden und der Ökosysteme wiederhergestellt werden. Ist dieser Stand der gesellschaftlichen Entwicklung erreicht, werden ökonomische Tätigkeiten sozialen untergeordnet.

93. Im vierten Stadium sollen mit Hilfe des Produktions-Konsumtions-Prozesses die Kapitalmengen bereitgestellt werden, die zur Finanzierung der Umgestaltung des gesellschaftlichen Systems erforderlich sind. Kapital wird für die ersten Stufen des Programms, die einen sozialen und ökonomischen Zusammenbruch verhindern und die Veränderung der gesellschaftlichen Infrastruktur in Richtung auf ihre Dezentralisierung vorantreiben sollen, ohne Zweifel notwendig sein.

94. Das fünfte Stadium betrifft den Produktionsprozeß selbst, aus dem die Surrogatwelt entsteht. Um die Rückentwicklung dieses Prozesses zu ermöglichen, muß man den Umfang des Produktionsprozesses drastisch einschränken und Produkte herstellen, die sich weniger schädlich auf die natürliche Umwelt auswirken.

95. Das sechste Stadium ist das Resultat der wirtschaftlichen Entwicklung, die im fünften Stadium vor sich geht: Es kommt zu einer drastischen Reduktion des Produktionsprozesses, der, wie wir schon sahen, meist als Rechtfertigung für technologische, materielle und institutionelle Maßnahmen dient, die den Produktionsprozeß wieder ausdehnen würden.

96. Um diesen Prozeß umkehren zu können, müßte der Umfang dieser Aktivitäten stark reduziert werden. Gleichzeitig würde damit die Wiederherstellung der sich selbstregulierenden sozialen Systeme möglich, aus denen sich die reale Welt zusammensetzt, und nur deren normales Funktionieren könnte alle unsere Probleme lösen.

97. Die Regierung sollte, entsprechened den Erfordernissen unseres Programms, einen besonderen Ausschuß zur Überwachung der Umwandlungsprozesse aller sechs Stadien der industriellen Entwicklung einrichten.

Die Taktik

98. Es ist unwahrscheinlich, daß eine Regierung bereit wäre, ein solches Programm anzunehmen, solange sich der Zustand des sozio-ökonomischen Systems noch nicht wesentlich verschlechtert hätte. Die erste, dringend notwendige Aufgabe der Regierung würde dann darin bestehen, den Zusammenbruch der Wirtschaft und auch der Gesellschaft, die zu ihrem Anhängsel geworden ist, zu verhindern. Ein beträchtliches Investitionsprogramm wäre nötig, um die erforderlichen Arbeitsplätze zu schaffen und gleichzeitig einer großen Anzahl anderer Verpflichtungen nachkommen zu können. Diese Arbeitsplätze müßten deshalb möglichst arbeitsintensiv sein – eine Tendenz, die sich in Zukunft nur noch verstärken wird, da die Möglichkeit kapitalintensiver Arbeitsplätze zunehmend geringer wird. Das verfügbare Kapital müßte den verschiedenen Ministerien zur Verfügung stehen, die für die sechs Stadien der Entindustrialisierung verantwortlich sind, *denn auf diese Weise ließen sich ihre Bemühungen koordinieren.*

99. Das Energieproblem würde sich zunächst sehr dringlich stellen, jedoch immer geringer werden, desto weiter die Verwirklichung des Programms vorankäme und desto mehr sich unser Bedürfnis nach systemfremder Energie entsprechend verringern würde. Die Bereitstellung von Geldmitteln für eine bessere Isolierung der Häuser wäre ein erster Schritt. Ein zweiter Schritt wäre die Dezentralisierung der Energieerzeugung. Damit ginge die Demontage der Überlandstromleitungen einher (die nur Energie für lokale Heizzwecke verschwendet), die dann durch kleine, lokale Energiesysteme ersetzt würden (*MacKillop* hat festgestellt, daß 2 MW Generatoren, die eine Kapazität von 4 MW erzeugen, völlig ausreichen, um 500 Wohnungen mit Strom zum Heizen und zum Kochen zu versorgen). Andere Energiequellen (siehe Beitrag in diesem Heft, S. 155) würden nur einen geringen Teil der heute verbrauchten Energie liefern; gelänge es uns jedoch, den Energieverbrauch drastisch zu senken, bekämen diese Energiequellen eine zentrale Bedeutung. Eine generelle Befürwortung dieser neuen Energiequellen hätte großen

Einfluß auf die positive Veränderung des Konsumentenverhaltens in bezug auf den Energieverbrauch und die industriellen Werte im allgemeinen. *Sie sind bereits zum Symbol der neuen ökologischen Subkultur geworden,* die sich schnell verbreitet, ähnlich der Charkha, die zum Symbol des Gandhiismus geworden ist.

100. Eine weitere notwendige Investition bestünde darin, das Abwassersystem der privaten Haushalte von dem der Industrieanlagen zu trennen. Gegenwärtig werden die Abwässer der Haushalte, die mit Hilfe von arbeitsintensiven landwirtschaftlichen Methoden dem Land als Düngemittel zugeführt werden könnten, durch die Vermischung mit industriellen Abfallstoffen verseucht. Wenn es gelingt, dies zu verhindern und statt dessen in Stadt und Land Kompostspeicher eingerichtet werden, wird Bauern und Gärtnern der natürliche Dünger ständig zur Verfügung stehen. Auf die Haushalte bezogen würde das bedeuten, die schädlichste aller technischen Erfindungen, das Wasserklosett, durch einen Kompost-Abort zu ersetzen. Auf diese Weise würde sich der private Wasserverbrauch verringern, Dünger für landwirtschaftliche Zwecke bereitgestellt und die Verseuchung unseres Wassersystems verhindert.

Das Ende der technologischen Arbeitsplatzreduzierung

101. Die Ersetzung der technologischen Produktionsmethoden durch arbeitsintensive Methoden wird eine der dringendsten Aufgaben sein, die in Angriff genommen werden müssen, um den Zusammenbruch der wichtigsten Funktionen des Systems zu verhindern, die sich auf der Basis der gegenwärtigen kapitalintensiven Methoden nicht länger aufrechterhalten lassen werden. Die Ausgaben für das Erziehungssystem sind in Großbritannien und in den USA sehr viel schneller gestiegen als das Bruttosozialprodukt. In Großbritannien ist nun der Punkt erreicht, wo das Kapital knapp geworden ist. Man kann jetzt schon vorhersagen, daß als Reaktion darauf eher die Lehrerzahl reduziert wird, als daß man auf den Gebrauch der perfektionierten, völlig unnötigen technologischen Hilfsmittel (Sprachlabors, audio-visuelle Medien etc.) verzichtet, mit denen die Schulen während der letzten Jahrzehnte ausgestattet wurden. Diese völlig falsch gesetzten Prioritäten müssen umgekehrt werden. *Auf Hilfsmittel kann man verzichten, aber Schulen ohne Lehrer sind undenkbar.*

102. Die in der modernen Landwirtschaft verwendeten Hilfsmittel sind nicht nur sehr kostspielig, sondern ihre Beschaffung ist auch eine äußerst unsichere Angelegenheit. Düngemittel und Schädlingsbekämpfungsmittel werden immer häufigr knapp. Die Lieferung von Phosphaten kommt hauptsächlich aus Marokko und kann aus politischen oder anderen Gründen von einem Tag auf den anderen eingestellt werden. Der Ölbedarf der modernen Landwirtschaft ist bekanntermaßen hoch. Schätzungen haben ergeben, daß in den

USA zur Herstellung einer Nahrungsmittelenergieeinheit zwischen 5 und 10 Einheiten fossiler Brennstoffe nötig sind. Um schwerwiegende Unregelmäßigkeiten zu vermeiden, müssen landwirtschaftliche Maschinen und Chemikalien deshalb so schnell wie möglich abgeschafft werden. Dies wird sich natürlich wiederum als Lösungs-Multiplikator auswirken: Neue Arbeitsplätze werden entstehen, die Gemeindestrukturen wiederhergestellt und die Umweltverschmutzung wird reduziert.

103. Diese Prozesse werden in jedem Fall ins Rollen kommen, denn die Preise für die kapitalintensiven Technologien werden mit der Zeit unerschwingliche Höhen erreichen. Die Ersetzung dieser kapitalintensiven technischen Hilfsmittel durch arbeitsintensive Methoden ist ganz einfach eine Frage der Beschleunigung dieser Prozesse und ihrer Gleichschaltung mit anderen Maßnahmen, die zur Bereitstellung von gelernten Arbeitskräften und Technologien in einem angemessen kleinen Rahmen getroffen werden.

104. Fiskalische Maßnahmen sollten diese Entwicklung unterstützen. Auf zwei Arten von Steuern haben wir schon in unserem Buch: »*Planspiel zum Überleben*« hingewiesen:

1. Eine allgemeine Steuer auf Rohstoffe. Ihre Höhe müßte sich nach der jeweiligen Verfügbarkeit der Rohstoffart richten. Sie wäre dafür bestimmt, die Reserven über längere Perioden zu erhalten, und würde dazu anregen, daß während dieser Zeit unsere Abhängigkeit von diesem Rohstoff verringert wird.
2. Eine Steuer auf Amortisationen. Sie sollte umgekehrt proportional zur mittleren Lebensdauer eines Produkts sein; zum Beispiel 100 Prozent für ein Produkt mit einer Nutzdauer von einem Jahr und null Prozent für Güter mit Nutzungsdauer von 100 und mehr Jahren. Sie würde kurzlebige, besonders Wegwerfprodukte verteuern und dadurch den Rohstoffverbrauch und die Schadstofffreisetzung – besonders die Müllberge – reduzieren. Kunststoffe, deren bemerkenswerteste Eigenschaft ihre Beständigkeit ist, würden in erster Linie für solche Waren benutzt, bei denen diese Eigenschaft wichtig ist, nicht aber für Einkaufsbeutel. Diese Besteuerung würde auch die verarbeitenden Industrien bevorzugen.
3. Eine Transportsteuer würde den Gebrauch lokaler Produkte fördern, die aller Wahrscheinlichkeit nach weniger energieintensiv wären und leichter ersetzt werden könnten.
4. Zusätzlich könnte eine gesetzliche Abgabe auf Amortisationen der technischen Hilfsmittel erhoben werden, die im Rahmen der Durchführung des Programms abgeschafft werden sollen.

105. Die Annahme dieser Maßnahmen würde mindestens drei Probleme aufwerfen:

1. Die Produzenten würden Schwierigkeiten haben, mit ausländischen Gesellschaften, die kapitalintensivere Methoden anwenden, zu konkurrieren. Dies wäre jedoch nur ein vorübergehendes Problem mit einem erhöhten

Kostenaufwand, denn der kommerzielle Vorteil der Kapitalintensität würde mit der Zeit immer geringer. Die Lösung dieses Problems besteht darin, *andere Länder davon zu überzeugen, dasselbe Programm zu übernehmen.* Dies braucht nicht unbedingt sehr schwierig zu sein, denn hat erst einmal ein Land das Programm akzeptiert, wird es über kurz oder lang andere davon überzeugen, dasselbe zu tun. In jedem Fall könnte man die Produkte der Länder, die sich diesem Programm nicht angeschlossen haben, durch hohe Importzölle benachteiligen.

2. Zweitens kann man annehmen, daß die Preise aufgrund der erhöhten Produktionskosten steigen werden – dies jedoch nur verglichen mit den einstigen Preisen, nicht mit denen, die wir zu erwarten hätten, wenn das Programm nicht angenommen worden wäre.
3. Da der Produktionsertrag notwendigerweise geringer würde, wäre es nicht länger möglich, die gleichen Löhne auszuzahlen.

107. Eine solche Situation könnte genutzt werden, um die Abschaffung einer Reihe von erdrückenden sozialen Leistungen zu initiieren und den Menschen klarzumachen, wie teuer ihnen und ihren Familien diese außerordentlich unwirksamen, überzentralisierten staatlichen Leistungen durch die Steuern, die sie dafür entrichten müssen, und durch den inflationären Druck, der dadurch erzeugt wird, zu stehen kommen. (In Großbritannien kostet allein die medizinische Versorgung jede Familie 400 Pfund im Jahr.) Es dürfte nicht schwierig sein, die Menschen davon zu überzeugen, daß sie diese Leistungen gegen Barzahlung verlangen sollten, denn diese Summe würde nur einen Teilbetrag der jährlichen Steuerlast der Familie ausmachen (besonders im Hinblick auf die ständig sinkenden Kosten für diese Leistungen). Diese Ersparnis würde wenigstens teilweise die verminderte Kaufkraft wieder wettmachen. Die erhöhten Geldbeträge, die zur Barzahlung dieser Leistungen bereitstehen müßten, könnten sich nicht inflationär auswirken, da ja andererseits die staatlichen Ausgaben in diesen Bereichen gleichzeitig um ein Vielfaches reduziert würden.

108. Gleichzeitig müßten erhebliche Anstrengungen unternommen werden, um das *Konsumentenverhalten* in der Weise zu verändern, daß anstelle der kapitalintensiven Produkte und Leistungen mehr arbeitsintensive Produkte gekauft würden. In der Industriegesellschaft werden Konsumgüter mehr aus Prestigesucht als aus Gründen des Komforts oder der Zweckdienlichkeit gekauft. Da dies so ist, würde es ausreichen, entsprechende Veränderungen der Determinanten sozialen Prestigedenkens herbeizuführen, um das Konsumverhalten zu ändern. Die Werbeindustrie hat die Kunst perfektioniert, sich das Wohlwollen bekannter Persönlichkeiten zu verschaffen, indem sie das Konsumverhalten so beeinflußt, daß es den kommerziellen Erfolg bestimmter Waren fördert. Ohne Zweifel ließen sich ihre Dienste auch dafür in Anspruch nehmen, in ähnlicher Weise das heutige Konsumverhalten in Richtung auf den Erfolg unseres Programms zu verändern.

109. Diese Veränderung des Konsumverhaltens ist in der Gesellschaft bereits latent vorhanden, sie kommt in den wachsenden Reaktionen gegen die industrielle Lebensweise zum Ausdruck. Einige dieser Reaktionen möchte ich näher betrachten.

a) Erst in den letzten Jahren hat sich der Begriff der *»Selbstgenügsamkeit«* bei uns durchgesetzt. Immer mehr Menschen bauen ihre eigenen Früchte und ihr eigenes Gemüse an. Dieser Trend ließe sich noch ungeheuer beschleunigen. Wir könnten dem Beispiel Italiens folgen, wo 5 Millionen Städter sich noch nebenher mit Landwirtschaft beschäftigen. Man könnte für den Ankauf kleiner Güter in ländlichen Gebieten werben. Die gegenwärtige Tendenz, große landwirtschaftliche Unternehmen steuermäßig zu fördern und andere Weisheiten könnten und müßten jedoch rückgängig gemacht werden. Die allgemeine Verbreitung dieses Trends zu kleinem Landbesitz würde sich als beeindruckender *Lösungs-Multiplikator* auswirken, wenn die Menschen dadurch zu der Haltung kämen, sich mit ländlichen Gemeinden zu identifizieren. Sie würden dadurch auch ein neues Interesse am Leben gewinnen, neue Zielvorstellungen entwickeln – was für Menschen, die in der Anonymität großer Städte dahinvegetieren und die zunehmend weniger Sinn im Leben sehen, von äußerster Wichtigkeit ist. Gleichzeitig könnten in der Nähe von Stadtzentren Kleingartenkolonien errichtet werden. Dieses Land sollte mit höchster Priorität behandelt werden, und es könnte mit der Zeit immer mehr ausgedehnt werden, entsprechend der graduellen Rückentwicklung der industriellen Infrastrukturen. Alle diese Maßnahmen könnten durch vielerlei Aktivitäten unterstützt werden. Gartenbau und Landwirtschaft sollten in den Lehrplänen der Schulen eine wichtige Rolle spielen, und die Schulzeit könnte mit der Arbeit in Kleingärten oder auf Bauernhöfen verbunden werden.

b) Als Reaktion auf die industrielle Nahrungsmittelproduktion wächst das Interesse am Kochen, einer kreativen und befriedigenden Beschäftigung, der in den Lehrplänen ebenfalls eine große Bedeutung zugemessen werden sollte. Darüber hinaus sollten Kochschulen für Erwachsene eingerichtet werden, deren Vorbereitung von Mahlzeiten bisher meist darin bestand, Dosen zu öffnen und Gefrorenes aufzutauen. Besondere Kochfertigkeiten könnten in unserer nach-industriellen Gesellschaft wieder zu positiven Leitbildern werden, wie sie es in der vor-industriellen Gesellschaft auch bereits waren.

111. Ein anderes positives Leitbild wäre die Beherrschung von Musikinstrumenten. Ein Orchester, wie amateurhaft es auch immer sein mag, trägt zum Gelingen eines Festes mehr bei als die perfekteste Musikbox oder Hi-Fi-Anlage. Würden die Leute ihr Geld lieber dafür ausgeben, Streichquartette anzumieten – was sich heutzutage nur reiche Leute leisten können –, ließen sich damit vielleicht ein paar Probleme lösen.

112. Erforderlich ist in jedem Fall die *Ritualisierung des ökonomischen Verhaltens,* in dem Sinne, in dem man Aggressionen ritualisieren kann: Instinktiven Trieben sollte ein möglichst großer Spielraum gewährt werden, dabei sollten sie jedoch in eine solche Richtung gelenkt werden, daß sie der sozialen und physikalischen Umgebung möglichst wenig Schaden zufügen. Das bedeutet, daß die erzeugten Produkte und Leistungen nicht nur arbeitsintensiv sein und aus natürlichen Materialien bestehen sollten, sondern auch einen ästhetischen und rituellen Reiz ausüben sollten – im Gegensatz zu den allein unter dem Aspekt der Nützlichkeit hergestellten Produkten, die sich damit Funktionen der natürlichen Systeme anmaßen und so der Zerstörung der realen Welt Vorschub leisten. Man braucht nicht besonders zu betonen, daß dieses Prinzip der *utilitaristischen Ethik* völlig entgegengesetzt ist, die in Ländern wie Großbritannien so stark verbreitet ist, daß alles, was als ästhetisch ansprechend empfunden wird, als unmoralisch gilt. Die Durchführung unseres Programms würde die Bedingungen für die ›Ritualisierung des ökonomischen Verhaltens‹ immer weiter verbessern.

113. Aber was soll mit den Menschen geschehen, die *arbeitslos* geworden sind oder die ihren Arbeitsplatz trotz der Maßnahmen, die wir dagegen ergreifen, verlieren würden? Die einzige Lösung, die sich in Einklang mit den anderen Erfordernissen des Programms bringen ließe, wäre, diese Menschen in einer neuen Organisation zusammenzufassen, die man als ›Wiederaufbautruppe‹ bezeichnen könnte. Alle Schulabgänger sollten ein bis eineinhalb Jahre in dieser Organisation arbeiten. Ihre hauptsächliche Aufgabe bestünde darin, das Chaos zu beseitigen, das eineinhalb Jahrhunderte der Industrialisierung hinterlassen haben – verwahrlostes Land zu regenerieren, Hecken zu pflanzen, Wälder aufzuforsten und Schutthalden zu säubern, deren giftige Abfallstoffe die Grundwasserreserven bedrohen.

114. Die Wiederaufbautruppe würde sich mit allen nichtökonomischen, für den Erfolg des Programms jedoch unerläßlichen Funktionen befassen, so daß die Arbeitsplätze davon nicht nachteilig betroffen würden. Sie würde in lokale Gruppen gegliedert werden, und jede Gruppe wäre für die Arbeit in ihrem eigenen Bezirk verantwortlich. Dieser Aspekt ist von großer Bedeutung, denn es macht entschieden mehr Spaß, für seinen eigenen lokalen Bezirk zu arbeiten als für einen fremden – und da die Bezahlung dieser Arbeit gering wäre, wäre es besonders nötig, das Leben in dieser Organisation so attraktiv wie möglich zu machen. Alle Arbeitslosen müßten dieser Wiederaufbautruppe automatisch beitreten, die Arbeitslosenunterstützung würde ganz abgeschafft. Dies ist wiederum ein sehr wichtiger Aspekt, denn die Arbeitslosigkeit ist ja nicht einfach ein Zustand materieller Ungesichertheit, sondern bewirkt auch soziale Verunsicherung, die wiederum zu einem Verlust des Selbstbewußtseins führt und Demoralisierung, zerbrochene Ehen und soziale Entgleisung zur Folge hat. Auf diese Weise könnte das Wohlfahrtssystem weiter abgebaut werden.

115. Nach Absolvierung der Wiederaufbautruppe sollten die Jugendlichen zum Verteidigungs-Corps kommen, einem militärischen Verband, der nur mit leichten Waffen ausgerüstet wäre, auf lokaler Basis organisiert wäre und in dem alle für einige Wochen im Jahr Dienst tun müßten, wie es z. B. in der

Schweizer Armee der Fall ist. Die massiven Ausgaben im Bereich der Rüstung und die wachsende Rolle, die sie im internationalen Handelsgeschäft spielt, sind einer der größten Skandale unserer Zeit. Schwere Waffen sind für die Verteidigung des Heimatlandes unnötig. Der Vietnamkrieg hat gezeigt, daß *Menschen über Maschinen* siegen können. Er hat auch bewiesen, daß eine Bauernarmee eine Armee, die mit den perfektesten Waffen aller Zeiten ausgerüstet ist, schlagen kann, wenn ihr moralischer Zusammenhalt groß genug ist.

116. Die lokalen Gruppen beider Organisationen würden die Herausbildung einer *lokalen* Identifikation und das Bewußtsein für öffentliche Leistungen fördern, die wesentliche Faktoren der gesellschaftlichen Dezentralisation sind.

Die Abschaffung der Konsumgüter

117. Im Verlauf der Realisierung des Programms werden die Menschen immer weniger Geld für Konsumgüter zur Verfügung haben. Das bedeutet, daß sich gleichzeitig auch *das Bedürfnis nach Konsumgütern entsprechend verringern muß.* Wie wir schon sahen, läßt sich dies nur durch die Wiederherstellung der Funktionen derjenigen natürlichen Systeme erreichen, die einst die sozialen Leistungen erbrachten.

118. Auf dem Wege dorthin ist es besonders wichtig, solche Kompensationen auf eine möglichst schmerzlose Art und Weise abzubauen. So wird es z.B. aufgrund der reduzierten Zahl der erforderlichen Konsumgüter nicht länger nötig sein, daß *zwei Mitglieder* einer Familie arbeiten gehen. Die Frauen könnten sich wieder vernünftig um ihre Kinder kümmern, und dies hätte eine gewaltige Wirkung als Lösungs-Multiplikator. Die Reduzierung der erforderlichen Konsumgüter ist auch die einzige Rettung für die kleinen Bauernhöfe, die zwar selbstgenügsam wirtschaften können, *jedoch nicht in der Lage sind, den finanziellen Überschuß zu produzieren, der nötig ist, um die heutigen Konsumerwartungen zu erfüllen.* Das gleiche gilt auch für Handwerker und kleine Kaufleute; wir wissen außerdem, daß die Aufrechterhaltung des heutigen Konsumverhaltens mit dem Fortbestehen der Ökosysteme, aus denen sich die reale Welt zusammensetzt, ebenso unvereinbar ist.

119. Die Konsumgüter, die wir abschaffen wollen, müssen ganz einfach *vom Markt zurückgezogen werden.* Sie zu besteuern, würde nicht ausreichen, denn sie würden dann möglicherweise immer noch als wünschenswerte Kaufobjekte betrachtet; würden sie jedoch in zunehmendem Maße unzugänglich, könnten die Menschen eher das Bewußtsein eines entsprechend niedrigeren Lebensstandards entwickeln. Die Abschaffung dieser Konsumgüter hätte also zur Folge, daß die Menschen sich in ihrem Lebensstil *auf diese Tatsache einstellen würden* und die Lebenshaltungskosten sich dadurch verringern würden.

Konsumgüter kommen als Luxusgüter auf den Markt und nehmen dann aufgrund des steigenden Lebensstandards nach und nach den Charakter von Notwendigkeiten an. Wir müßten deshalb damit beginnen, die Luxuswaren abzuschaffen, die noch nicht zu notwendigen Gegenständen geworden sind. In diese Kategorie fallen Farbfernseher, private Motoryachten, große Autos, Video-Recorder, elektrische Zahnbürsten, elektrische Schneidegeräte etc. Vom Standpunkt des Konsumenten aus betrachtet wäre dies keine allzu harte Maßnahme. Sie wäre allerdings ein harter Schlag für die Produzenten, wenn nicht die Herstellung anderer Güter an ihre Stelle treten könnte. Dies wird jedoch angesichts des oben beschriebenen umfangreichen Investitionsprogramms keine großen Probleme aufwerfen, wenn dadurch wünschenswertere und dauerhaftere Unternehmen gefördert werden.

120. Der Vorschlag, Geschirrspülmaschinen und andere Haushaltsgeräte abzuschaffen, würde wahrscheinlich sofort auf heftigen Widerstand stoßen. In einer Familie, die nur aus zwei oder drei Mitgliedern besteht und in der beide Ehepartner berufstätig sind, werden diese Geräte zweifellos gebraucht; sie würden jedoch überflüssig, wenn das Familiensystem wieder funktionierte und in einer Wohnung wieder acht bis zehn Menschen lebten; sie würden ebenfalls nicht mehr gebraucht, sobald eine Familie für ihren Lebensunterhalt nur noch den Verdienst eines Berufstätigen benötigte.

121. Es muß nun nicht weiter betont werden, daß die Abschaffung solcher Konsumgüter eine Vielzahl von Problemen lösen würde, deren Bedeutung der Leser sich aufgrund der vorangegangenen Analyse selbst klarmachen kann.

122. Die Verwirklichung all dieser Pläne würde uns langsam an Gandhis Ideal eines Nationalstaates herankommen lassen, der aus einer losen Verbindung größerer sozialer Einheiten, den ›*Dorfrepubliken*‹ besteht, die ihre ökonomischen Tätigkeiten auf der kleinstmöglichen Ebene abwickeln, um in ihre soziale und physikalische Umgebung möglichst wenig eingreifen zu müssen.

123. Ich halte es nun für besonders wichtig, die soziale Philosophie, die diesem Programm zugrunde liegt, populär zu machen. Die Enttäuschung über die Leistungen der modernen Industrie ist gegenwärtig beträchtlich, und die konventionelle Weisheit verliert einen großen Teil ihrer Glaubwürdigkeit. Es ist vielleicht nur eine Frage von ein oder zwei Jahren, und diese Enttäuschung schlägt um in eine totale Desillusionierung. Es ist ebenso nur eine Frage der Zeit, und die konventionelle Weisheit wird, angesichts unserer offensichtlichen Unfähigkeit, die immer größer werdenden Probleme in den Griff zu bekommen, völlig unglaubwürdig werden. Wenn dieses Stadium erreicht ist, werden die Menschen panisch nach einer alternativen Sozialphilosophie und nach anderen Lösungsmöglichkeiten suchen. Dabei wird die ansprechendste Lösung wahrscheinlich die radikalste sein, d.h. diejenige, die den Werten des Industrialismus die zugkräftigsten Alternativen entgegenzusetzen hat. Die Ökologische Sozialphilosophie ist am besten in der Lage, auf diese Bedürfnisse einzugehen. Rechte und linke Bewegungen können nur verschiedene Rezepte anbieten, wie man den industriellen Kuchen backen sollte und wie man seine Scheiben am besten verteilt. Wir könnten dagegen einen ganz anderen Kuchen anbieten, der uns nicht nur viel besser bekommen würde, sondern wahrscheinlich auch der einzige wäre, über dessen Zutaten wir tatsächlich verfügen könnten.

Hans Rusterholz

Kleine Netze (I)

Menschen brauchen soziale Netze, die sie auffangen, wenn sich ihre körperliche oder seelische Leistungsfähigkeit aus irgendeinem Grunde vorübergehend oder dauernd reduziert. Sie brauchen sie aber auch, damit sie sich, als im biologischen Sinn soziale Wesen, wohl fühlen. Der Staat, die Gemeinde sind solche Netze, die größten, gröbsten und zugleich unpersönlichsten: Sie zahlen Renten, Stipendien, andere Sozialbeihilfen. Sie konzentrieren sich im allgemeinen auf ökonomische Hilfe. Fürsorger und Sozialarbeiter versuchen, einige Lücken zu füllen. Die Familie ist ein anderes Netz. Es ist aber nahezu unbestritten, daß die heute übliche Kleinfamilie sich als zunehmend schwächer erweist, um Menschen wirklich aufzufangen. Alte, Jugendliche, Kranke, sozial Geschwächte finden nur noch bedingt Platz darin. Die wirtschaftliche Kraft, vor allem aber die psychische, reichen oft nicht mehr aus, um sie einzubeziehen. Die Familie braucht einen teilweisen Ersatz.

Die moderne Gesellschaft versucht, durch eine Reihe von Einzelmaßnahmen, diesen Ersatz zu bieten: Es werden Altersheime gebaut, Kinderheime, Heime für ledige Mütter, Heime für sozial Geschädigte, Trinker usw. Sieht man von den im engsten Sinne klinischen Fällen ab, ergibt sich daraus durch die zunehmende Entmischung eine soziale Verarmung der Gesellschaft, die leicht durch die Schaffung von Ghettos auch Züge der Entmenschlichung annehmen kann. Die Verlängerung dieser Entwicklung ist eine Welt der Heime, in der Menschen, klassifiziert nach irgendwelchen Kennzeichen, vielleicht liebevoll betreut, aber isoliert voneinander leben. Die nicht einem Heim Zugewiesenen, die sogenannte aktive Bevölkerung, wird dann ihrerseits zunehmend in kontaktarmen, weil von allen Randgruppen entvölkerten Quartieren konzentriert. Sie wird dadurch potentiell ebenfalls heimreif.

Soziale Utopien unserer Zeit suchen den Ersatz in der Gruppe (Großfamilie, Kommune), die in der heutigen Praxis meist eine einheitliche Alters- und zugleich auch eine ziemlich enge Interessengemeinschaft ist. Selbst wenn man diesen Ideen positiv gegenübersteht, läßt sich feststellen, daß ihr praktischer

»Soziale Utopien unserer Zeit suchen den Ersatz in der Gruppe (Großfamilie, Kommune), die in der heutigen Praxis meist eine einheitliche Alters- und zugleich auch eine ziemlich enge Interessengemeinschaft ist.«

Erfolg durch das allzugroße Gefälle zur übrigen Gesellschaft begrenzt ist. Einerseits schrecken »gewöhnliche« Leute vor dieser Wohnform zurück, obwohl damit auch sie einige Erleichterungen im Zusammenleben erfahren könnten. Andererseits wird den schwächeren Mitgliedern einer solchen Gruppe, die es eigentlich am meisten zu schützen gälte (Kinder, Außenseiter jeder Art) durch das prononcierte »Anderssein« der Kontakt zur Außenwelt (Schule, Nachbarn, Gemeinde, Arbeitsplatz) erschwert. Wenn Großfamilie oder Kommune funktionieren sollen, dann nur, wenn sie unbemerkt entstehen können. Einzelne spektakuläre Beispiele mögen zu Publikationszwecken von Nutzen sein. Für eine breitere und vor allem dauerhafte Veränderung ist nur ein von jeder Öffentlichkeit abgeschirmter Bereich brauchbar, in dem zugleich möglichst wenig Verhaltenszwang auf das Individuum ausgeübt wird.

Mit »kleinen Netzen« soll versucht werden, solche Bereiche zu schaffen. Ein kleines Netz soll das Zusammengehörigkeitsgefühl (die Solidarität, die Hilfsbereitschaft) einer übersichtlichen Gruppe von Menschen in ihrem täglichen Leben an ihrem Wohnort begründen und fördern. Es soll dadurch deren Leben erleichtern und bereichern. Es ist zu hoffen, aber nicht ohne weiteres zu erwarten, daß damit auch vermehrt Kräfte für gesellschaftliche und individuelle Tätigkeiten freigesetzt werden.

In einem kleinen Netz soll in der Praxis zwar möglich sein, was man unter *»Großfamilie«* und *»Kommune«* versteht, es soll jedoch weder die Regel noch gar Bedingung sein, in dieser Form zu leben. Im Gegenteil, ein kleines Netz muß, zum mindesten nach außen, im herkömmlichen Sinn *»normal«* aussehen: Die Mehrheit der Beteiligten lebt nach herkömmlicher Art in Kleinfamilien, die Lebensweise ist äußerlich nicht oder nicht wesentlich verschieden von jener der Umgebung. Der Unterschied und zugleich das Merkmal eines kleinen Netzes liegt darin, daß die heute übliche Vereinzelung der

»Ein kleines Netz soll das Zusammengehörigkeitsgefühl (die Solidarität, die Hilfsbereitschaft) einer übersichtlichen Gruppe von Menschen in ihrem täglichen Leben an ihrem Wohnort begründen und fördern.«

Haushalte durchbrochen wird. Ein kleines Netz ist in jeder baulichen Umgebung denkbar (Stadt-Land, kleine-große Gebäude und Gebäudekomplexe). Doch gibt es Verhältnisse, wo es besser möglich ist als in anderen. In der Folge wird versucht, eine Neugründung (mit entsprechend großer Wahlfreiheit) zu beschreiben. Je ähnlicher eine bestehende soziale und/oder bauliche Struktur ihr ist, desto besser dürfte sie für ein kleines Netz geeignet sein.

Größe

Ein kleines Netz besteht aus 30 bis 80 Menschen, die größtenteils in konventionellen Familien leben. Dies entspricht etwa 12 bis 20 Familien. Die Größe ist mehr gefühlsmäßig als rational begründet. Sie wird jedoch in *Dänemark* und *Schweden* aufgrund von Erfahrungen als günstig erachtet. Die untere Grenze soll gewährleisten, daß nicht einzelne die Gruppe dominieren oder allzusehr belasten können, die obere Grenze, daß nicht eine die Gleichgültigkeit fördernde Anonymität entsteht.

Verteilung

Kleine Netze können beliebig dicht gestreut sein. Ob aber zwischen ihnen, außer ideellen, noch weitere Verbindungen bestehen, ist zweitrangig. Eine »Stadt der kleinen Netze« anzustreben, ist unrealistisch. Eher sollen an *vielen Orten* einzelne kleine Netze entstehen als Inseln, Oasen, »harte Kerne«...

Lage

Kleine Netze brauchen Platz, damit sie allen Altersgruppen Spielraum bieten können. Aus verschiedenen Gründen (Kosten, Freiflächen) sind ländliche Gebiete besser geeignet als städtische. Ein kleines Netz ist deshalb am ehesten in einem *ländlichen* oder *vorstädtischen Gebiet* denkbar, in oder an der bestehenden Bebauung. Als Minimum an öffentlichen Einrichtungen ist nötig: Elementarschule, öffentliches Verkehrsmittel, täglicher Einkauf, Post. Als erwünscht: Kindergarten (wird notfalls selbst gemacht), Oberstufenschule, Wochenendeinkauf, Arbeitsplätze. Für Neubauten gilt: Der Bauplatz soll in einer erschlossenen Bauzone mit einer Ausnützungsziffer (AZ) von 0,3 bis 0,6 liegen mit einer Gebäudehöhe von 2 bis 3 Geschossen. Der Zusammenbau mehrerer Wohnungen soll gewährleistet sein. Die Landkosten (ohne bestehende Gebäude) und Gebühren sollen 10 bis 15 % der Anlagekosten nicht übersteigen.

Das wichtigste ist: Jedes Individuum (auch Ehepartner und Kinder über 6 Jahren) hat ein *eigenes Zimmer,* jede Kleingruppe einen eigenen Gemeinschaftsraum (z.B. Wohnküche) als optisch und akustisch abschirmbarer Rückzugsort, als »Schmollwinkel« oder wie man es nennen will. Dadurch soll eine möglichst hohe Toleranzschwelle der Bewohner erreicht werden. Denn durch äußere Distanz wird innere Nähe auf Dauer erst möglich. An geeigneten Stellen der baulichen Struktur (z.B. zwischen Küchen, Eßplätzen, Vorplätzen) ist allerdings eine gewisse Durchlässigkeit erwünscht. Sie soll ermöglichen, daß z.B. zwei oder mehrere Kleingruppen auf einfache Weise zusammen essen oder haushalten können.

Um die Gebäude steht eine *allgemeine Freifläche* sowie etwas Reservefläche für gemeinsame Tätigkeiten oder beschränkten Weiterausbau und als Spielplatz zur Verfügung. Es gibt zudem zwei bis drei allgemeine Räume

---

»In einem kleinen Netz soll in der Praxis zwar möglich sein, was man unter ›Großfamilie‹ und ›Kommune‹ versteht, es soll jedoch weder die Regel noch gar Bedingung sein, in dieser Form zu leben.«

---

wie Werkstatt, Spiel- und Versammlungsraum, Sauna, Zentralwaschküche (»Dorfbrunnen«) sowie einen gedeckten Spielplatz im Freien. Sie dienen sowohl den Bewohnern des kleinen Netzes wie auch Freunden oder Nachbarn. Hier öffnet sich das kleine Netz zeitweise nach außen und zur Öffentlichkeit.

Für Neubauten gilt zudem: Die Gebäude sind zwei, höchstens dreistöckig, z.B. Reihenhäuser oder Stockwerkswohnungen mit direktem Ausgang zum Garten (Treppe). Die Gebäudeformen sind so einfach wie möglich (Kosten). Es wird keine »Architektur« getrieben, sofern sie nicht gratis ist.

Jede Wohnung hat über Küche oder Eßplatz *Sichtkontakt* zu mehreren anderen Küchen oder Eßplätzen. Zu jeder Wohnung hat es vielleicht kleine, aber individuell gestaltbare Gärten, wo auch Kleintiere untergebracht werden können. Die Wohnungen sind von niedrigem, jedoch ausbaubarem Standard, haben jedoch eine gute Schallisolation, Zentralheizung und Warmwasserversorgung. Stichwort: *»gepflegter Rohbau«.* Die Wohnungen sind auf einfache Weise unterteil- und zusammenlegbar, damit die Wohnungsgrößen verändert oder zwei Wohnungen zusammengelegt werden können. Technisches »Finish« ist dabei unwichtig, wohl aber die Schallisolation. Die Umgebung wird, außer vielleicht einer starken Randbepflanzung, der Gestaltung durch die Bewohner überlassen.

Eine wichtige Einschränkung: So ideal ein Neubau für unser kleines Netz vielleicht wäre, durch die Neubaupreise werden zum Beispiel auch bei günstigsten Erstellungskosten ein gutes Drittel der in der Schweiz lebenden Menschen als Interessenten ausgeschlossen. Die Zinsen liegen über ihrer finanziellen Belastungsgrenze. Dem könnte teilweise durch den Einbezug von Altwohnungen begegnet werden.

Organisation

Die Bewohner haben *kein Einzeleigentum* an den Wohnungen. Jedes kleine Netz hat einen einzigen Eigentümer. Dieser kann, muß aber nicht das Mieterkollektiv sein. Im Sinn eines Offenbleibens gegenüber allen Nicht-Besitzenden und zur Vorbeugung gegen ausbeuterhafte Untervermietung ist es möglicherweise besser, wenn der Besitz außerhalb der Gruppe lokalisiert ist. Voraussetzung dazu ist aber, daß die Mieter gegen eine beliebige Erhöhung der Grundrente gesichert sind. Diese Besitzstruktur soll das – bis heute nicht gelöste – gesellschaftliche Problem des Bodenrechtes für die Beteiligten zwar etwas entschärfen, jedoch nicht aus (ihrer) Welt schaffen. Notwendiges Korrektiv zum Nichteigentum ist die Mieterselbstverwaltung und eine liberale Hausordnung (Kinderspiel, Haustierhaltung, Veränderungen in der Wohnung und im Garten, Tätigkeit in den allgemeinen Räumen und Flächen). Die Stichworte zur Hausordnung sind: Toleranz, Anregung, Abbau der »*Gartenzaunmentalität*«.

Soziale Struktur

Theoretisch kann jede beliebig zusammengesetzte Menschengruppe ein kleines Netz betreiben. Da jedoch eine der wichtigsten Eigenschaften eines kleinen Netzes seine Eingliederung in die gesellschaftliche Umgebung ist, ist diesem Aspekt besondere Beachtung zu schenken. Es ist deshalb nötig, daß ein Teil der Bewohner, vermutlich etwa ein Drittel bis die Hälfte, in der Gesellschaft voll integriert und etabliert sind. Sie bilden das wirtschaftliche Rückgrat und zugleich das »*bürgerliche Gesicht*« des kleinen Netzes. Es ist unvermeidlich, daß der Einfluß dieser Gruppe anfänglich überproportional ist. Ihre soziale und psychologische Aufgeschlossenheit ist deshalb eine wesentliche Voraussetzung für das Funktionieren eines kleinen Netzes. Es wird dazu im allgemeinen eine Grundkenntnis sozialer und psychologischer Zusammenhänge sowie der Wille und auch die Fähigkeit zu einem gewissen sozialen Engagement nötig sein.

Es ist vielleicht mißverständlich, aber nicht falsch, hier den Begriff »*Elite*« anzuwenden im Sinn von überdurchschnittlicher Leistung und Verantwortung. Diese Leute müssen, vor allem in den ersten Jahren, durch ihre gesell-

»Eine ›Stadt der kleinen Netze‹ anzustreben ist unrealistisch. Hier sollen an vielen Orten einzelne kleine Netze entstehen als Inseln, Oasen, ›harte Kerne‹…«

schaftliche Stellung das Netz abschirmen (Stichworte: Vereinstätigkeit, Arbeit in Behörden, gute Steuerzahler). Diese Funktionen verlieren mit zunehmendem Funktionieren des Netzes an Bedeutung und Einfluß. Sie müssen im voraus bereit sein, ihre anfänglich wichtige Rolle innerhalb des Netzes freiwillig abzubauen und schließlich aufzugeben.

Abgesehen von diesem Aspekt scheint es nicht sehr wichtig zu sein, aus welchen sozialen Gruppen die Bewohner kommen. Ein Überhang des intellektuellen Elementes scheint, zumindest am Anfang, nicht zu vermeiden zu sein. Auch dürfte eine Mischung verschiedener Altersgruppen, über Familienangehörige hinaus, auf Schwierigkeiten stoßen.

Jedes kleine Netz sollte jedoch zum Ziel haben, eine Anzahl (z. B. ein Drittel) sozialer oder ökonomischer Randexistenzen (Ausländer, Alte, wirtschaftlich oder psychisch Schwache) zu integrieren. Dies nicht so sehr als humane Geste, sondern als Bereicherung und Aufgabe der Gruppe. Es gibt vermutlich keinen besseren Ort, solche Fragen anzugehen, als in einem kleinen Netz.

Zusammenfassung

Die kleinen Netze sind ein Versuch, die soziale und ökonomische Entmischung und die damit verbundene Verarmung der Gesellschaft dort abzufangen, wo sie zu einem guten Teil entsteht: im kleinen Bereich der Wohnung und ihrer unmittelbaren Umgebung. Für Gruppen von 30 bis 80 Menschen sollen Wohnung, Wohnumgebung und Sozialstruktur so organisiert werden, daß ohne große Worte und Lebensbekenntnisse Solidarität und Hilfsbereitschaft entstehen, ein »kleines Netz«, das das Leben der Bewohner erleichtert und bereichert und auch stark genug ist, einer gewissen Anzahl Leuten Raum zu bieten, die aus irgendeinem Grund (Alter, physische oder psychische Leistungsfähigkeit) nicht völlig allein leben können.

Weiterführung und Korrektur dieser Skizze in Gerheuser/Schumann »Kommunikatives Wohnen«
METRON Planungsgrundlagen, 5200 Brugg-Windisch, 1973

Familien in der Schweiz und in Afrika

Die Schweizer Familie macht uns Eindruck durch die Liebe und Vertrautheit zwischen den Ehepartnern selbst und mit ihren Kindern. Zärtlichkeit und dauerndes, freundschaftliches Gespräch gehören zum alltäglichen Leben. Alles ist geordnet. Jede Familie lebt, wie sie es möchte.

Doch diese Familie schließt sich ab in den vier Wänden ihres Hauses, ihrer Wohnung. Sie bleibt stehen. Heute wird das zum Problem. Viele Junge trennen sich von ihren Eltern – aus verschiedenen Gründen. Andererseits beklagen sich die Großeltern über ihre Einsamkeit im Altersheim. Sie sagen: »Man will uns nicht mehr in der Familie.« So ist der traditionelle Kreis der Familie gestört.

In Afrika ist die Familie offen. Die Dorfhütten, im Halbkreis aufgestellt, zeigen das an. Die Familie hat Sinn für Gemeinschaft. Alte Leute und Waisen haben ihren Platz. Die Großeltern sind nützliche Glieder bis ans Ende ihres Lebens. Gegenseitige Hilfe gehört zum alltäglichen Leben.

Nachteile? Es gibt sie natürlich. Die Frau ist oft der Familie ihres Mannes untergeordnet wegen des Brautpreises, den diese ihrer eigenen Familie einst gezahlt hat. Deshalb haben viele Frauen ein schweres Leben bei ihren Schwiegereltern, welche sie manchmal wie Mägde behandeln.

Doch die europäische Lebensweise hat auch ihre Probleme. Gibt es da Auswege?

Adelaide und Simon Chamengo,
Mozambique

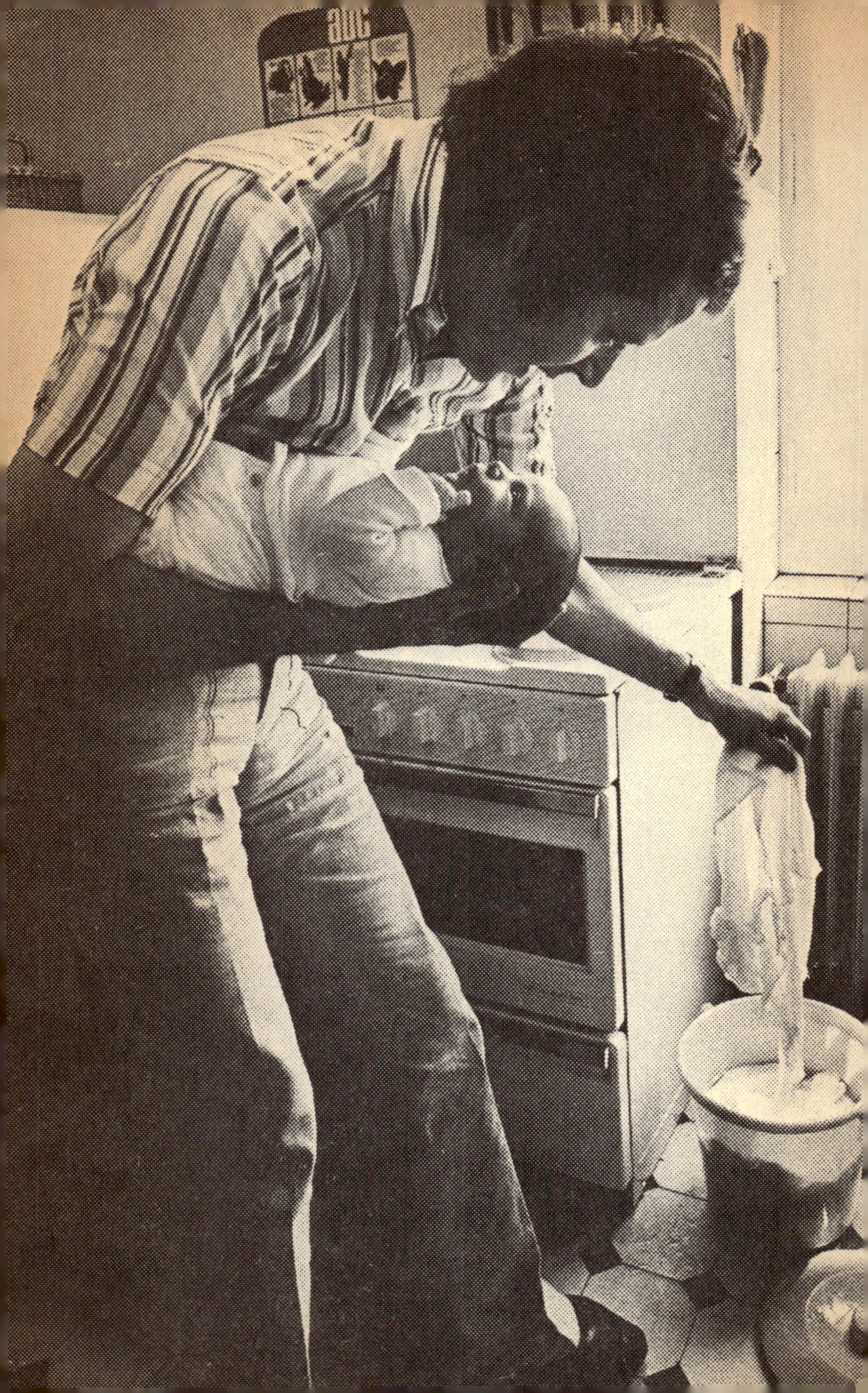

Werner Geissberger

Kleine Netze (II)

Das Modell des »Kleinen Netzes« hat seinen besonderen Stellenwert als Brücke zu einer neuen Lebensform. In diesem Sinne darf dieser Vorschlag nicht als isolierte Überlebenstechnik einer ausflippenden Gruppe begriffen werden, die sich schutzsuchend in einer Nische der Leistungsgesellschaft verbirgt. Denn die geschichtliche Erfahrung belegt, daß sich gesellschaftliche Strukturen jedesmal bei der Überschreitung einer Sättigungsgrenze verändern. Sitte und Verhalten suchen sich in einem langfristigen, schmerzlichen Prozeß auf gewandelte Umweltbedingungen einzuspielen: Als der Nahrungsspielraum den Hirtenvölkern zu eng geworden war, mußte die Nomadensippe der bodenständigen Großfamilie der Agrarwirtschaft weichen. Heute fördern die gesellschaftspolitischen Zwänge des Industriesystems die verbrauchsorientierte, mobile Kleinstfamilie in der komfortablen Mietwohnung der Agglomeration. Die Grenzen der Erde mit einer starken Wachstumswirtschaft beginnen spürbar zu werden. Dadurch aber entwickeln sich neuartige Muster des Zusammenlebens. Diese »soziale Mutation« ist von einem einschneidenden und unwiderruflichen Wandel des Gruppendaseins begleitet.

Beim Aufzeigen *alternativer Lebensmöglichkeiten* möchten wir aber keine realitätsfernen Wunschgebilde entwerfen. Dorfgemeinschaft und Kleinstadtidylle, die sich ungeprüft als Lösungsansatz aufdrängen, vermögen die spätkapitalistische Organisationsstruktur nicht aufzubrechen. Und doch bestätigt die bunte Fülle romantischer Urbilder des Zusammenlebens in der »Kleinen Einheit«, daß kontaktintensive Wohngemeinschaft und überschaubare Produktionseinheit einem alten Menschheitstraum entsprechen. Warum aber blieb Entwürfen von den »Phalanstère« und »Familistères« der utopischen Sozialisten bis hin zur »Neighbourhood-unit« der »Citéradieuse« und der »aufgelockerten Stadtplanung« zeitgenössischer Siedlungspolitiker jeglicher Erfolg versagt? Mit welchen Strategien könnte es in unserer Grenzsituation

»›Hauswart-Rasen‹ hier, umzäunter Privatgarten dort entpuppen sich als Scheinidylle.«

gelingen, eine verunsicherte Gesellschaft auf die Lebensbedingungen der Zukunft vorzubereiten?

Versuchen wir unseren *Ausgangspunkt* im Kräftefeld der Systeme zu ermitteln: Als Hauptmerkmal erkennen wir, wie im Treibhausklima der hochentwickelten Industriegesellschaft ein ständiger Wachstumsprozeß angetrieben wird. Das expandierende Wirtschaftssystem beschleunigt den Rhythmus des Güterausstoßes und des Güterverschleißes. Kapitalballung und extreme Arbeitsgewalt über die Güter der Erde in immer weniger Händen. In fortgeschrittenen Industriestaaten arbeiten mehr als 90 Prozent der Arbeitskräfte als »unselbständig Erwerbende«, die von unternehmerischen Entscheiden weitgehend ausgeschlossen sind. Drei Viertel der Bevölkerung hausen in Mietwohnungen und haben üblicherweise keine Möglichkeit, ihre Wohnwünsche darzulegen und durchzusetzen. Die Anfälligkeit weiter Volkskreise für die Betreuung durch die staatliche Fürsorge nimmt zu, die Abhängigkeit des einzelnen vom Wohlfahrtsstaat ist eine unausweichliche Folge dieser Entwicklung.

Durch diese Machtkonzentration in einer *Gesellschaft der Organisationen* – Staat, Konzern, Unternehmerverband, Gewerkschaft – verliert das Individuum die Übersicht und sein Selbstvertrauen. Demokratische Institutionen werden ausgehöhlt, das überlieferte gesellschaftliche Verhalten erschüttert. Das dadurch bedingte *Sozialisationsversagen* verstärkt die politische Apathie und schafft gleichzeitig den Nährboden für die Rebellion unterprivilegierter Schichten.

Überforderte Kleinfamilie

In diesem Bezugssystem erweist sich die *Kleinfamilie* als ein derart schwaches Netz, daß der einzelne Mensch bei jeder Abweichung von der Norm der Leistungsgesellschaft – denken wir an Betagte, Kranke, Debile, sozial Geschwächte oder Geschädigte, verhaltensgestörte Jugendliche, Kleinkinder der außerhalb des Hauses arbeitenden Mütter – ins Leere fällt und vom staatlichen *Fürsorgeapparat* notdürftig aufgefangen werden muß. Ergebnis: Die *Problemüberlastung des Staates wächst mit der Zahl der Menschen, die der Expansion zum Opfer fallen.* Wie ein Krebsgeschwür wächst dieser Ausgliederungsprozeß aus der menschlichen Gemeinschaft in einer bürokratisch verwalteten Welt.

Ungelöste gesellschaftspolitische Probleme reizen Politiker und Administration unter dem Druck einer beunruhigten öffentlichen Meinung zu möglichst spektakulären Maßnahmen. Dazu gehören offensichtlich Bauten, wie Heime, Anstalten, Alterssiedlungen, Kliniken, in denen die Versorgten von Verantwortung und Würde entbunden werden. Nachbarschaft und Gemeinschaft funktionieren bestenfalls noch technisch (durch Administration und Bürokratie), nicht mehr organisch (durch Beziehung von Mensch zu Mensch, von Gruppe zu Gruppe).

Die Kleinfamilie, vom »Ballast« mitmenschlicher Beziehungen in einem größeren Kreis entbunden, gestattet dem Individuum, jene *Mobilität* zu entwickeln, die einer differenzierten und zugleich verflochtenen Industriegesellschaft angepaßt ist; Mobilität sowohl in der Hierarchie der Arbeitswelt (»Aufsteiger«) als auch im Raum (Wanderbewegung zu den Wirtschaftszentren). So betrachtet bildet die *Kleinfamilie eine psychologische Voraussetzung der wirtschaftlichen Expansion.*

Eine unstabile, hierarchisch aufgebaute Leistungsgesellschaft enthält eine Vielzahl angsterzeugender Elemente, die unsere mitmenschlichen Beziehungen belasten und auch die Verhaltensmuster autoritär strukturierter Kleinfamilien bestimmen. Jeder unterliegt der Gefahr, daß seine Leistung nicht mehr benötigt wird. Wegrationalisierte Arbeiter warten ergeben auf ihr Arbeitslosengeld. Es bestehen keine Strukturen, um wenigstens einen Teil der brachliegenden Arbeitskraft sinnvoll zu nutzen. Ohne die Zahlungen des Wohlfahrtsstaates wären 70 Prozent der Arbeitskräfte nach zweimonatiger Arbeitslosigkeit mittellos.

In den letzten Jahren sind in vielen Gemeinden die Versuche intensiviert worden, die Hilfeleistung privater Sozialwerke und die Betreuung Bedürftiger durch kirchliche Organe und freiwillige Helfer zu koordinieren. Wohl mag es mit dieser Methode gelingen, die erkennbare materielle Not des einzelnen Betreuten zu lindern und auch verborgenes Elend aufzuspüren. Untersuchungen, die vor allem von kirchlichen Studienzentren gefördert worden sind, weisen jedoch nach, daß weder durch offiziellen Sozialdienst noch offiziöse Gemeinwesenarbeit die Betreuten aus ihrer Vereinsamung und Apathie herausgeführt werden können. Vor allem in neuerbauten Siedlungen, in Satellitenstädten und in den wachsenden Ballungszentren der Agglomeration sind *Versuche einer sozialen Integration gescheitert.* Doch nicht nur im städtischen Wohnblock lebt die Kleinfamilie häufig isoliert. Auch die Bewohner schmucker Einfamilienhäuser sind gegen Vereinsamung nicht gefeit. Gartenzaun und Vorhang sind Symbole der Isolierung.

Diese Abgeschlossenheit ist zum Teil bedingt durch den *Mangel an Kontaktstellen* im Wohnbereich: fehlende Voraussetzungen zur eigenen Mitarbeit im Stadtteil, zu große Entfernungen zu den zentralen Einrichtungen der Stadt, mangelnde Dienstleistungen in der Siedlung, unzulängliches öffentliches Verkehrsmittel. Diese Ghetto-Atmosphäre *gefährdet die Sozialisation der Kinder,* die allzu häufig in einer sterilen Welt eintöniger Überbauungen oder abgeschlossener Einfamilienhäuser aufwachsen müssen. »Hauswart-Rasen« hier, umzäunter Privatgarten dort entpuppen sich als Scheinidylle.

Die *Emanzipationschance der Frau* wird durch diesen Lebensstil *herabgesetzt.* Die Hausfrau lebt fern von Anregungen und Berufsalltag. Ihr droht ein eintöniges Dasein zwischen Supermarkt und nachbarlichem Klatsch. Nur starken Persönlichkeiten gelingt es, aus dieser Isolation auszubrechen. Eine fundierte Studie über »*Die Stellung der Frau in Familie und Gesellschaft*« spricht von der »*außerfamiliären und innerfamiliären Diskrimination*« und stellt fest: »*Teilnahme am politischen Geschehen in einer Partei oder Gewerkschaft kommt kaum vor; bei den verheirateten Frauen antworten auf diese Frage nur 1–2 % mit Ja, bei ledigen Frauen sind es nur gerade im kleinstädtischen Kontext mit 7 % ein wenig mehr.*« Die gestörte Beziehung der Frau zum öffentlichen Raum ist offenkundig. Zwingen ökonomische Engpässe oder die Suche nach Kontakten und die Sehnsucht nach Entfaltung die Frau zur Ausübung einer ganztägigen Berufsarbeit, so führt diese Doppelrolle (Berufstätige/Mutter) zu einer Doppelbelastung. Die Ermüdung wird insbesondere dort drückend, wo sich zum Pendlerdasein ein Mangel an Infrastruktur in der Wohnsiedlung gesellt. Der Tante-Emma-Laden hat seinen Rolladen heruntergelassen, für die Kinderkrippe fehlt das Geld. Die berufliche Überlastung mit ihren psychischen und physischen Folgen verstärkt die Tendenz zur *Flucht durch individuellen Rückzug* hinter die Wände der abgeschirmten eigenen Wohnung. Die Folgen sind absehbar: *Das Fehlen einer gefühlsmäßigen Zustimmung zur Umwelt führt zur Verödung der mitmenschlichen Beziehungen.*

Deutliche Signale

Die *zerstörte Siedlungsstruktur* unserer Ballungsräume ist ein Spiegelbild der gehemmten mitmenschlichen Kontakte. Auf komplizierte, unüberschaubare wirtschaftliche und gesellschaftliche Verhältnisse und Abhängigkeiten reagieren die Individuen mit Abkapselung. Über die erschreckend hohe Zahl der »sozial Unfähigen« gibt uns eine detaillierte Untersuchung des »U.S. National Committee Against Mental Illness« eine beunruhigende Antwort. Die Gruppe der Kranken und Geschädigten, der Arbeitsunfähigen und Drogenabhängigen umfaßt mindestens 20 % der Gesamtbevölkerung. Demnach sind in den Vereinigten Staaten beinahe 40 Millionen Menschen in Heimen und Anstalten interniert oder sonstwie aus der Gesellschaft ausgestoßen worden.

In Europa, wo die Lebensumstände übersichtlicher geblieben sind und der Industriegesellschaft eher Zügel angelegt werden, dürften die Vergleichsziffern tiefer liegen. Doch auch hier blicken die für soziale Fragen Sensibilisierten beunruhigt in die Zukunft. Die Vorstellung der klassischen Nationalökonomie, wonach die wachsende Produktivkraft der Industriegesellschaft schließlich auch das Los der ärmeren Schichten und der Randgruppen automatisch verbessern werde, ist im Hinblick auf die Grenzen des Wachstums nicht mehr haltbar. *Gesellschaftliche und soziale Reformen* sind unerläßlich. Da jedoch selbst der computergläubige »Club of Rome« in einer neueren Publikation feststellte, daß sich »die eigentlich menschlichen Werte, ethische wie auch viele grundlegende politische Aspekte, einer mathematischen Behandlung, ja sogar oft einer allzu rationalen Annäherung entziehen«, läßt

---

»Obschon der Eindruck größter und zwingend notwendiger Geschäftigkeit vorherrscht, werden effektiv nur 3,5 % des gesamten Zeitbudgets einer Industrienation für die materielle Güterproduktion aufgewendet.«

---

sich die Richtung der gesellschaftlichen Entwicklung nur annähernd erfassen.

Die Problematik des Auseinanderbrechens menschlicher Gemeinschaften auf einem geplünderten Planeten hat in Dichtung und Psychoanalyse den deutlichsten Resonanzboden gefunden. Der politisch engagierte Schweizer Schriftsteller Adolf Muschg gibt zu bedenken:

»So nah und so weit ich zu sehen vermag, wird heute in Beziehungen und Bindungen, in Ehen, und was von ihnen übrig ist, die schwerste gesellschaftliche Arbeit geleistet. Die Bildung von Bewußtsein verkleidet sich hier in das persönliche Problem und seinen Lösungsversuchen: eine Massierung punktueller Systemveränderungen, die man sich wohl abgewöhnen muß für ein privates Phänomen zu halten.« Und der Psychiater *Horst Eberhard Richter* erahnt aufgrund seiner Patientengespräche die Zielrichtung veränderter Wertvorstellungen: *»Wendung nach innen, hin zu geselligeren, viel mehr Emotionen einschließenden Formen des Zusammenlebens, Abkehr von der ewigen Expansion, von der steilen Hypermännlichkeit und der defensiven inneren und äußeren Ghettoisierung des Schwachen und Häßlichen, Sehnsucht nach dem Erlebnis der Solidarität.«*

Wieviel Arbeit braucht der Mensch?

Doch könnten sich Entscheidungsträger der Gesellschaft den Luxus leisten, aus den durch Großorganisationen geschaffenen Abhängigkeiten auszubrechen? Braucht der Mensch nicht seine volle Arbeitskraft, um die lebensnotwendigen Güter unserer Zivilisation sicherzustellen? Im fortgeschrittenen Industriesystem ist die Hälfte der Arbeitskräfte im Dienstleistungssektor eingesetzt, obschon eine Fülle der angebotenen Dienste jede Großfamilie aus eigener Kraft erbringen könnte. E. F. Schumacher (»Small is Beautiful«) und Ivan Illich (»Selbstbegrenzung«) haben Zeitbudgets aufgestellt, welche die

Ertragskraft »produktivitätsfördernder Umwege« und Wachstums-Investitionen relativieren. Obschon der Eindruck größter und zwingend notwendiger Geschäftigkeit vorherrscht, werden effektiv nur 3,5 % des gesamten Zeitbudgets einer Industrienation für die materielle Güterproduktion aufgewendet. Der Rest wird gebraucht, um die Güterschwemme zu verteilen und zu verbrauchen.

Allerdings läßt sich auch mit konventionellen Berechnungsmethoden eine steigende Leerlauf-Quote ermitteln. Der durch das Industriesystem geprägte Produzent ist ein harter und scheinbar zielbewußter Arbeiter. Unter den Mitteleuropäern haben sich Schweizer und Deutsche den Anforderungen der industriellen Leistungsgesellschaft am bedingungslosesten unterworfen. Um ihren materiellen Wohlstand zu sichern, investiert eine Arbeitskraft dieser Länder in einem vierzigjährigen Arbeitsalltag ungefähr *100000 Arbeitsstunden* in die arbeitsteilige Wirtschaft. Die wirtschaftliche Gesamtleistung je Einwohner belief sich im Jahre 1975 auf 7000 bis 8000 Dollar, was weltweit eine absolute Spitzenleistung bedeutet. Der Mitteleuropäer verfügt heute über ein technologisches Energiepotential, das der Arbeitsleistung von 180 Sklaven des Altertums entspricht. Unsere Großväter mußten sich mit bloß 40 Energiesklaven begnügen. Würde man die jährliche technologische Produktivitätssteigerung von etwa 3 % nicht in Konsum und Verschleiß umsetzen, sondern in soziale Aktivitäten und Gemeinschaftsarbeit, dann ließe sich jährlich eine Arbeitswoche »freisetzen«, ohne die Produktionsbasis zu schmälern. Die hohe Produktivkraft (Technologie), die Rationalisierung der Massenproduktion und der Verwaltungsabläufe durch Automation und Computer ermöglichen innerhalb gewisser Grenzen eine gezielte Verschiebung des Einsatzes der Arbeitskraft. Gewiß, diese anschaulichen Zahlenspiele der »Überflußgesellschaft« dürfen uns nicht zu einfachen Rückschlüssen verführen. Mit einem Seitenblick auf unsere sozialen und ökologischen Probleme, auf fehlgesteuerte Verteilungsmechanismen, auf die Not der Hungerländer, ahnen wir, daß diese zu einfache Rechnung nicht aufgeht.

Halten wir jedoch die für die Entwicklung unserer Idee wegleitende Erkenntnis fest: Angesichts des technologischen Potentials und der Produktivkraft hochindustrialisierter Länder wäre es möglich, die *übliche Arbeitslast erheblich zu reduzieren* und damit das Leben aller Menschen durch *vermehrten Gemeinschaftsdienst und intensivere mitmenschliche Kontakte qualitativ zu verbessern.*

Das alte kapitalistische Idealbild einer fleißig vor sich hin produzierenden, ständig nach Konsumausweitung gierenden Gesellschaft, welche die Steuerung des Wirtschaftsablaufes getrost und ohne Rücksicht auf soziale Kosten und ökologische Folgen dem wirtschaftspolitischen Laisser-faire überlassen kann, ist erschüttert. Kurzsichtige Politiker und Wirtschaftsführer aber halten sich für Realisten, wenn sie sich – durch drohende Arbeitslosigkeit verführt – an vorgegebene Strukturen klammern und den überlasteten Staat um Finanzspritzen ersuchen. Dabei wären die durch die Konjunkturschwankungen heraufbeschworenen Ängste leichter zu verkraften, wenn die in der Rezession »brachliegende« Arbeitskraft für die *Selbstversorgung der Familie* mit Nahrungsmitteln und für die *Vertiefung der mitmenschlichen Kommunikation genutzt werden könnte.*

Hier wird der Grundgedanke der »Kleinen Netze« sichtbar: Durch sie lassen sich verlorene, fehlgeleitete Arbeitskraft und verschleuderte Steuergelder einfangen. Hinter dieser Idee verbirgt sich ein Ansatz zu einer Gesellschaft jenseits von Kapitalismus und staatlichem Bürokratismus.

An einem realisierbaren Modell läßt sich zeigen, daß eine *Gegenbewegung* möglich ist, die das Zusammengehörigkeitsgefühl stärkt, die Solidarität und die Hilfsbereitschaft einer Gruppe von Menschen in ihrem alltäglichen Leben begründet und fördert. Wohngemeinschaften oder Arbeitskollektive können unabhängig von institutionalisierten Organisationsformen, wie Parteien, Gewerkschaften, Konzerne entstehen. Solche Gruppen üben praktische Solidarität und bieten dem einzelnen auch emotionalen Halt. Indem so die Isolation des Individuums überwunden wird, kann Kraft für die gesellschaftsverändernden Aktivitäten freigesetzt werden. Dabei würden Randgruppen und Kranke nicht als Ärgernis der Leistungsgesellschaft beiseite geschoben, sondern in den Lebensbereich der aktiven Bevölkerung einbezogen.

Problematik der Wohngemeinschaft

In der Schweiz lassen sich zur Zeit mehr als 200 Kommunen feststellen, darunter etwa 50 Wohngemeinschaften allein in der Stadt Zürich. Das englische Kommunenverzeichnis »Directory of Communes« und das »Communes-Journal« reden von Hunderten von Kommunen, wobei festgehalten wird, es gebe überall in den Stadtteilen und Cottages Kommunengruppen, von denen kaum die Nachbarn etwas wüßten. Gemeinsames Erkennungsmerkmal: Was jede Kommune von der übrigen Gesellschaft unterscheidet, ist die *drastische Herabsetzung des Bedürfnisses nach Produkten, auf deren Massenherstellung unsere konsumorientierte Gesellschaft angewiesen ist.* Während in den skandinavischen Ländern eine vielschichtige Kommunenbewegung existiert – einzelnen Organisationen sind über 500 Kollektive in lockerer Form angeschlossen –, versucht in Deutschland der Arbeitskreis »Neue Kommune« eine eigentliche Kommunenbewegung auszulösen und durch seine vom Kibbuz inspirierten Kommunenmodelle vor allem die Jugend für den Aufbau von *Wohnkollektiven mit integrierten Arbeitsplätzen* zu motivieren. Die amerikanischen Kommunen erhielten ihre stärksten Impulse aus der Hippiebewegung. Zur Zeit werden in »The Modern Utopian« rund 130 Kommunen in Nordamerika und in Kanada erwähnt, die zusammen etwa 10000 Personen umfassen dürften. Daraus kann auf eine weit größere Zahl bestehender Kommunen geschlossen werden.

Bei diesen Untersuchungen der Kommunenexperimente fällt eines auf:

Wohnkommunen sind Gemeinschaften auf Zeit. Längeren Bestand haben nur jene Gemeinschaften, deren Angehörige nicht nur zusammen leben, sondern einen Teil ihres Lebensunterhalts gemeinsam erarbeiten. Diese Feststellung gilt sowohl für religiös geprägte Kommunen (Kibbuz, Brüdergemeinden, Shakers) wie auch für die auf sozialistisch-utopischem Gedankengut aufgebauten Kommunen (»Icarians«, Wirtschaftskollektiv San Leucio, Owens »New Lanark«, Godins »Familistère«, »Berglütli«, Neu Walser).

Bei der Suche nach neuen Formen des Sozialdienstes und des Zusammenlebens unterstreicht diese Erfahrung die Bedeutung der gemeinsam geleisteten, überschaubaren Arbeit für den Aufbau einer lebensfähigen Gemeinschaft. Diese Tendenz ist schon bei ganz einfachen »Fronarbeiten« im Wohnort festzustellen, etwa bei der Bestellung eines Pflanzgartens oder beim Aufbau und der Überwachung eines Bauspielplatzes.

Trotzdem scheint die Kommunenbewegung eher ein Indiz für eine Bewußtseinsveränderung, eine Markierung auf dem Weg zu neuen Lebensformen zu bilden, als ein heute schon taktisch verwendbares Modell zur Anpassung der Gesellschaft an veränderte Lebensbedingungen. Durch den *eigenen Wandel* wird versucht, die *Gesellschaft zu verändern.* Statt der

---

»Angesichts des technologischen Potentials und der Produktivkraft hochindustrialisierter Länder wäre es möglich, die übliche Arbeitslast erheblich zu reduzieren und damit das Leben aller Menschen durch vermehrten Gemeinschaftsdienst und intensivere mitmenschliche Kontakte qualitativ zu verbessern.«

Gesellschaft veränderte man radikal sich selbst – eine Idee von starker Ausstrahlungskraft.

Indem sich diese Gemeinschaften gleichsam in den Randgebieten der Leistungsgesellschaft einnisten und sich den Systemzwängen zu entziehen versuchen, bilden sie Inseln einer gewandelten Lebensform. Damit aber beschwören sie bisweilen Mißgunst herauf, die alle Außenseiter zu treffen droht: Mißdeutung und kollektiver Neid stimulieren Ablehnung und Aggressionen, die sich gegen Ungewohntes richten.

Soziale Utopien unserer Zeit suchen den Ersatz in der Gruppe (Großfamilie, Kommune), die in der heutigen Praxis meist eine einheitliche Altersgruppe umfaßt und zugleich auch eine enge Interessengemeinschaft bildet. Selbst wenn man diesen Ideen positiv gegenübersteht, läßt sich feststellen, daß ihr praktischer Erfolg durch das allzu große Gefälle zur übrigen Gesellschaft begrenzt ist. Insbesondere den schwächeren Mitgliedern einer solchen Gruppe, die es eigentlich am meisten zu schützen gälte (Kinder, Außenseiter jeder Art), wird durch das prononcierte »Anderssein« der Kontakt zur Außenwelt (Schule, Nachbarn, Gemeinde, Arbeitsplatz) erschwert. Wenn Großfamilie oder Kommune funktionieren sollen, dann nur, wenn sie stufenweise und unbemerkt entstehen können.

Gemeinschaftsbildung durch das Prinzip der »Kleinen Netze«

Die heutige hohe Produktivkraft des Wirtschaftssystems und die gesellschaftspolitische Grenzsituation der entleerten und zugleich überforderten Kleinfamilie haben neue Voraussetzungen des Zusammenlebens geschaffen. Die Lebensbedingungen würden sich verbessern lassen, wenn wir einen Teil unserer Arbeitskraft der arbeitsteiligen Wirtschaft entziehen würden, um den vernachlässigten Bereich der Familie und der Gemeinschaft im weitesten Sinne zu unterstützen und zu beleben. Warum wird dieser Spielraum der Industriezivilisation nicht ausgenützt?

Das etablierte ökonomische System, das noch immer das Denken in den Industrienationen wesentlich prägt, wurde in der Zeit der Mangelwirtschaft begründet und mußte die Fesseln des damaligen Obrigkeitsstaates abstreifen. Auch unser heutiges politisches System wurde in der Mitte des vorigen Jahrhunderts – in der Zeit der ersten Phase des Kapitalismus – institutionalisiert. Der »Selbständigerwerbende«, der über seine Produktionsmittel nach eigenem Ermessen verfügen wollte, bestimmte mit der Festlegung seiner »Freiheitsrechte« den ihm gemäßen Freiheitsraum. Gleichzeitig schuf der junge, dynamische Industrialismus durch die Aushöhlung der kleingewerblich-bäuerlich geprägten Lebensform die ökonomischen Voraussetzungen und gesellschaftspolitischen Erschütterungen (Freisetzung von Arbeitskräften), die zur Verelendung weiter Schichten führten. Diese Entwicklung förderte die Proletarisierung und vergrößerte das Heer jener Arbeitskräfte, welche – wie es im Manifest der Kommunistischen Partei heißt – *»nur so lange leben, als sie Arbeit finden, und die nur so lange Arbeit finden, als ihre Arbeit das Kapital vermehrt«*. Damals hätte jede Verminderung des Arbeitseinsatzes in den Fabriken das *Elend der Massen* vermehrt und die Überlebenschance vermindert.

Jede Auflehnung gegen die Starrheit dieses auf eine Mangellage ausgerichteten Wirtschaftssystems mußte scheitern. Arbeiterrevolte und Maschinenstürmerei wurden von den Polizeikräften in Schach gehalten. Die Versuche »utopischer Sozialisten« (Produktiv-Genossenschaft, Arbeiterassociation, Ateliers sociales, Communauté Icarienne), die kapitalistische Wirtschaftsform zu überwinden und im Experiment neue Modelle der Produktion und des Lebensstils zu entwickeln, schlugen damals fehl und sind seither weitgehend diskriminiert.

Nach der Steigerung des Güterausstoßes in hochentwickelten Industriestaaten aber zeichnet sich mit dem Ende der Wachstumswirtschaft auch eine Wende in der psychischen Verfassung des einzelnen ab. Neue Praktiken der Sozialisation, selbstbestimmte Tätigkeit und freiwilliger Konsumverzicht verändern bestehende Strukturen schrittweise. Durch das »Prinzip der Kleinen Netze« soll versucht werden, eine Gegenbewegung zur modernen Industriegesellschaft einzuleiten und das Zusammengehörigkeitsgefühl (Solidarität, Hilfsbereitschaft) einer übersichtlichen Gruppe von Menschen in ihrem *täglichen Leben an ihrem Wohnort* zu begründen und zu fördern. Auf dem Weg zu einer solidarischeren Familienstruktur könnte die »*Wahlverwandtschafts-Familie*« den Kern einer neuen Gemeinschaft bilden. Dieses Modell benötigt zu seiner Verwirklichung einen »*Basisdienst in der erweiterten Familiengemeinschaft*« und baut die Abhängigkeit von der staatlichen Fürsorge in entscheidender Art ab, gleichzeitig wird auch das Ausgeliefertsein an die arbeitsteilige Wirtschaft gemildert.

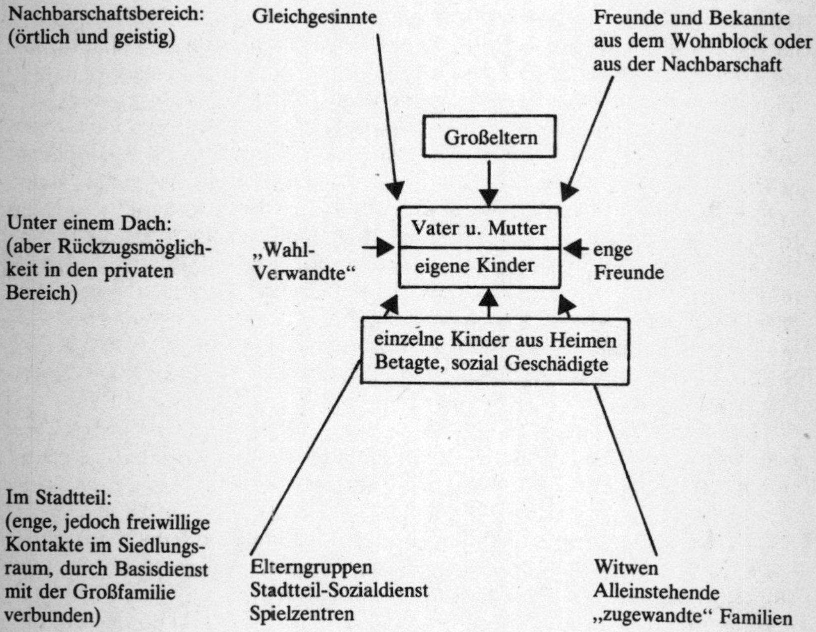

Figur 1: Modell einer »Wahlverwandtschafts-Familie« NAWU

»An einem realisierbaren Modell läßt sich zeigen, daß eine Gegenbewegung möglich ist, die das Zusammengehörigkeitsgefühl stärkt, die Solidarität und Hilfsbereitschaft einer Gruppe von Menschen in ihrem alltäglichen Leben begründet und fördert.«

Die Wahlverwandtschaftsfamilie (Fig. 1) gibt dem einzelnen die Entscheidungsfreiheit, seine Bezugsgruppe zu bestimmen. Während die vorindustrielle Großfamilie (Abhängigkeit durch Blutsverwandtschaft oder Brotkorb) eine Zwangsgemeinschaft bildete, ist hier die Sympathiebezeugung die Antriebskraft, auf der eine gegenseitige Loyalität beruht. Ist aber der freiwillige Beitritt erwünscht, dann soll auch der freiwillige Austritt, der Rückzug in die Kleinfamilie oder der Eintritt in eine Kommunen-Gemeinschaft möglich sein. Denn unser Modell, vom Wissen um die Schwächen der üblichen Kleinfamilie und um die Unstabilität der Wohn-Kommune geprägt, kann nur in einer »offenen Gesellschaft« funktionieren, in welcher der einzelne seiner Persönlichkeitsstruktur entsprechend die ihm gemäße Familienform wählen und mitgestalten kann (Paarbeziehung oder Gruppenbeziehung dominierend).

Ein »Kleines Netz« als erweiterte Basis für ein intensives Zusammenleben sollte in der Regel *15-20 Familien* umfassen, die im Rahmen einer Siedlungsgemeinschaft einzelne soziale Aufgaben und Gemeinschaftsdienste *aus eigener Kraft* erfüllen. Die Familien könnten in ihrem Intimbereich das Leben der traditionellen Kleinfamilie weiterführen. Der Einbezug von Wahlverwandtschaftsfamilien, Großfamilien, einzelnen Wohngemeinschaften und Kommunen in die Lebensgemeinschaft der Siedlung wäre wünschenswert. Dabei hätte diese Integration selbstverständlich ohne Zwang zu erfolgen. Wir vermuten, daß die Sicherheit und die Entfaltungsmöglichkeit, die ein »Kleines Netz« dem einzelnen und der Kleinfamilie gewähren, eine starke Anziehungskraft ausüben würden.

Demnach würden in Familien unterteilte, nachbarliche Gemeinschaften von 50 Menschen, damit das »Kleine Netz« zum Tragen kommt, bis höchstens 100 Personen, damit die Beziehungen im »Kleinen« nicht unübersichtlich werden, gebildet. Solche Gemeinschaften könnten hier und dort im Stadtteil, in der Agglomeration, in Dorf und Stadt gebildet werden und – miteinander verbunden – Träger einer intensiv lebenden *Siedlungskultur* werden.

Das realistische Grundmuster, das die Bedingungen der heutigen Gesellschaftsstruktur berücksichtigt, besteht in der heute üblichen Kleinfamilie mit einem Elternpaar und zwei Kindern. In der typischen Kleinen-Netz-Familie sollte ein Elternpaar für eine zusätzliche Bezugsperson sorgen: älterer Mensch, Kind aus zerbrochener Familie, sozial Geschwächter. Auf dieser

Basis könnte etwa ein Viertel der Netzbewohner seine Arbeitskraft ganz oder teilweise der arbeitsteiligen Wirtschaft zur Verfügung stellen. Damit wäre die ökonomische Grundlage des »Kleinen Netzes« gesichert.

Durch den Rückhalt im »Kleinen Netz« lassen sich *vermehrt Kräfte für ein echtes Zusammenleben und Zusammenarbeiten* in der überschaubaren Gemeinschaft freisetzen. Die Vertiefung der mitmenschlichen Kommunikation und eine sinnvolle, sichtbar der Gemeinschaft dienende Arbeit sind wesentlicher und langfristig auch ökonomischer als Einkommenssteigerungen durch Intensivierung des Arbeitseinsatzes in der Wachstumswirtschaft. Beweisen nicht die überproportional anwachsenden sozialen Kosten und die steigende Umweltbelastung, daß »Leistung um jeden Preis« einen Leerlaufeffekt auslösen kann?

Würden wir in unseren Agglomerationen Wohnbezirke nach dem Prinzip der »Kleinen Netze« aufbauen, dann könnte beinahe die Hälfte der Berufstätigen am gleichen Ort wohnen und arbeiten. Denn das »Kleine Netz« bietet erstens eine reiche Auswahl von Tätigkeiten für die Befriedigung der Bedürfnisse der eigenen Infrastruktur. Zweitens verfügen Handwerker und Mitarbeiter von Dienstleistungsbetrieben über einen gewissen Spielraum bei der Festlegung ihres Arbeitsortes, wodurch auch hier die Trennung von Wohn- und Arbeitsort aufgehoben werden könnte. Drittens erlauben die heutigen technischen Kommunikationsmittel einzelne Bereiche der öffentlichen und privaten privatwirtschaftlichen Administration im Wohnbezirk der Arbeitnehmer. Dies wäre von der Lebensqualität her gesehen besser und erst noch billiger als die Arbeitsplätze in den Bürohochhäusern der City. Dieses Konzept hätte zur Folge, daß der berufsmäßige Pendlerverkehr schrumpfen und so das Verkehrsvolumen mit den entsprechenden Umweltschäden entlasten würde. Ein entscheidendes Problem bei dieser Regelung stellt sich aber bei der Frage, wer für den Zeitaufwand und die Kosten für den Arbeitsweg des Arbeitnehmers aufkommt. Eine an sich einleuchtende Überwälzung der Kosten auf die Unternehmen würde diese allein schon aus wirtschaftlichen Gründen zwingen, die Arbeitsplätze zu dezentralisieren und den Aufbau »Kleiner Netze« zu fördern.

Ausgehend von den heutigen Gesellschaftsstrukturen und den Bedingungen der arbeitsteiligen Wirtschaft haben wir in realistischen Modellen den Aufbau von Siedlungen nach dem Prinzip der »Kleinen Netze« entworfen, die Gemeinschaftsbudgets durchgerechnet, Pläne für notwendige Bauten ausgearbeitet. Hervorstechendstes Merkmal: Mit geringfügigen *Steuerungsmaßnahmen* im Unternehmungsaufbau (Dezentralisation), in der Lokalpolitik (Stadtteildemokratie) und in der Siedlungspolitik (Erweiterung der Gemeinschaftsbereiche) wäre es möglich, die oben erwähnte Hälfte aller Arbeitsplätze in die Wohnbezirke zu verlegen. Da hier der Raum für eine detaillierte Darstellung fehlt, versuchen wir ein derartiges »Kleines Netz« durch Stichworte sichtbar zu machen.

Neue Arten von Arbeitsplätzen und Sozialdiensten

Die Infrastruktur eines »Kleinen Netzes« strukturiert Arbeitsplätze und Sozialdienste auf neue Art:

a) *Arbeitsplätze:*

- Für die Bedürfnisse innerhalb des Wohnbezirks:
  Mitarbeiter für Läden und Restaurants
  Sozialarbeiter für das Sozialzentrum und Beratungsstelle (Lebenshilfe)
  Krankenpflege, Haushaltshilfe, Hebamme
  Lehrstellen für Vorschule und Grundschule
  Clubleiter, Animator, Kontaktstelle
- Für die Bedürfnisse innerhalb und außerhalb des Wohnbezirks
  Handwerker: Technische Installationen, Geräte, Fahrzeuge, Produktion von täglichen Konsumgütern usw.
  Angestellte: Datenverarbeitung, Bedienung der Kommunikationsmittel, Programmierer, System-Analytiker, Beamte,
  »Freie Berufe«: Journalisten, Künstler, Architekten und Designer, Rechtsanwälte usw.

b) *Die soziale Infrastruktur des Wohnbezirks:*

- Einfaches Sozialzentrum:
  Betreuung der Betagten, Alleinstehenden, Außenseiter
  soziale Dienstleistungen: Haushaltshilfe, Hauspflege, Mahlzeitendienst für Betagte
- Basis-Gesundheitsdienst:
  ärztliche (physische und psychische) Betreuung
  Geburt und Tod in der gewohnten Umgebung
  (Krankenhaus nur für Notfälle)
  Kindergarten/Kinderhort:
  Vorschulung und erste Sozialisation im Wohnbezirk
  Ausweitung des Spiel- und Kreativitätsbereichs
- »Education permanente«/Information/Bildung:
  Bibliotheken
  Gespräche, Diskussionen
  politische Aktionen
  Bürgerinitiativen
- Freizeit – Geselligkeit:
  Kneipe mit Versammlungslokal, Treffpunkt
  Verschiedene Klubs
  Spiel, Sport
- Der tägliche Konsumbedarf:
  Verkaufsgeschäfte für Güter des täglichen Bedarfs
  »Flohmarkt« zum Tausch von gebrauchten Gegenständen, Kleidern, Büchern, Spielzeugen

Verkauf von selbstgebastelten Gegenständen, selbst angepflanztem Gemüse
Flickstube, Schuhreparaturen, Kleider-Nähen, Weben, Sticken etc.

c) Rand-Produktion:
Im Rahmen des Wohnbezirkes sollte ein Teil der Arbeitskraft für eine »netzbezogene Produktion« verwendet werden. Dadurch könnte die Abhängigkeit der Bewohner von der arbeitsteiligen Wirtschaft gemildert werden, was sich bei einer Störung der hochempfindlichen »Zivilisationsmaschinerie« günstig auswirkt. Im Vordergrund stehen:
- Landwirtschaft/Gartenbau
  Selbstversorgung mit Gemüse, Obst und Eiern, Kleintierzucht, Förderung des biologischen Landbaus
- Einfache Produktion
  Herstellung von einzelnen Gebrauchsgegenständen und Spielzeugen
- Reparaturdienst
  Equipen für Reparaturen an Bauten und Geräten des Wohnbezirks
- Rückgewinnung von Abfallstoffen
  Systematische Bekämpfung des Verschleißes durch Wiederverwendung brauchbarer Gegenstände und Stoffe, Rückgewinnung von Altpapier und Altglas etc.

Ein in diesem Sinne konzipierter Wohnbezirk wäre fähig, üblicherweise *brachliegende Arbeitskräfte zu aktivieren,* Anregungen zu geben, Tätigkeiten zu entwickeln. Integration von »Grünen Witwen«, Pensionierten, sogenannten Außenseitern und Hippies durch ein Arbeitsangebot, das ihrem Lebensstil entspricht.

Mit diesem Arbeitssystem im Wohnbezirk würde auch die Forderung nach *Kontakten der Kinder zur Arbeitswelt der Erwachsenen* erfüllt. Dazu *Jane Jacobs,* Kritikerin verödeter Siedlungsstrukturen:

»In Wirklichkeit lernen Kinder, wenn überhaupt, nur von den Erwachsenen auf der Straße die ersten, fundamentalen Zusammenhänge funktionsfähigen Großstadtlebens. Von ihnen lernen sie, daß die Menschen, auch wenn sie keine Bindung zueinander haben, ein bißchen Verantwortung füreinander haben müssen. Diese Lektion lernt man nicht dadurch, daß sie einem gepredigt wird. Man lernt nur aus der Erfahrung, daß andere Menschen, die keine verwandtschaftlichen oder freundschaftlichen Bindungen zu einem und keine berufsmäßige Verantwortung für einen haben, jenes bißchen öffentliche Verantwortung zeigen.«

Eine in diesem Sinne konzipierte Wohnbezirk-Gemeinschaft erlaubt auch den Müttern und Vätern, die sich primär dem intimen Familienbereich (Kindererziehung, Haushalt) widmen möchten, ohne Überanstrengung und ohne Schaden für die Kinder eine *Teilzeitarbeit* innerhalb oder außerhalb des

»Die Kommunenbewegung scheint eher ein Indiz für eine Bewußtseinsveränderng, eine Markierung auf dem Weg zu neuen Lebensformen zu bilden, als ein heute schon taktisch verwendbares Modell zur Anpassung der Gesellschaft an veränderte Lebensbedingungen.«

Wohnbezirks zu übernehmen. Denn es bleibt ja in jedem Falle eine Sozialdienst-Gruppe im Quartier, welche die Gemeinschaftsdienste im Gange hält und die Randgruppen betreut. Die nachbarliche Hilfe, die Kommunikation im Bekanntenkreis, bleibt stets gewährleistet.

Wohlstand/Lebensqualität: der große Unterschied

Das »Kleine Netz« bildet ein Grundmuster, das den ökonomisch-bürokratischen Wohlfahrtsstaat verwandeln könnte, ein ideales Gefäß für jene Sozialleistung, welche die Kontakte von Mensch zu Mensch vertieft und dadurch das Leben lebenswerter macht. Hier wären zudem die Voraussetzungen geschaffen für die Mitarbeit jener Menschen, die einen *Sozialdienst oder Zivildienst* leisten wollen. Diese Idee wurde schon im Jahr 1969 am Europäischen Kolloquium für Sozialwesen festgehalten:

»Die Mitbeteiligung der Bürger am Sozialwesen ist eine der wichtigsten Voraussetzungen für eine integrierte Entwicklung. Sie ist ein Schritt zur Demokratisierung der modernen Gesellschaft und zur Befreiung des Menschen... Die Beteiligung in einem größeren Ausmaß hängt vom Verstehen und Bewußtmachen des Demokratisierungsprozesses auf lokaler Ebene ab. Zu diesem Zweck ist ein Strukturwandel der Methoden der Gemeindeverwaltung wünschenswert.«

Sozialarbeit in diesem Sinn erzeugt den positivsten Effekt, wenn die »Nutznießer« der Betreuung an der Gestaltung der mitmenschlichen Hilfeleistung teilhaben können: Aus Betreuten werden Mitbetreuer.

Eine Umfrage in den Wohntürmen der Zürcher Vorortslandschaft gab in dieser Hinsicht einen deutlichen Hinweis: 55 Prozent der Hausfrauen in den Wohnblöcken würden sich zum Kinderhüten zur Verfügung stellen. 30 Prozent wären auch bereit, bei der Pflege von Kranken und Betagten mitzuhelfen. 60 Prozent aller Bewohner möchten sich für die Verbesserung ihrer Wohnsituation einsetzen. Nach den Hauptproblemen in ihrem Siedlungsraum befragt, ergeben sich folgende Schwerpunkte: zu kleine Wohnungen – mangelnde Beschäftigungsmöglichkeiten für Kinder und Erwachsene in der

Freizeit – zu langer und ermüdender Arbeitsweg (Pendler) – große Langeweile.

Läßt sich dieses Modell praktisch verwirklichen?

Die einzelnen Teile unseres Modells sind vorhanden und haben sich in der politischen und wirtschaftspolitischen Praxis bewährt: Dorfgemeinschaft – Wohnkollektiv – Selbstversorgung – Dezentralisierung der Produktion – nachbarliche Hilfeleistung – Rückkehr zu einfacheren Lebensformen – Intensivierung mitmenschlicher Kontakte. Unser »Kleines Netz« ist demnach nichts anderes als eine Kombination bestehender Elemente zu einem höherwertigen Ganzen, das dem Lebensgefühl unserer Generation entspricht, gleichzeitig die Umweltbelastung herabsetzt und die Wachstumszwänge mildert. Auf den verschiedenen Ebenen lassen sich im Sinne unserer grundsätzlichen Strategien positive Auswirkungen voraussehen:

Ökonomisches System	Renaturalisierung eines Teils der Wirtschaft, Einschränkung der Geldwirtschaft
Politisch-administratives System	Abbau der zentralstaatlich organisierten Wohlfahrtsbürokratie
	Verstärkung der Mitbestimmung, Demokratisierung des Alltags
Sozio-kulturelles System	Leistung einer überschaubaren Arbeit in einer kleineren Gruppe im eigenen Wohnbereich
	Abbau der Entfremdung
	Erprobung der Solidarität
	Freisetzung vermehrter Kräfte für gesellschaftliche und gemeinschaftliche Aktivitäten
	Selbstentfaltung des Menschen

Bei der Durchsetzung dieser Strategie sind auf der *politischen Ebene* jene Maßnahmen zu fördern oder durch neue Initiativen einzuleiten, welche den Aufbau der »Kleinen Netze« erleichtern. Schon ein flüchtiger Blick auf unsere Alltagspolitik zeigt die Vielschichtigkeit dieses politischen Prozesses: In neuen *Gemeindeorganisationsgesetzen* sollten Institutionen einer funktionsfähigen *Basisdemokratie* im Bereich des Wohnbezirkes entwickelt werden. Die Revision des Zivilrechts wird die *Stellung der Frau* im Partnerschaftsverhältnis *stärken,* ihrer Unabhängigkeit breiteren Raum geben und die Schaffung *neuer Familienformen* (Wahlverwandtschaftsfamilie, Großfamilie) erleichtern. Erfahrungsgemäß sanktioniert ein Gesetz die eingetretene gesellschaftspolitische Veränderung erst nachträglich. Experimentelle Familienformen von heute sind gesetzlich gefaßte Normen von morgen.

Ein *neues Bodenrecht* müßte die Rechtsinstitution einer gemeinsamen

Nutzung des Bodens (Allmend) wieder beleben und einfache Regelungen zur Überlassung von Grund und Boden im Baurecht oder im Nutzungsrecht schaffen. Baurecht und Nutzungsvorschriften sind auf die Bedürfnisse der »Kleinen Netze« auszurichten. Wir denken etwa an die Schaffung von zusammenhängenden Wohnbereichen in den Innenstädten, an die siedlungspolitisch motivierte Schaffung von »Kleine-Netz-Land«, das wie eine Allmend nie mehr zweckentfremdet werden darf.

Beim *Aufbau des Zivildienstes* ist durch die politische Aktion unseren Modellvorstellungen Nachachtung zu schaffen. Zudem sind die *etablierten Sozialwerke* zu veranlassen, ihre Leistungsfähigkeit durch die Gemeinschaftsarbeit in den »Kleinen Netzen« zu steigern. In der Bankengesetzgebung sollte festgelegt werden, daß experimentelle Wohnformen im Sinne der

---

»Eine Umfrage in den Wohntürmen der Zürcher Vorortslandschaft gab in dieser Hinsicht einen deutlichen Hinweis: 55 Prozent der Hausfrauen in den Wohnblöcken würden sich zum Kinderhüten zur Verfügung stellen. 30 Prozent wären auch bereit, bei der Pflege von Kranken und Betagten mitzuhelfen. 60 Prozent aller Bewohner möchten sich für die Verbesserung ihrer Wohnsituation einsetzen.«

»Kleinen Netze« bei der Finanzierung und in der Hypothekarpolitik zu bevorzugen sind. Bei den Anlagen der Versicherungen, Pensionsfonds und Fürsorgestiftungen ist zu verlangen, daß nicht nur die Wertbeständigkeit der Objekte überprüft wird, sondern auch ihre *Wohnqualität,* damit die frustrierende Wohnmaschine einer Geborgenheit und Entfaltungsmöglichkeiten bietenden Behausung weicht. Auch bei der Zusprechung von *Bausubventionen* im Rahmen der Wohnbauförderung sind die »Kleinen Netze« als organische Zellen eines demokratischen Staates zu unterstützen, zielbewußt zu entwickeln und Arbeitsgemeinschaften aufzubauen, die theoretischen Grundlagen zu erarbeiten und »Kleine-Netze-Experimente« praxisbezogen durchzuführen. Dabei muß nicht nur eine gezielte Öffentlichkeitsarbeit geleistet, sondern bewußt der Kontakt mit Politikern, Behörden und Verwaltung gesucht werden. Eine für siedlungspolitische Probleme sensibilisierte Öffentlichkeit wartet auf diese Modelle.

Dieter Korczak

Alltag in Wohngemeinschaften

Dieser Aufsatz beschäftigt sich mit dem, was in Wohngemeinschaften tagtäglich passiert. Gegenstand der Aufmerksamkeit ist hier deshalb nicht die Erklärung von Wohngemeinschaften als Elemente sozialer Bewegungen. Oder die Betrachtung von Wohngemeinschaften als subkulturelle Institution. Ich will vielmehr versuchen, den subjektiven Aspekt der sozialen Wirklichkeit – aus der Sicht der Wohngemeinschaftsmitglieder – in den Griff zu bekommen. Es geht also um das Erleben und Handeln von Personen, die in Wohngemeinschaften leben, um die tagtäglichen Routineangelegenheiten ihres Zusammenlebens und die Erwartungen, die sie damit verbinden. Das, was hier so selbstverständlich als »Alltag« bezeichnet wird, gibt es das überhaupt? Von der Betrachtungsweise der phänomenologischen Soziologie oder Ethnomethodologie ist diese Frage gerade in letzter Zeit neu aufgerollt worden. Ich will in diesem Sinne einige Überlegungen nachvollziehen, die den Alltag in Wohngemeinschaften besser verstehen helfen.

»Alltag« setzt bereits voraus, daß es für uns alle ein gemeinsames Verständnis darüber gibt, was alle Tage wiederkehrend abläuft. Die alltägliche Lebenswelt stellt den Urtypus unserer Lebenserfahrung dar, sie ist die selbstverständliche Wirklichkeit jedes Menschen. Nur in ihr kann sich eine gemeinsame kommunikative Umwelt konstituieren. Die alltägliche Wirklichkeit der Lebenswelt schließt also nicht nur die von mir erfahrene Natur, sondern auch die Sozial- und Kulturwelt, in der ich mich befinde, ein. Meine subjektive Lebenswelt entsteht deshalb zwischen mir und den realen Objekten der Natur-, Sozial- und Kulturwelt.

Die soeben beschriebene Beziehung ist nun nicht statisch. Sondern die Lebenswelt ist eine Wirklichkeit, die wir durch unsere Handlungen bestimmen, verändern, modifizieren und die andererseits ebenfalls unsere Handlungen bestimmt, verändert, modifiziert. Handlungen weisen deshalb einen Doppelcharakter auf: die von uns weitgehend eigenständig geplanten und die uns aufgenötigten Handlungen. Sie enthalten für uns auch unterschiedliche Bedeutungsgrade, Wichtigkeiten, Relevanzstrukturen. Diese Relevanzstrukturen, die sich mit meiner Erinnerung an meine Vergangenheit, an vergangene Entscheidungen, an begonnene Handlungen verbinden, schließen sich zu einem zwar nicht homogenen, aber einheitlich erscheinenden Plansystem zusammen. (Die Rollentheorie versucht zum Teil widersprüchlich nebeneinanderstehende Handlungseinheiten mit dem Begriff der Rolle zu erklären.) Die unterschiedlichen Ausformungen im Lebensverlauf jeweils in unterschiedlichem Maße sinngebender Kategorien können auf diese Art und Weise als selbstverständliche Artikulation des eigenen Lebenslaufs erfahren werden. Dieses Plansystem könnte auch als jeweils individueller Bezugsrahmen bezeichnet werden.

Ich kann nun nicht unbedingt von ähnlichen Erfahrungen der Gegenstände der Lebenswelt *für meine Mitmenschen* ausgehen. Die Erfahrung der Gliederung der Lebenswelt in unterschiedliche Lebens- und Zeiträume, daß es für jeden unterschiedliche Reichweiten von Lebenswelt gibt, die auch in unterschiedlichem Grade für ihn erlangbar sind, weisen darauf hin, daß dasselbe Objekt notwendig für jeden von uns Unterschiede haben muß. So wird auch erklärlich, daß letztlich die Kultur- und Sozialwelt von verschiedenen, unterschiedlich stark miteinander verbundenen Kulturen und Sozialwelten gebildet wird. Zur Illustration denke man nur an die Verschiedenartigkeit der Kultur- und Sozialwelt von Proletariat, Kleinbürgertum und Großbürgertum.

Die Aufhebung unterschiedlicher Reichweiten und unterschiedlicher Lebensumstände ist durch einen gemeinsamen Alltag möglich. Das Resultat der Handlungen eines Mitmenschen wird dadurch im unmittelbaren Bezug auf sein Bewußtseinserleben erfahrbar, da ich den Ablauf des Handelns miterlebe, eine gemeinsame Erfahrung teile.[1]

Es wird nun angenommen, daß durch die gemeinsame Erfahrungsverarbeitung der Alltag in Wohngemeinschaften den Mitgliedern andere Identitätsstrukturen vermittelt als dem KFM (= KleinFamilienMenschen). Inwieweit diese Annahme bestätigt werden kann, inwieweit es möglich ist, zu generellen Regeln des kommunikativen Handelns in Wohngemeinschaften zu gelangen, soll durch die nachfolgenden Beispiele skizziert werden.

Der andere Alltag

Daß der Alltag in Wohngemeinschaften anders erlebt wird und eine unterschiedliche Realitätssicht hervorrufen kann, wird vielleicht am besten durch eine Schilderung von *Franziska Graf* verdeutlicht. Sie vergleicht ihr Leben, den Alltag in ihrer Wohngemeinschaft, mit dem Alltag, wie sie ihn in Kleinfamilien beobachtet:

»Alle diese Veränderungen... sind so langsam und stetig eingetreten, daß ich

sie heute kaum noch nachvollziehen kann oder nur durch den Kontrast, wenn ich in andere Wohnungen komme, zu Leuten, die in Ehen oder allein leben; da finde ich dann manches komisch, was für die ganz normal ist, und umgekehrt. Bei meinen Eltern ist mir's schon passiert, daß ich sagte – die wollten also irgendwohin und das Auto war kaputt, aber vor der Tür stand der Wagen ihrer Freunde von nebenan, und da sagte ich schlicht, nehmt doch den, na, die guckten mich ganz entgeistert an, was für 'ne absurde Idee! Oder wenn man zu Kollegen kommt, dieses abgezirkelte Gehabe, daß man z. B. beim Essen am Tisch sitzt und sich dann vom Tisch in die Sofaecke bewegt, um den Kaffee einzunehmen, und daß prinzipiell in solchen Fällen die Frau das Essen aufträgt und wieder abdeckt und der Mann sich inzwischen unterhält; oder gerade auch bei so ›modernen‹ Paaren, die sich anheischig machen, dem Zug der Zeit zu folgen, was sich dann darin ausdrückt, daß es kein geheiligtes Wohn- und Schlafzimmer mehr gibt, sondern jeder sein eigenes Zimmer hat, aber die Frau eben meist das kleinere Zimmer und den mickrigeren Schreibtisch und das lächerlichere Bücherregal, dafür einen schönen großen Schminktisch, und dann wird das Photoalbum hervorgeholt mit den Bildern vom letzten Urlaub, wie die Frau da so in Italien rumsteht, also da kriegst du keine Luft mehr!

Ich glaube, die Sterilität und Hygiene dieser Wohnungen, und da hat das Revoltieren gegen Sauberkeit wirklich seine Berechtigung, ist einfach der Niederschlag der Art und Weise, in der diese Leute miteinander umgehen. An diesem Kontrast merke ich, was ich inzwischen alles gelernt habe, so daß ich mir selbst in den größten Krisensituationen in der Wohnung schwöre: so willst du nie mehr leben.« [2]

In diesem Ausschnitt klingen einige Punkte an, die den Alltag in Wohngemeinschaften offenbar grundsätzlich von dem der Kleinfamilie unterscheiden: Teilen von Besitz, Fehlen routinehafter Verhaltensweisen, Aufhebung traditionalen Rollenverhaltens, Emanzipation der Frau.

Sind diese Alltagserfahrungen nun generalisierbar für die Mehrzahl der Wohngemeinschaften? Um diese Frage zu beantworten, habe ich *Selbstdarstellungen, Tonbandinterviews* und *Fragebogenantworten* von 97 Wohngemeinschaften, verstreut über das ganze Bundesgebiet im Zeitraum von 1972–1977 zusammengestellt. Franziska Graf schilderte den Prozeß der Veränderung in ihrer Wohngemeinschaft als langsam und stetig. Um den Entwicklungsprozeß einer Wohngemeinschaft klarzumachen, werde ich deshalb die Erfahrungen der 97 Wohngemeinschaften mit dem Protokoll der Entwicklung *einer* Wohngemeinschaft verbinden.

Wie viele Wohngemeinschaften gibt es?

Die Wohngemeinschaft, deren Entwicklung wie ein roter Faden abgespult werden wird, besteht aus vier Erwachsenen und drei Kindern. Kuno, 29 Jahre alt, Student, und Elisabeth, 28 Jahre alt, Sekretärin, sind seit vier Jahren verheiratet und haben einen drei Jahre alten Sohn, Daniel. Udo, 29 Jahre alt, Kameramann, und Tina, 27 Jahre alt, Hausfrau mit Fotografenlehre, sind seit fünf Jahren verheiratet und haben zwei Kinder, Doris, 4½, und Iris, 1½ Jahre alt. Das sind die biografischen Daten, die sie im Moment der Gründung des Wohnkollektivs im Herbst 1972 haben.

Ein Vergleich mit den Angaben von 274 Personen aus 95 Kollektiven zeigt, daß die beschriebene Wohngemeinschaft durchaus nicht untypisch ist. Demnach sind 7 % bis 20 Jahre alt, 45 % zwischen 21 und 25 Jahren alt, 37 % zwischen 26 und 30 Jahren und 11 % älter als 30 Jahre. Im Durchschnitt wohnen sechs Personen zusammen. 58 % sind Studenten, 24 % arbeiten in Erziehungs-, Lehr- und Sozialberufen, die restlichen 18 % üben andere Berufe aus. Das Leben in Wohngemeinschaften ist also durchaus nicht auf das studentische Milieu beschränkt.

Eine im Frühjahr 1973 von mir durchgeführte Repräsentativbefragung bestätigt das allgemeine Interesse, das Wohngemeinschaften als alternative Lebensform hervorrufen. Insgesamt würden *5,8 %* in eine Wohngemeinschaft ziehen. Der potentielle Wohngemeinschaftskandidat hätte demnach folgende demografische Struktur: bis 34 Jahre alt, ledig mit hohem Bildungsabschluß aus Städten mit mehr als 100000 Einwohnern.

Einzugswunsch in Wohngem.	18–24 J.	25–34 J.	Ledig	Gesch.	Abitur	Uni	100. Tsd.[3]
	18 %	11 %	17 %	12 %	22 %	21 %	8 %

Seit 1972 hat sich die Zahl der existierenden Wohngemeinschaften mindestens verdreifacht. Es ist sicher eher unterschätzt als überschätzt, wenn man heute von über *30000 Wohngemeinschaften* ausgeht. Die Betrachtung in den Jahren 1972/73 anzusetzen ist insbesondere deshalb sinnvoll, weil hier der Umschlag von der aktivistischen Wohnkollektiven der späten sechziger Jahre zu den eher pragmatisch orientierten Wohnkollektiven stattfand.

Planung und Motivation

Wie fing es nun bei der vorgestellten Wohngemeinschaft an? Mit welchen Vorstellungen haben sie das Experiment Wohngemeinschaft begonnen, das bei ihnen bis zum Frühjahr 1977 anhielt. (Mit einer viereinhalbjährigen Bestandsdauer gehört diese Wohngemeinschaft übrigens zu den 10 %, die nach meinen Informationen länger als 1½ Jahre existieren. Jeweils 30 % der erfaßten Wohnkollektive blieben mit der Mehrheit der Gründungsmitglieder bis zu sechs Monaten, 7–12 Monate oder 1–1,5 Jahre zusammen.)

»Die Aufhebung unterschiedlicher Reichweiten und unterschiedlicher Lebensumstände ist durch einen gemeinsamen Alltag möglich.«

Kuno: *Ja, sicher gab es da Schwierigkeiten. Der ganze Wohnungsmarkt war ja damals dicht und wenn die schon hörten, da wollen welche Kommune machen, dann war schon nichts mehr zu machen. Wir haben dann also ungefähr ein halbes Jahr gesucht. Wir hatten ja auch inzwischen etliche Vorgespräche, in denen geklärt worden ist, daß man nicht die einzelnen Familien völlig auflöst.*

Int.: *Hattet ihr die Organisation der Arbeit, Eigentumsfragen, die Aufteilung der Räume bereits abgeklärt?*

Kuno: *Wir hatten uns im großen und ganzen so abgeklärt, daß ein Raum der Intimsphäre bleiben muß. Dazu gehört ganz lapidar, das wurde insbesondere beim Udo deutlich, der mußte sein eigenes Bad haben. Die Vorstellung, mit anderen Leuten ein Bad zu benutzen, war für ihn ganz unvorstellbar. Na ja, das haben wir dann auch alle akzeptiert. Elisabeth hat so ähnlich argumentiert, für mich war das gleichgültig. Wir haben dann so gesagt: ein Wohnraum, ein Schlafraum für die einzelne Familie. Die Kinder sollten zusammen, nach Möglichkeit irgendwann alle*

»Eine im Frühjahr 1973 von mir durchgeführte Repräsentativbefragung bestätigt das allgemeine Interesse, das Wohngemeinschaften als alternative Lebensform hervorrufen. Insgesamt würden 5,8 % in eine Wohngemeinschaft ziehen.«

drei, zuerst jedoch mal die beiden älteren. Die Iris war damals sehr jung, ein Jahr. Die Küche, das war klar, daß die gemeinschaftlich betrieben wurde. Und dann natürlich irgendwelche Räume zum gemeinschaftlichen Wohnen.

Int.: *Der Raum, in dem wir hier sitzen, war doch damals so eine Art gemeinsamer Wohnraum?*

Kuno: *Dieses Haus hat drei in sich abgeschlossene Wohneinheiten. Davon haben wir am Anfang zwei für uns in Anspruch genommen. Die ganze untere Etage war also die Gemeinschaftsetage, also die Küche und dieses Zimmer hier, das größte Zimmer im ganzen Haus, knapp 30 qm und dann drüben den anderen kleinen Raum, den hatten wir am Anfang als Eßzimmer gehabt.*

Tina: *Die Grundidee mit dem kleinen Raum war, daß wenn einer sich zurückziehen will, er nicht unbedingt auf sein Privatzimmer angewiesen ist, sondern sich dann im Rahmen der Gemeinschaft zurückziehen kann.*

Kuno: *Das war sehr vielseitig nutzbar, auch als Gästezimmer usw. Und oben hatten wir dann die privaten Schlafräume und ein Kinderzimmer, da schliefen dann Daniel und Doris am Anfang zusammen.*

Int.: *Die Schlafräume von euch lagen nebeneinander?*

Kuno: *Ja, nebeneinander, direkt Wand an Wand.*

Int.: *Wie teuer war das Haus?*

Kuno: *1 050 DM für 220 qm. Aber mittlerweile haben wir beim Nachmessen festgestellt, daß das Haus ganz knapp 200 qm hat. Für mich war das gemeinsame Wirtschaften positiv, das konnte man ziemlich niedrig halten. Die Kosten schwankten pro Monat für alle zwischen 500 und 600 Mark. Das war wesentlich billiger als für mich als Kleinfamilie. Aber daß es billiger wird, das war kein Grund, das hat sich nur nachher erwiesen. Das Aufbringen der Miete war allein ganz schön hart.*

Int.: *Dann wäre also die Motivation zum Leben als Wohnkollektiv gewesen, zum einen nicht mehr allein zu leben und zum zweiten die Kinder zusammenzubringen.*

In dieser Frage des Interviewers werden *zwei zentrale Motive* für das Leben in Wohnkollektiven genannt. Gab die Kommune 2 noch als Motivation die Verbindung der »Befriedigung der eigenen individuellen Bedürfnisse mit dem politischen Kampf gegen die Quellen ihrer Unterdrückung« an[4], so überwiegt bei den in der Zeit nach 72/73 entstandenen Kollektiven der Wunsch nach verbesserter Kommunikation und Aufhebung von Isolation. Motivationale Zielsetzungen dieser Art führen auch zu einer besseren Unterscheidung der Vielzahl der existierenden Kollektive. Geläufige Unterscheidungen in Wohnkollektiv, Wohngemeinschaft oder Kommune halte ich für überstrapaziert, deshalb habe ich sie hier bislang auch weitgehend synonym benutzt. Verwende ich die zugrunde liegende Motivation, so läßt sich die Verschiedenartigkeit der Wohnkollektive in fünf Grundformen gliedern:

1. die aktivistischen Kollektive, zu denen auch die K 2 gehört,
2. die pragmatischen Kollektive, zu denen Kuno, Tina, Udo und Elisabeth gehören
3. die sich selbst-aktualisierenden Kollektive. Diese Gruppen legen das Schwergewicht auf die Entwicklung des jeweiligen Persönlichkeitspoten-

---

»Geläufige Unterscheidungen in Wohnkollektiv, Wohngemeinschaft oder Kommune halte ich für überstrapaziert.«

---

tials, auf eine Befreiung des Individuums im Gruppenleben, die evolutionär zu einer Veränderung der Gesellschaft führt.

4. therapeutische Kollektive
5. religiöse Kollektive.

Ergänzend zu den bisher genannten Motiven ›verbesserte Kommunikation‹, ›verbesserte ökonomische Situation‹, ›gesellschafts- und sozialpolitische Ziele‹ sowie ›Kindererziehung‹ werden von den Kollektivmitgliedern noch ›Abbau traditionaler Rollen- und Autoritätsstrukturen‹, ›Veränderung des Sexuallebens‹ und ›persönliche Weiterentwicklung‹ genannt.

In diesen Motivationen unterscheiden sich die Kollektivmitglieder in einem weitaus geringeren Maße von der Gesamtbevölkerung, als sie es wahrscheinlich selbst glauben. In der bereits erwähnten Repräsentativstudie werden jedenfalls ähnliche Motive als Vorteile des Lebens in einer Wohngemeinschaft angegeben.

Vorteile des Lebens in einer Wohngemeinschaft

Billigeres Leben	37 %	Bessere Kommunikation	20 %
Abbau traditionaler Rollen- und Autoritätsstrukturen	32 %	Gemeinsame Kindererziehung	10 %
		Veränderung des Sexuallebens	7 %

Anzahl der befragten Personen = 1997 (mehrere Antworten möglich)

Doch zurück zu Kuno und den anderen. Im Vergleich mit anderen Wohnkollektiven haben sie ihr Zusammenleben relativ gut geplant und durch die Anmietung des Hauses auch für ausreichenden Wohnraum gesorgt. Wie ging es nun weiter?

Organisation des Alltags

Int.: *Wie habt ihr die Arbeitsorganisation vorgenommen?*

Tina: *Es sind zwei Waschmaschinen da. Das war schon irgendwie Privatsphäre damit. Am Anfang sah das so aus, daß ich zu Hause war. Das war so konzipiert, daß Elisabeth vormittags arbeitet und Kuno vormittags in der Uni ist und daß Udo sporadisch zu Hause ist, weil er eben einen ganzen Berufstag hat.*

Die kamen dann gegen zwei nach Hause, bis dann hatte ich also die Kinder zu beaufsichtigen und das Mittagessen zu kochen. Und was eben sonst im Hause hier so anfiel. Räume eben saubermachen und so was. Es existierte auch ein Plan, daß jeder einmal in der Woche zum Groß-Reinemachen dran ist. Küche, Gemeinschaftszimmer und Trep-

penhaus und was da eben so anfällt. Das war also schon ein Plan. Dann wurden eben Pläne zum Einkaufen gemacht. Das Einkaufen konzentrierte sich im Grunde auf mich und Kuno, weil wir da die größte Erfahrung hatten. Dann wurden auch Pläne gemacht, wer denn nun das Frühstück vorbereitete, wer das Abendbrot macht und wer den Tisch deckt und abräumt. Es wurde schon versucht, das öfter organisatorisch in den Griff zu bekommen. Also wir hatten schon einen Plan. Es war dann so, daß Elisabeth den Tisch deckte, für die immerhin acht Leute kochte und ich dann den ganzen Kladderadatsch wieder wegräumte, nachdem sie alle fort waren. Das war für sie, wie sie dann später sagte, eine zu große Belastung. Diese Hetze und die Kinder schwirrten dann irgendwo rum und sie mußte dann ins Büro gehen und da haben wir schon versucht, uns hinzusetzen und Pläne zu machen und das irgendwie günstiger in den Griff zu bekommen. Ja, und dann mit dem Abendessen abräumen, das war manchmal schon ein bißchen schwierig. Guck mal, ich helfe an und für sich gern. Wenn Elisabeth also abräumte, dann habe ich da mitgeholfen, weil ich nichts anderes zu tun hatte und sie mochte das nun nicht so gern und wollte es so ganz machen und hat es praktisch so, als wenn ich ihr da was reinreden wollte, aufgefaßt. Später, als alles eskaliert war, gab es da auch schon Schwierigkeiten. Am Anfang da konnte man noch darüber reden. Die Nachmittage waren an und für sich so geplant, ich ging davon aus, daß ich etwas mehr Freizeit für mich hatte, da war die Iris wie gesagt noch ein Jahr alt und ich war praktisch den ganzen Tag über von den Kindern eingespannt und konnte mich dann nachmittags auch schlecht verwirklichen, denn Elisabeth war meistens dann doch ziemlich müde, wenn sie vom Büro zurückkam und dann sagte, sie kann sich nicht auf die Kinder konzentrieren. Es war auch ziemlich kurz dann von drei bis sechs. Es tauchte dann leicht auch die Gefahr auf, daß man so etwas verpflichtet war mit den Kindern zu tun, und zwar nicht von den Kindern her die Anforderung, sondern praktisch von den anderen Erwachsenen her. Und das hat sich dann doch manchmal etwas verkrampft. Das alles sind so kleine Schritte, die dann dazu beigetragen haben, daß das alles so war. Und dann hatte natürlich Udo eine Zeitlang auch ein ziemlich schlechtes Verhältnis zu den Kindern. Sicher er hat sich nicht unbedingt gruppengeeignet verhalten. Aber seine Situation wurde auch von der Gruppe nicht ganz verstanden. Denn es ist doch etwas anderes, wenn du täglich mit der Gruppe und der ganzen Problematik lebst und vertraut bist mit dem, was hier so gerade im Raum steht. Und er war mal zwei, mal drei, mal ne Woche, mal vierzehn Tage unterwegs und kommt dann also doch ziemlich abgeschlafft zurück und kennt die ganze Problematik, die sich in der Zwischenzeit aufgestaut hat, nun wirklich nicht. Und es dauert dann noch ne Zeit, bis er sich informiert hat. Er war echt überfordert, wenn er zurückkam, sich dann voll reinzustürzen.

Kuno: *Was wolltest du wissen? Ja, die Arbeitsaufteilung war ein Stein des Anstoßes. Elisabeth wollte Udo immer zur Arbeit zwingen. Sie hatte also bestimmte Vorstellungen, was ein Mann im Hause zu tun hatte. Unsere Kleinfamilie war ein bißchen anders. Da war das so: Elisabeth mußte den ganzen Tag arbeiten, ich habe meinen Sohn die ersten zwei Jahre allein aufgezogen und habe sowieso die ganze Hauswirtschaft allein gemacht. Ich war voll drin in der Arbeit. Da kamen wir dann hierher und da habe ich das natürlich nicht mehr ganz eingesehen, daß ich weiterhin hier im vollen Einsatz auch das Haus mache. Zumal sich ja Verschiedenes geändert hatte. Elisabeth ging nur noch halbe Tage arbeiten. Ich hatte meinen Uni-Plan darauf abgestimmt, ich war nur noch vormittags an der Uni beschäftigt, so konnten wir dann mittags hierherfahren, ab Mittag waren wir beide hier. Und da wollte ich dann endlich mal anfangen, auch etwas mehr fürs Studium zu tun, was mir damals durch die beiden ersten Jahre relativ unmöglich war. Und deshalb habe ich mich aus der Hausarbeit etwas weiter zurückgezogen. Das hat sie mir dann irgendwann ganz bitter vermerkt. Früher sagte sie, heute bist du genauso wie der Udo. Das waren also die ständigen Redensarten, das konnte ich ihr nie so klarmachen, daß ich eigentlich zu arbeiten hatte. Aus der Arbeit ist dann auch nichts geworden, weil ich mich mit ihr wegen dieser Dinge viel zu viel auseinandersetzen mußte.*

Durch das Zusammenleben verändert sich der Alltag jedes einzelnen Mitglieds. Die kollektiven Verkehrsflächen sind sehr groß, Kommunikation ergibt sich also zwangsläufig und muß nicht erst gesucht werden. Die gemeinsame Essenszubereitung wie das gemeinsame Essen verstärken die Kollektivierung des Alltags noch. Allgemein stellt die Arbeitsorganisation in den Wohngemeinschaften keinen wesentlichen Problembereich dar, da die anfallende Arbeit durch Pläne und Rotationsverfahren aufgeteilt wird. Unterschiedliche Vorstellungen von Sauberkeit z.B. werden dadurch gelöst, daß derjenige mit dem höchsten Sauberkeitsanspruch Problemzonen ständig betreut. Außerdem entwickeln sich die einzelnen Vorstellungen durchaus aufeinander zu. Die endgültigen (und dabei aber doch flexiblen) Formen der Arbeitsteilung entwickeln sich somit im Sinne *sozialen Lernens.* Konfliktbe-

---

»Ein problematisches Verhältnis zur Sexualität dürfte für die Mehrzahl der Wohnkollektive gelten.«

---

reich – wie im Falle dieser Wohngemeinschaft – wird der Arbeitsalltag dann, wenn grundlegende Motivationen zum Leben im Kollektiv unbefriedigt bleiben, die Essenszubereitung als Ventil für aufgestaute Frustrationen herhalten muß. Deutlich wurde, daß die unterschiedlich erlebte bisherige Sozialisation (Elternhaus und die bereits gegründeten Kleinfamilien) Handlungserwartungen festgelegt hat und insbesondere von Elisabeth nicht flexibel genug auf die Anforderungen der neuen Situation reagiert wurde. Die Zeiterfordernis für jeden einzelnen steigt ebenfalls an, um im Gruppenprozeß integriert zu bleiben. Negative Konsequenzen, die sich aus fehlender Zeit ergeben können, wurden bei den vier erwachsenen Kollektivmitgliedern bereits deutlich. Dieses Problem taucht bei der Kindererziehung erneut auf.

Sozialisation der Kinder

Kuno: *Ja, erst mal die Kinder zusammenzuhaben, das war für mich vor allem ein wesentlicher Aspekt, weil wir nur eins haben. Daß man das nicht als Einzelkind aufzieht und das hat ja auch ganz gut geklappt. Ich würde sagen, am meisten haben wahrscheinlich die Kinder davon profitiert.*

Int.: *Empfinden die Kinder sich mittlerweile als Geschwister?*

Kuno: *Ja, da sind ziemlich starke Anklänge. Da ist eine ziemlich starke Fixierung zumindest von Daniel auf Doris. Neuerdings fixiert sich die Iris wieder auf den Daniel.*

Int.: *Aus anderen Berichten hört man, daß kollektives Wohnen für Kinder nicht unbedingt förderlich ist. Daß die Kinder orientierungslos werden.*

Kuno: *Das war teilweise auch hier der Fall. Wir hatten ja in langen Gesprächen geklärt, daß die Kinder sich letztlich von jedem was sagen lassen müßten und nicht nur von ihren eigenen Eltern und das war natürlich schwierig. Insbesondere hat sich am Anfang das Zusammenwohnen von Daniel und Doris in einem Zimmer, das funktionierte überhaupt nicht, die haben nur Unsinn gemacht. Die haben nie geschlafen.*

Int.: *Wie war die Beziehung von den beiden? War da Sympathie?*

Kuno: *Die Doris hat am Anfang des Zusammenlebens positiv reagiert. Die hat sofort bei allen Leuten den Daniel als Bruder ausgegeben. Das war er für sie auch damals. Doch mittlerweile hat sich der eklatante Altersunterschied bemerkbar gemacht. Nachdem Doris dem Vorschulalter entwachsen war, hat sie auch sehr schnell versucht, sich anderweitig zu orientieren, was bei Daniel zu Frustrationen, Eifersucht und wer weiß was nicht geführt hat. Das ist auch teilweise heute noch so, obwohl er sich einigermaßen in dieser Beziehung gefangen hat.*

Tina: *Er war dann auch nicht in der Stimmung, sich der Iris irgendwie zuzuwenden. Die faßte das dann auch wieder als Schlag ins Gesicht auf, weil die eine Zeitlang hinter dem Daniel herschlich und darauf wartete, daß er endlich mal Zeit für sie hat. Und er war also ausschließlich auf Doris fixiert und Iris war frustriert und wütend. Das war also ein richtiger Rattenschwanz.*

Kuno: *Um auf die Frage nach dem Kollektiv zurückzukommen. In gewisser Weise ist es sehr günstig für die Kinder gewesen, mehrere Erwachsene zur Verfügung gehabt zu haben. Es hing natürlich damit zusammen, wieweit sich die einzelnen Erwachsenen mit den Kindern beschäftigen konnten. Wenn die Erwachsenen sich entscheidend mit den Kindern beschäftigt haben, dann war das positiv. Wenn dann natürlich jemand sagte, er hat keine Lust, dann waren die Kinder wiederum entsprechend frustriert. Das ließen sie sich nicht so ohne weiteres gefallen.*

Int.: *Würdet ihr sagen, daß der Anspruch der Kinder an die Erwachsenen größer war?*

Kuno: *Ja sicher, die haben sich bei jeder Gelegenheit auf einen gestürzt. Nun kommt natürlich hinzu, daß eine Zeitlang bei der Doris so ein Vaterersatzgefühl da war. Die war ja ohne Vater, der Udo ist ja selten hier. In der Zeit, wo er weg war, kam sie dann natürlich auf mich zu.*

Tina: *Es war für sie natürlich neu. Sie hatte sich damit abgefunden, daß der Udo häufig abwesend ist. Sie hat natürlich hier gesteigert sehen müssen, daß der Daniel den Kuno sehr häufig hat, auch nachmittags beide Elternteile zur Verfügung hat und gerade in dem Alter zwischen viereinhalb und fünfeinhalb war sie schon stärker auf einen Mann orientiert oder wollte sich gern an einem Mann orientieren als auf mich und da hatte sie schon ziemliche Eifersüchteleien entwickelt und versuchte den Kuno dann für sich in Beschlag zu nehmen und den Daniel dann auszutricksen und mich dann natürlich auch auszutricksen.*

Kuno: *Hier hat es sich eigentlich gezeigt, daß die Kinder zu allen ein sehr positives Verhältnis gewahrt haben.*

Diese WG konnte offenbar weitgehend die erwarteten Erleichterungen für die Kindererziehung realisieren: Die Kinder verstehen sich als eigene Gruppe und versuchen ihre Ansprüche durchzusetzen. Sie sind nicht ausschließlich auf ein Elternpaar fixiert, sondern erhalten auch Impulse von anderen WG-Mitgliedern. Eine Entlastung der Eltern ist nur bedingt gegeben,

---

»Wenn man also gewaltsam Zustände herstellen will, die man gern hätte, dann funktioniert das also nicht.«

Ein Mitglied einer Wohngemeinschaft

---

da neue Probleme auftauchen: Doris realisiert, daß nicht alle Väter häufig abwesend sind, die Kinder fühlen sich als Gruppe mit mehr Meinungsgewicht versehen. Generelle Aussagen sind bislang über den Bereich der Kindersozialisation nur mit größter Vorsicht möglich, da die Informationen über Kinder, die in Kollektiven *geboren* und groß geworden sind, nicht ausreichen. Wichtig für die Ausweitung der Erziehung von dem Elternteil oder -paar auf die Gesamtgruppe ist intensive Kommunikation zwischen den Mitgliedern, die durch Homogenität der Mitglieder erleichtert wird. Die Bindung zu den Eltern bleibt jedoch.

Veränderung der Sexualbeziehung

Der Bereich der Sexualität wird in allen Wohngemeinschaften eher vorsichtig verändert, als es nach der Proklamation der Kommune 1 (»Alle Zweierbeziehungen müssen aufgehoben werden«) schien. Die Tendenz geht stärker dahin, libidonöse Beziehungen aufzubauen, geprägt von Zärtlichkeit und ›Neuer Sinnlichkeit‹. Bei vielen Gruppen wird die Veränderung der Sexualität erst einmal zurückgestellt, wie bei dieser WG.

Kuno: *Ja. Es waren natürlich noch andere Dinge. Z. B. gehört dazu auch das Sexualleben. Elisabeth fühlte sich doch ganz stark eingeengt durch das Zusammenwohnen auf einer Etage, Wand an Wand. Und sie fühlte sich dann doch sehr gehemmt. So daß also unsere Sexualität wirklich an den Rand des Abgrunds geriet.*
Int.: *Habt ihr in der Zeit nicht eine gewisse Freizügigkeit untereinander entwickelt?*
Kuno: *Nee. Was verstehst du unter gewisser Freizügigkeit?*
Int.: *Z. B. daß einen solche Sachen nicht beeinflussen.*
Kuno: *Psychisch war das für Elisabeth gar nicht möglich. Für mich ist das kein Problem gewesen. Das hat mich dann weiter nicht gestört. Sie fühlte sich aber immer bewacht, beobachtet oder weiß der Teufel was. Allein weil das Haus auch akustisch sehr durchlässig ist und dann so direkt Wand an Wand, das war dann doch etwas schlimm für sie.*
Int.: *Hat euch das denn gestört?*
Tina: *Also mich persönlich hat das nicht so gestört.*
Kuno: *Das mit dem Lärm war mehr oder weniger nur eine isolierte Wahrnehmung von Elisabeth.*

Ein problematisches Verhältnis zur Sexualität dürfte für die Mehrzahl der Wohnkollektive gelten. Nach wie vor ist die Struktur der K 2 durchaus typisch für einen Teil der Wohnkollektive:

»So haben wir uns zum Beispiel während der ganzen Zeit unseres Zusammenlebens niemals alle nackt gesehen… Tendenzen zur Promiskuität haben immer ähnliche Reaktionsweisen hervorgerufen wie vor der Kommunezeit: Eifersucht, Konkurrenz, Angst vor dem Verlassenwerden.«

Der wesentliche Unterschied zur Kleinfamilie dürfte darin zu sehen sein, daß diese Ängste geäußert werden können. Außerdem wird daran gearbeitet, den symbiotischen, aneinander klebenden Charakter von Zweierbeziehungen aufzubrechen. Es ist eben nicht damit getan, daß man eine Anzahl von Leuten nimmt, »*entkleide sie, fülle sie in ein großes Bett und lasse sie auf kleiner Flamme drei Stunden allein*«.[5]

Kommunikation

Die sexuellen Beziehungen sowie die zu einer Erweiterung der persönlichen Kompetenz führenden Beziehungen können durch einen sich weiterentwikkelnden *Kommunikationsprozeß* unterstützt und auf einem höheren Niveau stabilisiert werden. Dieser Prozeß berührt jedoch auch zentrale Konfliktbereiche in Wohngemeinschaften.

Int.: *Würdest du sagen, daß Elisabeth zu hohe Erwartungen hatte?*

Kuno: *Elisabeth hatte ganz genaue Vorstellungen von dem, wie ihre Umwelt beschaffen sein sollte. Insbesondere hatte sie natürlich ganz genaue Vorstellungen, wie ein Mann zu sein hatte, der in der Familie lebt, da sie sich ja immer als sehr emanzipatorische Frau verstanden hatte. Und da hatte sie ohnehin von vornherein meistens etwas an dem Udo auszusetzen, der ihr viel zu patriarchalisch vorkam, und da hat sie massiv versucht, darauf einzuwirken. Und es trat dann eben die Situation ein, daß sie sagte, so, ihr fühlt euch also hier alle wohl. Das war etwa nach einem halben Jahr. Udo sagte, ja, er fühlt sich unheimlich wohl, Tina sagte auch ja und ich hatte eigentlich auch nichts daran auszusetzen. Sie sagte, so, ich fühle mich aber nicht wohl. Und dann ging es los, weswegen sie sich nicht wohl fühlte.*

Int.: *Was war das, weshalb fühlte sie sich denn nicht wohl?*

Kuno: *Was war das? Aus meiner Sicht gesehen, Vorbehalte dem Udo gegenüber; sie meinte also, er würde sich zu wenig hier beteiligen. Sie hat schon immer was dagegen gehabt, wenn er von der Arbeit nach Hause kam und sich erst mal irgendwohin schlafen legte. Sie konnte sich an solchen Sachen maßlos erbosen. Das mußte ich immer erst mal persönlich bei ihr auffangen, soweit mir das gelungen ist. Meistens ist es mir nämlich nicht gelungen. Weil ich das auch in der Zeit nicht eingesehen habe. Irgendwo konnte ich nicht das nachvollziehen, was sie empfand, weil es für mich nicht relevant war. Ja, und dann fühlte sie sich irgendwann von der Tina meistens enttäuscht. Sie hat dann versucht, die Gemeinschaft so zu sehen, daß zwei Frauen zu Hause sind, die dann versuchen sollten, den Tag auch gemeinsam zu gestalten. Dazu hat sie dann ab und zu irgendwelche Initiativen ergriffen und die Tina gefragt, können wir das machen oder können wir das machen. Und Tina war dann unpäßlich oder krank oder konnte nicht oder wollte nicht... Man muß natürlich sehen, daß es für Elisabeth überhaupt eine Leistung war, an die Tina heranzutreten und zu fragen, können wir nicht das und das unternehmen. Dann fühlte sie sich natürlich wie ich vorhin sagte, um drei Stufen zurückgeworfen und die Enttäuschung, die war dann so massiv, das ist dann zwei- oder dreimal passiert und das war dann schon genug. Ja und dann war nichts mehr zu reparieren. Diese Sachen standen jetzt immer im Raum. Und dann fing die Elisabeth an nachzudenken und fragte dann, weshalb seid ihr eigentlich mit uns zusammengezogen? Das haben wir versucht, in sehr langen Gesprächen hier über die Bühne zu kriegen. Für sie waren aber alle Antworten, soweit ich das sehe, nicht besonders befriedigend. Sie war dann also mehr oder weniger von sehr großem Mißtrauen geplagt.*

Int.: *Mißtrauen, wieso jetzt?*

Kuno: *Ja, Mißtrauen so, daß sie nachher sagte, Tina und Udo wären nicht mit ihr zusammengezogen, sondern mit mir. Sie hätten nur mit mir gerechnet und nicht mit ihr. Jetzt wollte sie ihnen natürlich ganz massiv beweisen, daß sie auch mit ihr rechnen müßten. Das war also ihr Bewußtseinsstand in der Zeit. Man muß da vorausschicken, daß Elisabeth und ich auch seinerzeits in relativer Spannung gelebt haben. Es hatte immer Problematiken gegeben und ich hatte damals gehofft und sie hatte es auch gehofft, daß nun also hier unter der objektiven Beobachtung anderer Leute, die auf den Tisch legen könnte, und daß man das dann auch beratschlagen könnte. Nun haben wir das ja auch oft gemacht. Wir haben ja oft die Problematiken mit den anderen beiden hier besprochen. Und dann kam bei ihr plötzlich wieder das Argument: Hör mal, mir fällt auf, immer nur wir legen unsere Scheiße auf den Tisch und die anderen tun das nicht.*

Tina: *Ja, sicherlich. Ich meine, Udo hat schon große Schwierigkeiten, über sein ganz Persönliches, seine Intimsphäre zu reden. Das hat er rein von seiner Person her, das hat mit der Gruppe nichts zu tun, mir gegenüber*

»Sind die Enttäuschungsblockaden stärker als der Wille zur erneuten Auseinandersetzung mit den Kollektivmitgliedern, ist das Ende der jeweiligen Wohngemeinschaft abzusehen.«

---

sind die Schwierigkeiten auch vorhanden. Und er neigt eben dazu, das nicht auszusprechen und das eben mit sich selbst abzuhandeln und dann eben entsprechend anders zu reagieren. Sicherlich ist das für eine Gruppe nicht zuträglich. Das ist ganz klar.

Kuno: *Ja. Das war eben etwas, was der Elisabeth überhaupt nicht behagte. Die Spannungen wurden größer und entluden sich dann immer mehr an Kleinigkeiten. Sie wurde dann allmählich schon sauer, wenn sie nicht mehr wußte, wo die einzelnen Sachen zum Haushalt lagen. Oder wenn die Tina das Waschmittel mal woanders hingestellt hatte. Das eskalierte sich so ganz langsam immer mehr in Banalitäten hinein. Und irgendwann kam dann für mich eine entscheidende Frage hinsichtlich meiner Ehe. Einerseits konnte ich einige ihrer Argumente durchaus verstehen, aber viele andere konnte ich eigentlich persönlich nicht teilen. Und irgendwann, allein, damit ich nicht mehr das Argument hörte, sie würde allein gegen drei stehen, habe ich mich dann irgendwann notgedrungen auf ihre Seite geschlagen. Und mich mit ihr solidarisiert und gedacht, es würde ihr dann helfen. In dem Moment, wo ich das getan habe, war das Ende der Wohngemeinschaft mehr oder weniger besiegelt. Ich hatte ja erzählt, daß Elisabeth ziemliche Ansprüche entwickelte. Und dann auch versuchte, ihre Vorstellungen bei den anderen durchzusetzen. Das hatte natürlich den ganz großen Fehler, daß das in eine Situation hineingerät, wo man gewaltsam da heran will. Wenn man also gewaltsam Zustände herstellen will, die man gern hätte, dann funktioniert das also nicht. Was hier dazu führte, daß die anderen in die Reserve gingen und die Atmosphäre dementsprechend giftig war. Es gab zwar zwischen Tina und ihr genug Einzelgespräche, die hatten jedoch alle keinen Erfolg, jedenfalls in ihrem Sinne. Es tauchte immer wieder dasselbe Problem auf.*

Auch wenn Kuno meint, es tauchte immer dasselbe Problem auf, so überschneiden sich doch in dieser Entwicklung mehrere Problemzonen. Wie in vielen anderen Wohngemeinschaften werden Probleme innerhalb der Zweierbeziehung vordiskutiert, ehe sie zu einer offenen Auseinandersetzung in der Gesamtgruppe führen. Eine Vorstrukturierung des Kommunikationsprozesses in der Gesamtgruppe erfolgt jedoch weitgehend nicht, da Kuno eine andere Meinungsposition vertritt. Ein angstfreierer Problemlösungsweg wird in der Gruppendiskussion dennoch nicht gefunden, da sich Udo ausschließt, um seine eigene Beziehung nicht zu gefährden.

Ein Muster, das hier nicht auftaucht, jedoch in anderen Wohnkollektiven zu finden ist, besteht in der Übernahme von Vater- und Mutterrollen durch stabile Zweierbeziehungen. Auch die Solidarisierung der Frauen gelingt in diesem Kollektiv nicht und stellt sich auch generell erst nach einem längeren Entwicklungsprozeß ein. An der Situation der beiden Frauen wird deutlich, wie in Gruppen sich durch einen dynamischen Prozeß Sympathie in Antipathie wandeln kann.

Die Erwartungshaltung ist zu Beginn des kollektiven Lebens meistens zu hoch. Selbst wenn Zielvorstellungen präzisiert sind, fällt es schwer, bei Nichterfüllung der anfänglichen Motivationen, neue Zielvorstellungen zu formulieren oder alte zu revidieren. Sind die Enttäuschungsblockaden stärker als der Wille zur erneuten Auseinandersetzung mit den Kollektivmitgliedern, ist das Ende der jeweiligen Wohngemeinschaft abzusehen.

Außenkontakte

Int.: *Da war doch die Sache mit dem Kinderladen. War das nicht eine Idee, die sich aus dem Haus heraus entwickelte?*

Kuno: *Als ich hörte, daß hier ein Kinderladen im Entstehen war, habe ich mich in der Anfangsphase mit hineingeschmissen. Habe das sehr intensiv gemacht und mußte die hier erst einmal überzeugen. Als ich drin war, waren die erst mal in Urlaub und als die wiederkamen, hatten die erst mal keine Lust dazu.*

Tina: *So kannst du das nicht hinstellen. Wir hatten zwei solche Aktionen hinter uns gebracht. Wir sind nicht mit deinem Enthusiasmus da rangegangen. Ich hatte meine rein aus Erfahrung geschöpften Vorbehalte dagegen.*

Kuno: *Naja, ich hielt das eben auch für diese Hausgemeinschaft für eine Notwendigkeit, daß wir auch diese Sache gemeinsam mitmachten.*

Int.: *Das hat aber nicht wegen gemeinsamer Arbeit die Beziehung unter euch verbessert?*

Kuno: *Was sich im Kinderladen und der Wohngemeinschaft gezeigt hat, war ein anderes Problem. Denn wir waren den Kinderladenleuten etwas suspekt, weil wir die einzigen waren, die ein Programm hatten. Und die*

»Haushaltsrollen werden durch die Organisationspläne ohnehin geschlechtsunspezifisch verteilt.«

---

anderen waren also normal bürgerliche Leute und die haben sich also sehr selten über unsere Schwelle getraut. Wir haben also folgende Erfahrung gemacht, daß sich hier niemand traute, jemanden zu besuchen. Daß man sich also nicht getraut hat, zur Tür reinzugehen, also gesagt hat, wir möchten zu den Rodders. Sie hatten also immer das Gefühl, es mit uns allen hier zu tun zu haben. Die Erfahrung habe ich auch mit meinem alten Freundeskreis gemacht. Die Besuche waren am Anfang sehr neugierig und sehr häufig, da kamen noch sehr viele Leute hierher, das wurde dann immer weniger, immer weniger, bis dann keiner mehr kam. Ich habe mich dann mit einigen Leuten unterhalten und die haben das dann auch bestätigt, daß sie einfach eine Schwelle zu überwinden haben. Weil wir vier hier waren, nicht mehr Blumes oder Rodders, sondern wir waren hier doppelt. Und da wir hier zusammenhockten, meinten sie dann, sie müßten sich mit allen mehr oder weniger auseinandersetzen.

Int.: *Gelang es nicht, die Einzelfreunden zu integrieren?*

Kuno: *Ja, in einigen Fällen ist das ja gelungen, aber es war nicht so, daß es allgemein war. Insbesondere war es so, daß für die Kinderladenleute die Feuerstr. 28 schon etwas suspekt war. Und es hat sich dann gezeigt, daß man tatsächlich so ein bißchen isoliert wurde.*

Tina: *Das führte dann auch zur Konfliktzuspitzung in der Wohngemeinschaft.*

Kuno: *Ja, das war für Elisabeth durchaus ein Problem. Auch das hat sie dann der Wohngemeinschaft angekreidet, daß sie hier alleine sei und daß die Leute, die früher nach Rodenkirchen kamen, hierhin nicht mehr kamen. Ja, es trat dann irgendwie eine Isolation ein. Das sollte irgendwie anders werden, ist aber trotzdem nicht anders geworden.*

Das Mißlingen gemeinsamer externer Zielsetzungen, vielmehr der Verzicht auf gemeinsame Außenoperationen ist für viele Wohngemeinschaften typisch. Hier gelang es, nach anfänglichen Schwierigkeiten eine gemeinsame außen-orientierte Zielsetzung zu realisieren. Das führte jedoch nicht, wie in anderen Kollektiven, zu einer stärkeren Bindung an das Kollektiv, sondern vergrößerte noch die Ablösungstendenzen einzelner Mitglieder. Durch die prinzipiell abwartend bis negative Reaktion der Außenwelt wurde in diesem Kollektiv ein schwelendes Problem offensichtlich. Das kollektive Wohnen vergrößerte nicht die Außenbeziehungen, sondern schnitt sie ab. Ein Rückzug von der Außenwelt ist häufig bei Kollektiven zu beobachten, jedoch ist der zumeist gewollt und nicht unbeabsichtigt wie hier. Einer solchen Isolation wird vor allem durch ein informelles, teilweise auch öffentliches Netz der lokalen Wohnkollektive entgegengewirkt. Nicht zu verkennen ist aber auch dann die schwierige Situation überwiegend berufstätiger Wohnkollektive, solange die einzelnen Mitglieder individuell für die materielle Reproduktion und ihre dauernde Sicherung durch einen Beruf oder Job sorgen.

Aufhebung traditionaler Rollen- und Autoritätsverhältnisse

Int.: *Wie steht ihr zu der These, daß Frauen in Wohngemeinschaften die Möglichkeit haben, sich gegen Männer zu solidarisieren und autoritäres patriarchalisches Rollenverhalten von Männern abbauen können?*

Kuno: *Da möchte ich gleich was zu sagen. Elisabeth hatte diese Idee immer: sich mit Frauen solidarisieren gegen das Patriarchat des Mannes. Und meinte jetzt, da müßte man unbedingt kämpfen. Sie hat also versucht, sehr stark auf die Tina einzuwirken, um sie mit in ihr Lager zu ziehen. Tina hat dabei hinsichtlich der Behandlung ihres Ehemannes, mit dem sie ja auch ihre Schwierigkeiten hat, irgendwie ein anderes Konzept entwickelt. Sie wollte das irgendwie anders machen. Das hat natürlich dann überhaupt nicht funktioniert.*

Tina: *Das trifft wahrscheinlich auch das Kernproblem meiner Schwierigkeiten, die ich mit Margarete hatte. Es wurde schon vorhin gesagt, wie sie dem Udo gegenüberstand und wie sie seinem Verhalten gegenübersteht und es wurde mir natürlich mehr oder weniger von ihr angekreidet, daß ich mich so verhalte, wie ich mich verhalte und nicht so, wie Margarete sich in der Situation verhalten hätte.*

Kuno: *Oder mir gegenüber verhält.*

Tina: *Das Konzept, was sie für oder gegen den Mann entwickelt hat oder im Zusammenleben mit dem Mann entwickelt hat, das handhabe ich ganz einfach anders oder habe da eine ganz andere Einstellung.*

Int.: *Was hast du denn für eine Einstellung?*

Tina: *Ja Gott, wie soll ich das denn jetzt so einfach sagen. Es ist einfach im Gegensatz Udo–Kuno aufgefallen, daß Udo schon etwas patriarchalisch ist oder mehr an den Tag legt als Kuno. Ich mache das eben anders. Ich akzeptiere, wenn ein Mensch so ist, sehe irgendwo die Grenzen und weiß, daß er sich außerhalb dieser Grenzen nicht mehr ändern kann.*

Int.: *Heißt das, daß du dich durch dieses patriarchalische Verhalten nicht eingeengt gefühlt hast?*

Tina: *Ich habe mich dadurch überhaupt nicht eingeengt gefühlt. Da ich völlig außerhalb meinen Freiraum habe. Mich hat das nicht weiter gestört. Und wenn ich Dinge anzusetzen habe, dann habe ich das anders getan als Elisabeth das z. B. tut. Meine Auseinandersetzungen mit dem Udo laufen eben anders. Wenn ich Kritik an ihm habe und ich stelle Forderungen an ihn, dann läuft das auch anders. Ich weiß nicht, ob das richtig ist, wie ich das mache, aber ich komme ganz gut damit zurecht.*

Kuno: *Elisabeth war für die totale Konfrontation. Knallhart die Dinge vor den Kopf gehauen und hat gesagt, so und so ist es und wollte immer die totale Auseinandersetzung. Und die Tina macht es etwas leiser, auf ihre Art und Weise.*

Tina: *Ich habe eben die Grundeinstellung, daß ich mich in meiner Freiheit eben nicht beschränkt fühle.*

Kuno: *Das liegt ja nun mal daran, daß der Udo nie da ist. Daß du viel mehr Spielraum natürlicherweise hast. Du bist also nicht so sehr darauf angewiesen, dich täglich mit ihm auseinanderzusetzen. Das ist natürlich ein wesentlicher Unterschied und das bedingt vielleicht von vornherein eine andere Methodik.*

Traditionales Rollenverhalten wird nicht unwidersprochen hingenommen, in diesem wie in anderen Kollektiven nicht. Haushaltsrollen werden durch die Organisationspläne ohnehin geschlechtsunspezifisch verteilt. Lediglich bei spontan auftretenden Mehrarbeiten besteht eine Tendenz, in traditionale Mann-Frau-Muster zurückzufallen. Interessanter ist jedoch die Aufhebung überkommener *Autoritätsmuster.* Entscheidungen werden nach den Prinzipien Offenheit, Durchlässigkeit und geschlechtsunspezifischem Meinungsgewicht getroffen. Probleme treten eher durch personenspezifische Austragungs- und Einflußmechanismen auf als durch traditionale Autoritätsmuster.

Was bewirkt eine Wohngemeinschaft?

Der Alltag der Wohnkollektive, das ist sicher nicht nur Adrettshow im Großraumbüro, zu der er sich für viele Kleinfamilienmenschen reduziert. Die Veränderung des Alltags vollzieht sich in Großgruppen wie Otto Mühls AA-Kommune[6], sie vollzieht sich aber auch in Empfindungen und Wahrnehmungen, wie sie Claudio Hoffmann beschreibt: »*Da muß ich lernen, daß die Dinge sich auch anders gebrauchen lassen, als ich es mir angewöhnt habe.*«[7]

Die Biografien von Daniel, Doris, Elisabeth, Iris, Kuno, Udo und Tina haben sich einschneidend verändert gegenüber den Erwartungen, die Anfang 1972 mit ihrem weiteren Lebenslauf vermutet werden konnten. Ihre Realitätssicht, ihre Relevanzstrukturen werden durch diesen 4½jährigen Lernprozeß vorerst geprägt sein. Für sie wie für alle anderen, die kollektive Lebensexperimente begonnen haben, stellte sich das Realisieren der ursprünglichen Motive als schwieriger Prozeß dar. Sie haben daraus mehr über ihre Möglichkeiten und noch vorhandenen Grenzen gelernt.

Int.: *Ist es für zwei Ehepaare nun besser, diese Form des Zusammenlebens zu wählen?*

Kuno: *Ich bin nach wie vor für die Idee zu haben. Ich habe nur aus dieser Sache auch Entscheidendes gelernt. Ich würde es umgekehrt machen, wie wir es gemacht haben. Also ein Haus nehmen, in dem man in getrennten Einheiten voneinander wohnt und dann so ganz langsam zueinanderkommen, schrittweise erst mal über das Gespräch. Wirklich feststellen mit der Zeit, ob man überhaupt miteinander sprechen kann. Du kannst noch so viele Vorgespräche führen, das ist etwas ganz anderes. Die werden alle theoretisch im freien Raum geführt und können sich an der Praxis niemals messen. Es muß langsam aus der gemeinsamen Praxis heraus ein Gespräch entwickelt werden, wo jeder seine Erfahrungen macht und wo man einiges schaffen kann.*

Tina: *Ich stehe der Idee auch positiv gegenüber. Man würde es noch mal unter anderen Voraussetzungen machen. Ich bin wirklich ziemlich naiv an die ganze Sache herangegangen und euphorisch. Ich würde es wirklich mehr auf dem Boden der Realität beginnen.*

Die anfangs gestellte Frage nach generalisierbaren Kommunikationsmustern läßt sich demnach wie folgt beantworten. Bei der Mehrzahl der Personen, die sich für kollektives Wohnen entscheiden, ist mit einer Persönlichkeitsstruktur zu rechnen, die durch die kleinfamiliale Nachkriegssituation geprägt ist. Das Bedürfnis nach fester Ich-Abgrenzung der Person steht im Widerstreit mit dem allseits erlebten Identitätsverlust der eigenen Person, der durch den Zerfall der vertrauten Strukturen hervorgerufen wird. Aus dieser Konstellation resultiert leicht eine Überforderung des Anspruchs an die neue, kollektive Lebensform. Eine ungeplante, in den Zielerwartungen unklare und euphorische Kollektivgründung steht deshalb häufig am Anfang einer Kollektivbiografie.

Es ist deshalb wesentlich für eine angemessene Wohnsituation, für das Aufrechterhalten von Außenbeziehungen zu sorgen und sich über die zur Verfügung stehende Zeit – neben Berufsverpflichtungen – klarzuwerden. Die einzelnen Motivationen und Anspruchshaltungen müssen transparent gemacht werden. Das Kollektiv muß sich für die Mitglieder von seiner Umwelt abheben, damit sie in ihm ihre eigene Identität erkennen und finden können. Die Entwicklung des Kollektivs wird immer dynamisch sein, da es ein Lernfeld ist und unterschiedliche Personen mit unterschiedlichen Rollenflexibilitäten aufeinander reagieren. Wird keine Motivation für die verbindenden Zielsetzungen des Zusammenlebens erzielt, können Konflikte nicht offen ausgetragen und gelöst werden, so ist mit Kommunikationshemmungen zu rechnen, die sich dann in Organisationsschwierigkeiten und Beziehungsschwierigkeiten ausdrücken.

Identitätsbildend und stabilisierend wird ein Kollektiv somit dann sein, wenn materielle, soziale und sexuelle Bedürfnisse erfüllt sind, wenn *transparente* und *vereinbare Ziele* da sind, wenn ausreichende und nicht repressive Interaktionen gegeben sind und wenn flexible und reagible Normen das Zusammenleben strukturieren. Durch den mit diesen Kommunikationsmustern stattfindenden Prozeß dürfte der Weg zum kommunalen Ideal beschritten werden, das Judson Jerome darin sah: ein Höchstmaß von Selbstaktualisation und Individualität mit einem Höchstmaß an Kooperation und altruistischer Verantwortlichkeit zu verbinden.[8]

Herangezogene Literatur

1 Alfred Schütz/Th. Luckmann, Strukturen der Lebenswelt, Neuwied und Darmstadt 1975
2 Franziska Graf, Lernziel: Wohnen, in: Kursbuch 37, 1974
3 Dieter Korczak, Nontraditionale Familienformen – Erscheinungsform und Stabilität von Wohnkollektiven, unveröffentl. Diss. Köln 1978
4 Kommune 2, Köln 1971
5 Steve B. Peinemann, Wohngemeinschaft, Problem oder Lösung, Erlangen 1974
6 AA-Nachrichten, sämtliche Nummern, Neusiedel/See 1974–1977
7 Claudio Hoffmann, Lust am Haben, in: Kursbuch 49, 1977
8 Judson Jerome, Families of Eden, London 1975

Arbeitsgruppe »Angepaßte Technologie«

Alternative Technologien

Der Glaube, daß Wachstum und technischer Fortschritt humanere Lebensbedingungen und mehr Freiheit erzeugen, wird nur noch von einer Minderheit geteilt. Wir sind durch die technologische Entwicklung immer abhängiger von zentralen Dienstleistungen und Entscheidungen geworden. Die Institutionen und Bürokratien, von denen wir abhängen, zeichnen sich durch geringer werdende Flexibilität aus. Fortschreitende Zentralisierung und der Trend zur Großtechnologie machen uns unfreier, die Sicherheit nimmt ab. Eine Kritik der fortgeschrittenen Industriegesellschaft, ökologische Erwägungen und nicht zuletzt die Sorge um den weiteren Weg der Entwicklungsländer haben zur Entwicklung von Ideen geführt, die sich nicht allein auf technologische Veränderung beziehen: Technologie und Gesellschaft werden als so unmittelbar voneinander abhängig gesehen, wie es sich uns heute darstellt.

Im Gegensatz zu den meisten Verfechtern harter Technologien legen die Vertreter alternativer Technologien denn auch ihre gesellschaftlichen Ziele offen:

- Sie vertreten eine Theorie von Technologie und Gesellschaft, in der die Menschen die Technologie kontrollieren und nicht umgekehrt,
- sie erkennen die physikalischen und biologischen Randbedingungen menschlicher Aktivitäten an,
- die sozialen Strukturen konzentrieren sich auf relative Autonomie von Gruppen und kleinen Gemeinschaften und Kontrolle von unten nach oben,
- Leben und technologische Hilfsmittel sollen einfach und sparsam sein,
- Eigenproduktion möglichst vieler Güter durch die Verbraucher,
- eine erforschende und kreative statt dogmatische Anwendung von Theorien,
- Bereitschaft, auch von ungewöhnlichen Quellen zu lernen, wie z. B. von ›primitiven‹ Kulturen, anarchistisch utopischen Theorien usw.

Einige dieser Aussagen mögen zunächst unverständlich oder unnötig klingen – sie sind es vielleicht weniger, geht man von einer Kritik der Industrie- und Wachstumsgesellschaft auf die Suche nach Lebensbedingungen, die mehr Befriedigung verschaffen als Konsum und Besitz von Industriegütern.

Tatsächlich haben sich seit dem offenen Zutagetreten der Umwelt- und Energiekrise (z. T. auch schon vorher) eine große Anzahl von Menschen mit alternativen Technologien beschäftigt, mit Möglichkeiten, die Ausbeutung nicht erneuerbarer Grundstoffe bei der Nahrungsmittelproduktion, dem Bauen und der Gewinnung mechanischer und thermischer Energie zu minimieren, und gleichzeitig Umweltbedingungen für ein nicht mehr wachstumsorientiertes Dasein zu schaffen. Dabei differieren die Vorstellungen über den Charakter alternativer Technologien. Die wichtigsten verwendeten Begriffe sind:

- Sanfte Technologie (soft technology, low impact technology)
- Radikale Technologie (radical technology)
- Mittlere Technologie (intermediate technology)
- Angepaßte Technologie (appropriate technology)
- Reife Technologie

Hinter diesen Begriffen stehen Vorstellungen über technologische Entwicklungen, die sich voneinander nur wenig unterscheiden, denen jedoch unterschiedliche Konzepte über notwendig erachtete gesellschaftliche Voraussetzungen zugrunde liegen. Übereinstimmung herrscht jedoch in der Ansicht, daß die Dezentralisierung von Menschen und Macht unabdingbare Voraussetzung ist. Die Menschen sollten nach diesen Konzepten mehr Kontakt mit der Natur suchen, dem wachsenden Wunsch nach nichtentfremdeter Arbeit (besonders im handwerklichen und landwirtschaftlichen Bereich) nachgehen und damit Befreiung von ökonomischen, politischen und sozialen Zwängen der Gegenwart suchen.

Unterstützt werden solche Überlegungen zu alternativen Technologien durch den wachsenden Protest gegen Umweltgefährdung, besonders gegen die Energieprogramme des Bundes und dessen massive Unterstützung durch die technologisch hochentwickelte Reaktorindustrie. Auch der Versuch, der Bevölkerung mehr Energieverbrauch durch Werbung und die dazu angeblich notwendigen Kraftwerke durch Polizeigewalt zu verordnen, scheitert zunehmend an dem Durchsetzungsvermögen der Bürgerinitiativen. Kernkraftgegner und Befürworter alternativer Technologien sprechen denn auch davon, daß keine Energielücke, wohl aber eine Phantasielücke besteht.

Energieeinsparung und ökologisches Bauen

Energieeinsparung ist die einfachste und zugleich wirksamste Energiequelle, die kurzfristig nutzbar gemacht werden kann. Die Möglichkeiten der Energieeinsparung können unterteilt werden in die Kategorien:

- *»Den Gürtel enger schnallen«* (definiert als Maßnahmen, bei denen der Energieverbrauch reduziert wird, ohne daß die Effektivität der Systeme erhöht wird),

- »*Lecks dichten*« (definiert als Maßnahmen, bei denen die Qualitätsstandards beibehalten werden, aber die Effektivität der Systeme erhöht wird).

Bezogen auf die Raumheizung als Hauptenergieverbraucher würde eine Verbesserung der Wärmedämmung der Kategorie »Lecks dichten« angehören und ein Herunterstellen des Thermostats der Kategorie »Den Gürtel enger schnallen« zugerechnet werden.

Bestimmte Maßnahmen dieser Kategorien lassen sich nicht nur in Neubauten verwirklichen, sie sind auch in bestehenden Gebäuden realisierbar. Neben Maßnahmen, die nur im Zusammenhang mit Modernisierungsmaßnahmen zweckmäßig bei Altbauten durchgeführt werden können, sind es besonders die operationalen Verbesserungen ohne physische Veränderungen, die in Ergänzung zu Maßnahmen der Kategorie »Den Gürtel enger schnallen« schnell zu Energieeinsparung beitragen können (z. B. verbesserte Steuerung der Heizungsanlage, Reduzieren der Luftwechselrate).

Benutzerbezogene Möglichkeiten der Energieeinsparung sind vom Architekten insofern beeinflußbar, als er durch Auswahl und Plazierung von Schalt- und Kontrollelementen eine bewußte und sparsame Energieanwendung unterstützen kann. Einzeln schaltbare Heizungen, Thermostatregler an Heizungen und Heißwassersystemen, selbstschließende Wasserhähne und wassersparende Duschvorsätze sind Instrumente, die ein energiebewußtes Verhalten ermöglichen. Wesentlich effektiver erscheinen jedoch politische Maßnahmen, wie ein Verbot der Werbung für Energieverbrauch, Abbau von Tarifbedingungen, die hohen Energieverbrauch relativ belohnen, u. ä.

Standortbezogene Möglichkeiten zur Energieeinsparung beziehen sich besonders auf die Errichtung neuer Gebäude und Stadtteile. Architekten, Stadtplaner und Grünplaner können für diesen Sektor besonders aus den Vorbildern traditionellen und landschaftsgebundenen Bauens lernen. Über die Orientierung und Zuordnung von Gebäuden, die Anordnung von Bäumen und Pflanzen, die Ausnutzung erwünschter und Abschirmung unerwünschter Windströmungen und andere Standortkriterien gibt es jedoch auch viele neuere Untersuchungen, die viele der im landschaftsgebundenen Bauen ohnehin beachteten Grundsätze stützen.

Zuschnitt und Größe von Gebäuden bestimmen entscheidend den Energiebedarf. Eine vertretbare Minimierung der Volumina/Person erzeugt nicht allein Ersparnisse bei thermischer Energie, sondern auch bei Baumaterialien und Arbeit. Die manchmal in Konflikt stehenden Ziele der ökonomischen Formgebung hinsichtlich minimaler Oberfläche einerseits und minimaler künstlich konditionierter Grundfläche andererseits müssen fallspezifisch sorgfältig untersucht werden. Offene Grundrisse, eine gehütete »Erfindung« des Funktionalismus, sind in der Regel abzulehnen, da oft größere Bereiche, als tatsächlich genutzt, konditioniert werden müssen.

Unter den *Baumaterialien* kann die Wärmedämmung, richtig angewendet, enorme Energieeinsparungen bewirken; Fachleute sprechen von möglichen Einsparungen von 35 % des heutigen Gesamtenergiebedarfs der Bundesrepublik allein durch eine Verbesserung der Wärmedämmung an Gebäuden. Verbunden mit wenigen anderen Maßnahmen können wärmedämmende Maßnahmen im Extremfall einen Verzicht auf jegliche fossile Energiequellen und auf zentrale Energieversorgung bewirken. Beispiele hierzu werden weiter unten geschildert. Im übrigen sollte bei der Anwendung von Baumaterialien und Bauelementen immer der Energieaufwand berücksichtigt werden, der in deren Fertigung geht. Der Gesamtenergieaufwand für ein Reihenhaus kann bei 250 GJ (Giga Joule) liegen (was dem Endenergiebedarf von 3–5 Jahren Nutzung des Gebäudes entspricht), er kann aber auch ohne großen Aufwand bei bewußter Materialauswahl auf unter die Hälfte gedrückt werden. Durch die Verwendung von langlebigen Baumaterialien und eine sorgfältige Bauunterhaltung kann der Ersatz dieser Materialien und ganzer Gebäude herausgezögert werden.

Die *Fenster* können positive Energiebilanzen hervorrufen – vorausgesetzt, sie sind richtig angeordnet und gestaltet. Die Ausnutzung erwünschten Wärmegewinns durch den Treibhauseffekt unter gleichzeitiger Ausschaltung von unerwünschter Überheizung im Sommer und von Wärmeverlusten im Winter und in den Nächten stellen den Architekten vor interessante Gestaltungsaufgaben.

Das *Heizsystem* und die thermischen Eigenschaften des Bauwerks sollten entsprechend dem Nutzungsverlauf des Gebäudes ausgelegt sein. Bei sporadischer Nutzung sollte das Gebäude über eine geringe thermische Trägheit verfügen und ein schnell reagierendes Heizsystem haben, bei permanenter Nutzung ist eine hohe thermische Trägheit und ein träges Heizsystem eher geeignet. Die Kapazität der Heizsysteme sollte den Wärmebedarf des Gebäudes keineswegs überschreiten. Eine zentrale Anordnung der Heizquellen im Gebäude und in den Einzelräumen hilft ebenfalls, Wärmeenergie einsparen. Schließlich ist der Einbau sensibler Steuerungssysteme (wie z.B. witterungsabhängige Vorlauftemperaturregelung) ein geeignetes Mittel zur Energieeinsparung. Die Verwendung von Elektrospeicherheizungen verbietet sich ökologisch und wirtschaftlich, da sie einen Wirkungsgrad von max. 25 % haben. Der direkte Einsatz von Brennstoffen ergibt einen ca. dreifach höheren Wirkungsgrad – mit anderen Worten: Man könnte mit der gleichen Menge Primärenergie dreimal so viele Wohnungen heizen oder zwei Drittel der für diesen Zweck eingesetzten Energie sparen. Der Zuwachs an Kraftwerksleistung zwischen 1966 und 1974 wurde zu 77 % für Elektrospeicherheizungen benötigt. – Von der Ausnutzung der Energiequelle empfiehlt sich andererseits die Wärme-Kraft-Koppelung (total energy). Mit Hilfe modifizierter Automotoren, die mit Gas oder Diesel betrieben werden, wird hier einerseits Strom für Hausnetz und öffentliches Netz, andererseits Wärme für die Hausheizung und Warmwasser erzeugt. Die Energieausnutzung ist damit optimal. – Wie ein »Verstärker« für Energiequellen wirkt die Wärmepumpe, die nach dem umgekehrten Kühlschrankprinzip arbeitet. Die niedrige Wärme von Luft, Erdreich und Wasser kann hiermit mit relativ geringem Energieeinsatz nutzbar gemacht werden. Wärmepumpen und besonders total-energy modules sind jedoch in der Anschaffung und Unterhaltung sehr aufwendig.

Bei natürlicher und besonders bei künstlicher *Belüftung* sollte die Lüftungsrate soweit wie möglich herabgesetzt werden, wobei das Risiko der Kondenswasserbildung sorgfältig beachtet werden sollte. Bei Einbau neuer Anlagen sollte man auf niedrige Widerstände der Filter und Leitungen, günstige Wirkungsgrade von Lüftern und wirksame Wärmetauscher achten. Die Abwärme von Kühlaggregaten, Leuchten und Personen sollte mit für die Beheizung genutzt werden. Wo eben möglich, sollte auf Lüftungsanlagen vollständig verzichtet werden.

Verglichen mit der für Heizungen verwendeten Elektrizität ist die für die *Raumbeleuchtung* verwendete sehr gering: Bezogen auf den Endenergiebedarf liegt sie auf unter 4 %. Dennoch können auch für diesen Bereich in Nutzung und Planung Einsparungen erzielt werden: etwa durch weitgehendes Vermeiden hoher Allgemeinbeleuchtung und statt dessen differenzierter Raumbeleuchtung, durch Vorsehen von Schaltmöglichkeiten und Dimmern zur Bedienung durch die Nutzer statt zentral sowie durch lichtreflektierende Wände und Decken. Stromverluste können verringert werden, indem man Elektrizität mit hoher Stromspannung bis dicht an die Verbrauchsstellen führt und Geräte wählt, die bei gegebener Leistung eine möglichst hohe Energieausnutzung erzielen. Aufmerksamkeit in bezug auf Stromverbraucher scheint besonders angebracht, da die eingesetzte Primärenergie pro Endenergieeinheit infolge der mehrfachen Umwandlung der Leitungsverluste besonders hoch ist.

Durch die *Nutzung* des Gebäudes wird schließlich bestimmt, zu welchem Umfang und mit welcher Intensität die Gebäude benutzt werden. Die Mehrfachnutzung öffentlicher und privater Räume und Gebäude ist ein geeignetes Mittel zur Reduzierung der Flächen, die insgesamt betrieben und unterhalten werden müssen. Gegenüber getrennter Unterbringung der verschiedenen Nutzergruppen können gleichzeitig große Kapitaleinsparungen erzielt werden – ein oft durchaus nicht unerwünschter Nebeneffekt ist die anregende Durchmischung verschiedener Nutzergruppen.

Die Möglichkeiten zur Energieeinsparung sind vielfältig. In den meisten Fällen sind sie gleichzeitig geeignet, einfachere Technologiekonzepte zu realisieren, die von den Nutzern eigenverantwortlich und in Selbsthilfe realisiert werden können. Gleichzeitig damit werden die Benutzer wieder zu einem direkteren und bewußteren Umgang mit »ihrem« Gebäude und seinen Subsystemen geführt.

Mit der Reduzierung des Einsatzes an knappen Grundstoffen, besonders fossilen Energiequellen, kann ein Rückgang der Umweltverschmutzung durch Abfälle und giftige Abgase erzielt werden. Ein weiterer durchaus erwünschter Nebeneffekt sind die mit der Einsparung von Grundstoffen verbundenen Kosteneinsparungen.

Ökologische Nahrungsmittelproduktion

Die Nahrungsmittelbeschaffung gehört zu den elementarsten Aktivitäten der Menschen. Die urtümlichen Sammler und Jäger fanden auf einer spärlich bevölkerten Erde einen Überfluß an pflanzlichen und tierischen Nahrungsmitteln vor. Sie hatten es deshalb noch nicht nötig, durch pflegerischen Umgang mit ihrer Umwelt deren Produktivität gezielt zu beeinflussen. Eine gezielte Kultivierung und Bearbeitung des Bodens sowie die züchterische Tierhaltung wurden vermutlich erst durch einen gewissen Bevölkerungsdruck erzwungen. Der seßhaft gewordene Mensch lernte es, sich aktiv mit der Natur auseinanderzusetzen, ihre Gesetze zu erkennen und durch kluge Anwendung sich nutzbar zu machen. Es entstand eine fruchtbare Symbiose zwischen dem Mensch und seiner Umgebung, in der ein aktiver *Nährstoff-Kreislauf* zum Vorteil aller Partizipanten entstand. Solche vom Menschen gezielt beeinflußten Nährstoff-Kreisläufe können einen hohen Komplexitätsgrad erreichen, wie man ihn z. B. noch heute in den asiatischen Agri-Aquakulturen beobachtet.

Diese fruchtbare und befriedigende Symbiose zwischen Mensch und Natur wurde in den westlichen Industriegesellschaften längst aufgegeben zugunsten eines Konsums, der die Reproduktionsfähigkeit der Natur weit übersteigt. Die maßlose Ausbeutung natürlicher Reserven, sei es der Fischbestand der Weltmeere oder die Fruchtbarkeit des Bodens, führen zu deren Erschöpfung und auf lange Sicht zu einer Bedrohung der Spezies Mensch. Die Fakten sind bekannt, viel ist darüber in letzter Zeit geschrieben worden, fast nichts wird getan, um diese Entwicklung zu stoppen.

Der Wunsch, den Teufelskreis unökologischer Energieverschwendung, von Entfremdung und Abhängigkeit zu durchbrechen, etwas zu tun, eine alle Kräfte des Menschen befriedigende Tätigkeit auszuüben, wird bei vielen Menschen, vor allem Stadtmenschen, immer stärker. Erfahrungsgemäß liegt dabei in der eigenen Nahrungsmittelproduktion ein hohes Maß an Befriedigung und Möglichkeit der Selbstverwirklichung, abgesehen von der Schonung des monatlichen Budgets. Nicht von ungefähr gewinnt Opas viel belächelter Schrebergarten wieder Attraktivität auch für junge Menschen, was sich in der Länge und Altersstruktur der Wartelisten widerspiegelt. Doch in der dicht bevölkerten Bundesrepublik wird immer nur ein kleiner Teil der Bevölkerung in den Genuß eines eigenen Stückchens Land kommen können. Gibt es also für die Masse der Stadtbewohner eine ökologische Alternative zur herkömmlichen Nahrungsmittelversorgung?

Eine interessante Möglichkeit bietet sich durch die in den letzten Jahren bekannt gewordenen hydroponischen Kulturen, oder auch Hydrokulturen genannt. Es ist möglich, Pflanzen ohne Erde in Nährlösungen zu halten und dabei das Normale weit übersteigende Erträge zu erzielen, ohne den gleichen pflegerischen Aufwand betreiben zu müssen, wie er für Erdkulturen nötig ist. Es ergibt sich im Vergleich mit dem Gartenbau eine gewaltige Platzersparnis, so daß auch in beengten Wohnverhältnissen eine beachtliche Produktion möglich ist. So gut wie alle Gemüsesorten können in *Hydrokultur* gehalten werden. Für die Anlage solcher Kulturen gibt es inzwischen auch in Deutschland brauchbare Anleitungen. Leicht können die benötigten Pflanzenschalen aus alten, folienverkleideten Holzkästen, sog. Horten, hergestellt werden. Als Substrat für die Bewurzelung der Pflanzen dienen verschiedene Materialien, z. B. Kies oder Blähton. Dachgärten oder Balkons können mit geringem Aufwand in hochproduktive Hydrokultur-Treibhäuser verwandelt werden. Es ist auch nicht nötig, auf die von den Chemiewerken angebotenen Mineraldünger zurückzugreifen. Ebensogut tun es Extraktionen von Horn- und Blutmehl, Kompost, Holzasche oder Faulschlamm, die, in perforierten Töpfchen in das Substrat der Pflanzenschalen gestellt, langsam ihre Mineralstoffe an das Medium abgeben, aus dem sie durch die Pflanzen aufgenommen werden.

Die Herstellung von eigenem *Kompost* eröffnet die Möglichkeit, sich aktiv in einen einfachen Nährstoff-Kreislauf zu integrieren und damit eine effiziente und befriedigende Nahrungsmittelproduktion zu betreiben. Selbst ohne eigenen Garten wird es für viele möglich sein, sich irgendwo in einer Hausecke eine Kompoststelle einzurichten, an der die organischen Abfälle aus der Küche verrottet werden können. Bei geschickter Handhabung und eigener Erfahrung kann in 8–10 Wochen ein wertvoller Humus gewonnen werden, wobei unter Umständen sogar Zeitungspapier mitverwertet werden kann. Ein solcher Humus eignet sich eventuell auch für eine kleine *Pilzzucht* im Keller.

Sollen auch die eigenen Fäkalien zu Humus verarbeitet werden, was natürlich die Effektivität eines Kreislaufes erhöht, wird eine *Kompost-Toilette* eingerichtet. Im Prinzip besteht sie aus einem Sammelbehälter, in dem durch einen Ventilator und ein kräftiges Abzugsrohr für eine gute Belüftung gesorgt wird, die für eine geruchsfreie Fermentierung sorgt. Bei geschickter Handhabung und ausreichender Vermischung des Rottegutes kann ein hygienisierter Humus gewonnen werden. Einige Kompost-Toiletten werden bereits auf dem Markt angeboten. Sie sind kaum besser als eine selbstgebaute Anlage. Der Vorteil einer Kompost-Toilette ergibt sich nicht zuletzt aus der durch sie ermöglichten *Wassereinsparung,* ist doch das WC der größte Wasserverbraucher im Haushalt.

Eine Erweiterung und Bereicherung dieses einfachen Nahrungskreislaufes ist durch die Einbeziehung einer kleinen *Fischzuchtanlage* sinnvoll und möglich. Der Fischbehälter kann etwa aus einem ausgedienten Eisschrank oder einer Tiefkühltruhe bestehen, die den Vorteil haben, daß sie gut isoliert für eine Warmwasserfischhaltung geeignet sind. Diese ermöglicht für bestimmte

Fischarten eine höhere Proteinzuwachsrate, als sie in Teichhaltungen erzielt werden kann. Gehalten werden natürlich solche Fische, die am unteren Ende der Nahrungskette von pflanzlichen Stoffen leben können. Dazu gehören Karpfen und Tilapien. Letztere sind für die eigene Fischhaltung besonders geeignet, da sie ohne Schwierigkeiten gezüchtet werden können, sehr widerstandsfähig sind, bei 25–30°-C-Haltung innerhalb weniger Monate auch bei hoher Populationsdichte auf Portionsgröße abwachsen und ein fett- und grätenarmes, gut schmeckendes Fleisch liefern. Tilapien sind übrigens auch in der Lage, einzellige Grünalgen aus dem Wasser zu filtrieren und zu verwerten. Es wäre also möglich, die Fischhaltung mit einer *Algenproduktion* zu verbinden. Das Fischwasser wiederum besitzt einen guten Düngewert. Ein hochproduktiver Wasserkreislauf zwischen Hydrokultur und Aquakultur bietet sich an. Jeder kann hier experimentieren, Erfahrungen sammeln und seine Kreativität entfalten. Ein höherer Grad an Befriedigung und Effektivität kann sicherlich noch dadurch erzielt werden, daß sich Hausgemeinschaften oder Nachbarschaften zusammentun und gemeinsam einen Nährstoff-Kreislauf zur Selbstversorgung mit billigen und garantiert einwandfreien Produkten aufbauen. Wenn diese Gemeinschaften groß genug sind, kann auch an die Einrichtung einer Biogasanlage gedacht werden, in denen die Abfälle unter anaeroben, d. h. sauerstofffreien Bedingungen vergärt werden und zusätzlich zum Dünger in Form von Faulschlamm ein hochwertiges Gas gewonnen wird, das in Flaschen komprimiert verschiedenen Zwecken dienen kann.

Ökologischer Landbau

Die im Vorhergehenden bruchstückhaft aufgezeigten Möglichkeiten einer ökologischen Alternative für Stadtbewohner gelten abgewandelt und sicherlich dringlicher noch für den landwirtschaftlichen Bereich. Die ernste Sorge um die Erhaltung der Fruchtbarkeit der Böden, der genetischen Vielfalt in der Tierhaltung und der Bekömmlichkeit der Nahrungsmittel, die in einer industrialisierten Landwirtschaft nicht gewährleistet sind, hat schon vor Jahrzehnten einsichtige Landwirte bewogen, wieder auf eine *Kompostwirtschaft* umzusteigen. Heute überdenken mehr und mehr Landwirte, nicht zuletzt wegen der gestiegenen Preise für Mineraldünger und Pestizide und trotz fehlender Unterstützung und vielfacher Diffamierung, die ökologische Alternative. Ihnen wird klar, daß eine derartig negative Energiebilanz bei der Nahrungsmittelproduktion letztlich ihren Ruin bedeutet. Viele, auch große Betriebe haben bewiesen, daß eine energieeffiziente ökologische Landwirtschaft mit einem vertretbaren Mehraufwand an Arbeit bei gleicher oder sogar besserer Produktivität möglich ist (um so ärgerlicher sind die trotzdem geforderten hohen Preise!).

Die Integration von *Biogasanlagen* auch für kleinere und mittlere Betriebe würde überdies eine zusätzliche Aufwertung landwirtschaftlicher Abfälle ermöglichen. Dabei kann durch die Verwendung neuartiger Bau- und Isoliermaterialien (z. B. Blähbeton, Mineralwolle etc.) ein Großteil des früher für die Beheizung des Faulbehälters verlorengegangenen Gases für die Gewinnung von thermischer und mechanischer Energie verwendet werden. Eine weitestgehende Nutzung des Energiegehaltes von Methan ist durch eine Wärme-Kraft-Kopplung in einem wassergekühlten Gasmotor möglich.

Alternative Energien und ihre Nutzung

Aus der Vielfalt der Möglichkeiten der Energiegewinnung aus unseren erneuerbaren Quellen können hier nur einige wichtige grob dargestellt werden, die einen Anreiz zu eigenen Überlegungen geben sollen.

Auch in Deutschland scheint die *Sonne,* Energiespender für alle Lebewesen, oft genug, um sie zur Warmwasserbereitung und Heizung mit Gewinn zu nutzen, zumal heute etwa 55 % der Primärenergie zur Wärmeerzeugung bis etwa 60° C verwendet werden (Heizung, Warmwasserbereitung). Der *Sonnenkollektor,* der in Südrichtung unter etwa 45° Neigungswinkel z. B. auf einem Hausdach montiert wird, wandelt die Strahlung der Sonne an einer schwarzen Metallplatte in Wärme um. Die wird durch vorbeistreichende Luft (Luftkollektor) oder durch Wasser, welches durch auf der Platte angebrachte Kühlschlangen fließt, in einen Speicher oder direkt zum Verbraucher geführt. Um Wärmeverluste zu vermeiden, baut man die Metallplatte in ein isoliertes Gehäuse, welches mit Glas oder transparentem Kunststoff abgedeckt wird. Solche Kollektoren sind imstande, auch die diffuse Himmelsstrahlung leicht bedeckter Tage auszunutzen. Um täglich 100 Liter warmes Wasser (50–60° C) zu bereiten, benötigt man etwa 2 m^2 Kollektorfläche, bei einem 4-Personen-Haushalt besteht ein täglicher Wasserbedarf von 250–350 l. Um auch an bedeckten und kühlen Tagen warmes Wasser zu haben, ist der Kollektor an einen größeren, wärmeisolierten Speichertank angeschlossen. Will man die Sonne auch zur Raumheizung nutzen, installiert man außer großflächigen Heizkörpern (Fußboden- oder Wandheizung) möglichst viel Kollektorfläche und Wärmespeicher großer Kapazität, um sonnenarme Tage im Frühjahr und Spätherbst zu überbrücken. Dieses System kann mit einer konventionellen Zusatzheizung (Holz, Öl, Kohle) verbunden sein, um das Energiedefizit während der drei Wintermonate zu decken. Als Wärmespeicher werden heute meist Wassertanks (Inhalt: 10–50 m^3) oder isolierte Aufschüttungen von Gestein oder Erde verwendet. Für Siedlungsgebiete wären gemeinsam betriebene, abgedeckte Warmwasserteiche als Speicher interessant, die von der Sonne und anderen vorhandenen Wärmequellen, z. B. der Abwärme von Kraftwerken, aufgeheizt werden und gleichzeitig der Nahrungsmittelproduktion dienen.

Eine andere Art der Sonnennutzung besteht darin, mittels großer Hohlspiegel oder Linsensysteme die direkten Strahlen des Sonnenlichts auf einen Brennpunkt zu konzentrieren, wie es sicher jeder aus eigenen Experimenten mit der Lupe kennt. Die dabei entstehenden hohen Temperaturen können zum Kochen (Sonnenkocher), zum sauberen Schmelzen von Metallen und zum Betrieb kleiner Dampfkraftwerke zur Stromerzeugung benutzt werden. Erste Anwendungen dieses Prinzips zur Krafterzeugung werden Ende des letzten Jahrhunderts dokumentiert (Weltausstellungen). Solche solaren Kleinkraftwerke können heute schon in Ländern mit subtropischem Klima einen wirtschaftlichen Beitrag zur dezentralen Stromerzeugung liefern.

Mit Hilfe von *Solarzellen* ist auch eine direkte Umwandlung der Sonnenstrahlung in elektrischen Strom möglich. Als Möglichkeit vor etwa 70 Jahren entdeckt, sind sie erst in den letzten Jahrzehnten für die Weltraumfahrt zum Industrieprodukt entwickelt worden. Solarzellen sind heute in der Herstellung noch zu kostspielig und energieintensiv, um Strom zu liefern, der preislich mit dem Strom der E-Werke konkurrieren kann. In batteriebetriebenen Geräten ist ihre Verwendung zusammen mit kleinen Speicherakkumulatoren schon sinnvoll, da Batteriestrom vergleichsweise sehr teuer ist.

Der *Wind,* eine Folgeerscheinung der Sonnenenergie (Wetter), tritt wie die Sonne zyklisch auf, jedoch meist komplementär zur Sonne. Im Winter z. B. ist die Windhäufigkeit größer als im Sommer, so daß sich Sonne und Wind als Energiespender ergänzen. Schon früher nutzten die Menschen Windenergie, um sich die härtesten Arbeiten, wie Getreidemahlen oder Wasserpumpen, zu erleichtern. Erst die weitgehende Verwendung fossiler Brennstoffe zur Krafterzeugung hat die früher zahlreichen Windmühlen verdrängt.

Der Energieinhalt des Windes steigt mit der dritten Potenz seiner Geschwindigkeit. *Tabelle 1* zeigt, welche Energie ein gut gebautes Windrad mit 2 oder 3 aerodynamisch geformten Propellern bei gegebenem Propellerdurchmesser und einer bestimmten Windgeschwindigkeit liefert. Man kann mit einfachen Mitteln kleine Windräder oder -rotoren zur Kraft- und Stromversorgung von Garten- und Wochenendhäusern selbst bauen. Voraussetzung für erfolgreichen Selbstbau sind Sorgfalt und stabile Bauweise. Erfahrung bekommt man durch die Praxis eher als durch Bücher. Größere Anlagen zur Versorgung von Häusern oder Bauernhöfen mit optimierten Propellern setzen beim Bau Kenntnis der auftretenden Probleme und Erfahrung voraus, können jedoch trotzdem in kleinen Werkstätten hergestellt werden. Durch das geltende Baurecht und das Verhalten der Baubehörden wird die Aufstellung solcher Selbstbauanlagen jedoch erschwert.

Da der Wind in unseren Breiten ein recht unstetes Element ist, wird wie bei der Sonnenenergienutzung in jedem Fall eine Speicherung der gewonnenen Energie nötig. Erzeugt man Strom, so bieten sich bei kleineren Anlagen Bleiakkus als handelsübliche Lösung an. Große Schwungräder als Kraftspeicher oder die Verwendung des Stroms zur Erzeugung von Wasserstoff aus Wasser bleiben bis heute auf Versuchsanlagen beschränkt. Großanlagen mit Leistungen von 100 kW und mehr erzeugen technischen Wechselstrom, der ins öffentliche Netz geschickt wird. Bei kleineren privaten Anlagen ist das zwar auch möglich und in vielen Fällen sinnvoll, von den Elektrizitätsgesellschaften jedoch nicht genehmigt.

Tabelle 1: Energieproduktion durch ein Windrad
(Ausgangsleistung in Watt bei 70 % angenommenen Wirkungsgrad)

	Windgeschwindigkeit in m/sec					
Propeller-durch-messer	2,5 leichte Brise, Blätter säuseln	5 Zweige bewegen sich	7,5 dünne Äste bewegen sich	10 größere Zweige u. kl. Bäume bewegen sich	12,5 starke Äste bewegen sich	15 ganze Bäume bewegen sich
0,6 m	0,6	5	16	38	75	1300
1,2 m	2	19	64	150	300	520
1,8 m	5	42	140	340	660	1150
3 m	15	120	400	950	1840	3180
4,2 m	30	230	735	1850	3620	6250
6 m	60	475	1600	3600	7360	10350

Wasser in Stauseen und Flußläufen mit starkem Gefälle enthält ebenfalls Bewegungsenergie, die früher in den altbekannten Wassermühlen und heute in Wasserkraftwerken der E-Werke weitgehend ausgenutzt wird. Besitzer des Wasserrechts an Wasserläufen mit hinreichendem Gefälle können mit Wasserrädern oder Turbinen den Strom für den Eigenbedarf oder die Kraft für z.B. Mühlen, Holzbearbeitungsmaschinen etc. lohnend erzeugen.

Bioenergie ist ein Oberbegriff für alle pflanzlichen, tierischen und menschlichen Lebewesen, die über die Photosynthese direkt Sonnenenergie in Biomasse umwandeln oder von der so entstandenen Biomasse leben und mit dieser Energie Arbeit am Ökosystem Erde verrichten. Deutlichstes Beispiel bei den Tieren ist vielleicht das Pferd (Leistung: 1 PS = 736 Watt), das den Menschen lange Zeit bei der Arbeit geholfen hat. Die Gewinnung von Wärme aus Holz und Stroh ist von alters her bekannt und auch heute noch lohnend anzuwenden. Die Vergasung von Holz (z.B. Fallholz, Zweige und Äste geschlagener Bäume) wurde schon im letzten Weltkrieg praktiziert und kann heute dank fortgeschrittener Technologie in ländlichen Gegenden lohnend betrieben werden.

Für landwirtschaftliche Betriebe ist die Erzeugung von *Biogas* (50–70 % Methan, 30–50 % CO_2) aus tierischen und pflanzlichen Abfallstoffen von Interesse, da z. B. vom Stallmist nicht nur das Gas zum Kochen, Heizen oder als Motorentreibstoff genutzt werden kann, sondern auch das Abbauprodukt, der Faulschlamm, mit hochwertigem Mineraldünger vergleichbar ist. Kunstdünger muß dagegen in Fabriken unter großem Energieaufwand hergestellt werden.

Viele werden nun zu Recht sagen, die auf diese Art erzeugten Energiemengen reichen nicht aus, um unsere heutige Lebens- und Produktionsqualität zu erhalten. Ein Grund dafür ist wohl, daß wir uns nach 200jähriger, intensiver Ausbeutung der fossilen Brennstoffe und ständig steigender Energieproduktion ein Leben mit dem ausgeglichenen, aber beschränkten Energieangebot von der Sonne nicht mehr vorstellen können. Tatsächlich würde die Energieversorgung aus nur erneuerbaren Quellen in den großstädtischen Ballungsgebieten und Vororten heute Schwierigkeiten machen.

Der Übergang zu einer dezentralen Versorgung bietet jedoch auch hier die Möglichkeit, durch Sparen die begrenzten fossilen Energievorräte zu strekken. Im Großkraftwerk werden von 100 % Energieinhalt des Brennstoffs nur etwa 40 %, bei Kernkraftwerken sogar nur 30 %, in Strom umgewandelt. Der Rest der Energie wird als Abfallwärme durch Kühltürme oder Flüsse in unsere Umwelt geschickt, d. h. also nicht genutzt, da der Wärmetransport in Fernheizungen über große Entfernungen zu aufwendig und teuer ist. Da es ein Stromversorgungsnetz gibt, das die Verbraucher miteinander verbindet, ist es naheliegend im Sinne von Energiesparen, den leicht transportierbaren Strom dort zu erzeugen, wo die dabei anfallende Abwärme zur Heizung etc. gebraucht wird und den erzeugten Strom ins Netz zu schicken. Das ist der Sinn der *Wärme-Kraft-Kopplung*. Bei einem Verhältnis Wärme- zu Stromverbrauch von etwa 9 zu 1 würde auf diese Art sogar mehr Strom als nötig erzeugt, der sich z. B. durch Wärmepumpen zur weiteren Wärmeerzeugung nutzen ließe.

Wie sieht solch eine Anlage aus? Ein Verbrennungsmotor (Benzin, Diesel, Gas, Biogas), der von der Automobilindustrie in geeigneten Größen billig hergestellt wird, wird bei Strom- oder Wärmebedarf gestartet und treibt dann einen elektrischen Generator an, der unsere Netzspannung erzeugt. Die gleichzeitig anfallende Wärme kann gespeichert zur Heizung und Brauchwassererwärmung genutzt werden. Solche dezentralen Kleinkraftwerke können bei entsprechender Auslegung Häuserblocks und kleine Wohnsiedlungen ebenso mit Strom und Wärme versorgen wie Industriebetriebe und Stadtbezirke. Bei einer Brennstoffnutzung von 90 % und niedrigeren Investitionskosten als bei Großkraftwerken sind keine höheren Strompreise zu erwarten. Größtes Hemmnis bei der Einführung solcher Systeme ist das Monopol der Elektrizitätsgesellschaften, die Kleinerzeugern verbieten, Strom ins Netz zu schicken. Wartung und Überwachung solcher Anlagen können vom örtlichen Handwerk (Kfz- und Elektrowerkstätten) übernommen werden.

Wie heute schon die Energieversorgung unserer Wohnbereiche weitgehend aus erneuerbaren Quellen gedeckt werden kann, soll folgende Zusammenstellung zeigen:

Warmwasserbereitung + Heizung von Frühjahr bis Spätherbst:	*Sonnenkollektor, Abwärme aus Wärme-Kraft-Kopplung*
Kochen:	*Holzherd, Biogas, Strom*
Winterheizung:	*Holzkachelofen, Wärme-Kraft-Kopplung*
Licht und Kraft für Maschinen:	*Windrad mit Speicher, Biogas, Wärme-Kraft-Kopplung*

Transport

Mobilität war immer ein Grundbedürfnis des Menschen, aber preisgünstige Energie hat Mobilität zum Selbstzweck gemacht. Transport verschlingt ca. 20 % der gesamten Primärenergie, jeder siebte Beschäftigte arbeitet direkt oder indirekt für die Automobilindustrie. Die Folgen sind in nahezu jeder Hinsicht negativ:

Stadtgröße und Stadtanlage, Bevölkerungs- und Arbeitsplatzverteilung, Umweltverschmutzung und Unfälle wurden zu neuen Krisenfronten, die im wesentlichen durch das Auto verursacht sind. Die Lebensqualitäten werden durch die Abwanderung der Bevölkerung aus den Städten und die zunehmende Einengung der Freiräume für Kinder und Erwachsene weiter gemindert.

Dabei erhöht, nach Illich, das Auto keineswegs die Mobilität des Menschen. Ein typischer Amerikaner beispielsweise widmet seinem Auto jährlich ca. 1600 Stunden (für Fahren, in Verkehrsstaus Stehen, für das Auto Arbeiten etc.). Setzt man dies ins Verhältnis zur jährlichen Fahrleistung, ist er nur ebenso schnell wie ein Radfahrer. Kommunikationsscheu und Prestigedenken verhindern allerdings wirksame Alternativen.

Die erste Alternative wäre eine Reduzierung des Transportaufwands. Die den Konzepten angepaßter Technologie zugrunde liegende Dezentralisierung vieler Aktivitäten ermöglicht dies. (Z. B. lokale Energieerzeugung und Lebensmittelproduktion.)

Neben der Reduzierung des Transportaufwands ist Wert auf energiesparende Transportmittel zu legen. Güter und Massentransport sollte möglichst auf dem Schienen- oder Wasserwege erfolgen. Schiffe könnten wieder windgetrieben sein (über Segel oder Flettner-Rotoren), Schienenfahrzeuge könnten wie bisher elektrisch betrieben sein oder aber mit Stirling-Maschinen. Die Bremsenergie könnte über Schwungräder nutzbar gemacht werden.

Das bei weitem energiesparendste Individual-Verkehrsmittel ist das Fahrrad. In anderen Ländern hat seine Renaissance bereits begonnen. Es ist zu hoffen, daß auch in unserem Lande das Fahrrad als Transportmittel wieder ernster genommen wird. Wetterschutz, Zehngangschaltung, elektrische Hilfsmotoren, Feder- und Schwungradantriebe, u.U. auch Fahrrad- und Rollstuhlaufzüge an stärkeren Steigungsstrecken würden die Benutzung des Fahrrads attraktiver gestalten.

Der Versuch der Großindustrie, die Erkenntnisse alternativer Technologien und das wachsende ökologische Bewußtsein in der Bevölkerung zu nutzen und aus einfachen, selbst herstellbaren Vorrichtungen unwesentlich verbesserte, aber wesentlich verteuerte Produkte zu machen (wie etwa Sonnenkollektoren mit ultraschwarzen Absorptionsflächen), ist deshalb vielleicht als ein Schritt zur Energieeinsparung zu sehen und zu begrüßen. Die Realisierung einfacher statt künstlich verkomplizierter Technologien und die Eigeninitiative der Betroffenen sind jedoch eher dazu angetan, der Sackgasse der technischen und gesellschaftlichen Entwicklung zu entgehen und ökologischen Bedingungen im umfassenden Sinne näherzukommen.

Tabelle 2: Übersicht über die verschiedenen Energiearten

Energieart (Träger)	*Erscheinungsform der Energie*	*Nutzungsform (hauptsächlich)*	*Art der Entstehung*
Kernspaltung	Strahlung, Wärme	Kernkraftwerke	*einmalig* vor oder bei der Entstehung der Erde vor 4.10^9 Jahren
	Bewegungsenergie Wärme	Gezeitenkraftwerk Geothermiekraftwerk	
fossile Energie; Öl, Gas, Kohle	durch chemische Umsetzung: Wärme	Wärmekraftwerke, Wärmekraftmaschinen Heizung	*einmalig,* aus Urzeitlichen Wäldern vor 10^5 Jahren
Bioenergie	durch biologische u. chemische Umsetzung Wärme, Bewegungsenergie	Vielfalt individuell angepaßter Nutzungen: z.B. Holz, Nutztiere, Nahrung	dauernd in Vegetationsperioden von 100 Jahren bis 1 Tag
Wind, Wasser	Bewegungsenergie	Segel, Windmühlen, Wassermühlen: Bewegung, elektr. Strom	dauernd durch unterschiedliche Sonneneinstrahlung
Sonnenenergie	Strahlung, Wärme	Photosynthese, Wärmenutzungen, Stromerzeugung	kontinuierliche Strahlung aus dem Kosmos, Tag-Nacht-Wechsel

John Cartwright

Tips für die Praxis eines einfacheren Lebensstils

Eine zentrale Auswirkung des einfacheren Lebensstils ist die damit verbundene Ersparnis an Zeit und Geld. Wer billiger lebt und mehr Zeit hat, versetzt sich in die Lage, nicht nur tägliche Handlungen für eine verbesserte Umwelt zu unternehmen, sondern gibt sich die Möglichkeit, sein Leben zu bereichern, in das soziale Leben vermehrt einzugreifen. Dazu gehört vielleicht die Annahme einer neuen, weniger entfremdeten Arbeit (Halbtagsstelle). Er ist gesünder, hat mehr Spaß, arbeitet mit mehr Freude und Einsatz, beispielsweise in Bürgerinitiativen und Selbsthilfegruppen.

Von allen Seiten haben wir seit langem gehört, daß nur staatliche Maßnahmen, mehr Gesetze, zentrale Lenkung die Schaffung einer lebenswerten Zukunft ermöglichen werden. Es bleibt »*die historische Wahrheit, daß Menschen guten Willens selten die Macht haben, und die Mächtigen selten Menschen guten Willens sind*«. Die heutige Alternativbewegung, die Suche nach der täglichen Revolution, beinhaltet stark eine Abkehr von diesem Machtstreben, das ist eventuell gerade ihre Alternative. Sie geht davon aus, daß wir in einer Zeit leben, in der wir weniger Führungspersönlichkeiten oder meist einseitig ausgebildeten Experten zu folgen, sondern mehr auf uns selbst zu hören haben.

E. F. Schumacher betrachtete die Vorschläge und Maßnahmen der Experten, um unsere Gesellschaft wieder flottzumachen, mit einem Versuch, die untergehende Titanic zu retten durch Neuordnung der Deckstühle. Wir sollten vielmehr mit dem Bau von Rettungsbooten schnell beginnen. Durch das Bewußtwerden und durch die umweltgerechte Aktion, durch die gemeinsame sich gegenseitig stärkende, tägliche Handlung für ein menschenwürdigeres Heute, können wir im übertragenen Sinne die Rettungsboote für morgen schon heute zu bauen beginnen.

Paul Goodman sagte: »*Zu denken und dann zu handeln, verlangt einen Glauben.*« In Anbetracht dessen, daß andere Sonderinteressen vertreten, dürfen wir an unsere Wahrheit glauben, sie einsetzen in einer Welt, die auch unsere Welt ist. »*Wenn der Mensch Initiative zeigt und einen Schritt macht, wird seine Handlung eine Wirkung in dieser realen Welt haben, wenn sie auch noch so klein ist.*«

»*Glaube... ist der Grund der Poesie, der Philosophie nach, im Strom der Geschichte. Er ist menschlich. Ein Mensch glaubt, daß, wenn er gutgesinnt ist, rational und nicht fanatisch, dann ist er auch nicht allein; es gibt eine menschliche Gesellschaft, die denkt, wie er, und bereit ist, gleich ihm zu handeln. Natürlich weiß ich nicht, wo ein solcher Glaube... herrührt, noch wie er eingeflößt werden kann. Es ist Glaube und es scheint mir, der nächste Grund für die Initiative zu sein.*« *(Paul Goodmann).*

Die gesellschaftlichen Bedingungen mögen diese zuversichtliche Initiative zu entmutigen scheinen. Die tägliche Revolution heißt daher lernen, diesen Bedingungen schöpferisch nein zu sagen. Die folgenden Hinweise befassen sich mit den kleinen Problemen des Alltags, haben aber durchaus diese Bedeutung.

Heizung im Haushalt

Mit bis zu einem 50 %igen Anteil am Energiebudget des Haushalts bildet die Heizung einen wesentlichen Faktor für Sparmaßnahmen. Unsere Räume sind oft überheizt. Durch Einstellung der Heizung auf eine geringere Temperatur und das Tragen von wärmerer Kleidung können bereits Ersparnisse erzielt werden. Die tieferen Temperaturen bringen einige andere Vorteile mit sich. Zu warme Räume haben meistens zu trockene Luft, so daß unsere Atmungsorgane zu wenig Feuchtigkeit für ihr optimales Funktionieren haben. Dadurch werden sie für Krankheiten anfälliger. Man kann auch feststellen, daß wir bei kühleren Temperaturen aktiver bleiben, sogar beim Denken! Und beim Verlassen des Wohnraumes paßt sich der Gesamtorganismus an die Außentemperatur besser an.

Wärme geht durch die Wände, Fenster, Risse, offene Türen und durch das Dach verloren. Geschlossene Fenster und Türen und Isolierung reduzieren Wärmeverluste. Beim Bau neuer Häuser oder bei der Renovation von älteren Gebäuden sollte die Frage der Isolierung stärker, als dies bisher der Fall war, in den Vordergrund treten. Da wir aber nicht jeden Tag neue Häuser bauen oder alte sanieren können, müssen wir auch andere Maßnahmen treffen. Durch Durchzug gehen 15–30 % der Wärme verloren. Mit Hilfe eines leichten Stoffes, auf einem Kleiderbügel aufgehängt, läßt sich feststellen, wo Durchzug herrscht. Die betreffenden Fenster, Türen usw. kann man an Ort und Stelle mit entsprechenden Materialien vom Baustoff-Fachhandel und Do-it-yourself-Laden isolieren. Wo Fenster mit Doppelverglasung nicht eingebaut sind, können diese nachträglich installiert werden. Falls die Aussicht aus einem Fenster nicht wesentlich ist, hilft eine klare Kunststoff-Folie Wärme sparen. Wenn wir die Vorhänge am Abend immer ziehen, verhindern wir einen 16 %igen Wärmeverlust.

Weitere Sparmaßnahmen im Haushalt

Etwa 5 % des Energieverbrauchs finden in der Küche statt. Aus dieser Sicht lohnt sich das Wissen, daß viele Nahrungsmittel roh nicht nur gut schmecken, sondern auch einen höheren Nährwert aufweisen. Am meisten Energie braucht der Backofen. Man kann seinen Einsatz planen und mehrere Dinge zusammen backen. 25 % der Wärme gehen verloren beim Öffnen des Backofens. Energie kann gespart werden, indem man den Ofen vor Ende der Backzeit abstellt.

Der Dampfkochtopf spart nicht nur Energie, das Kochgut wird in ihm geschont.

In der »guten alten Zeit« baute man vernünftige Kellerräume. Heute gehört aber der Kühlschrank zu den Vorzügen des modernen Lebens. Viele Nahrungsmittel werden für die Konservierung kühlschrankgerecht verarbeitet. Man sollte daher den Kühlschrank optimal benützen und so wenig Energie wie möglich verbrauchen. Man sollte ihn nicht auf die tiefste Temperaturstufe einstellen. Wenn er nicht eingebaut ist, können wir regelmäßig den Staub auf den Leitungen an der Rückwand des Schrankes wegwischen, er wird damit effizienter.

Dazu gehören: Kontrollieren der Tür, ob sie gut schließt, Speisereste abkühlen lassen, bevor wir sie in den Kühlschrank stellen. Er soll nicht zu voll sein, damit die kühle Luft besser zirkulieren kann. Wenn wir eine Reise machen, leeren wir den Kühlschrank und schalten ihn aus.

Licht

3–4 % des Energieverbrauchs im Haushalt brauchen wir für die Beleuchtung. Die einfachste Methode, Energie zu sparen, ist das Ausschalten der Beleuchtung, wenn sie nicht benötigt wird. Brennen Neonlampen weniger als 2 Stunden, so verbrauchen sie weniger Energie, wenn sie eingeschaltet bleiben. Auch die Lebensdauer des Leuchtrohres wird hiermit verlängert. Glühlampen sollten immer sofort abgestellt werden. Die Glühlampe ist weniger effizient als die fluoreszierende und produziert 95 % Wärme und 5 % Licht, fluoreszierende Lampen hingegen 70 % Wärme und 30 % Licht. Die Glühlampe ist im Ankauf billiger, aber im Betrieb teurer. Sparmaßnahmen bei der Beleuchtung:

- Licht ausschalten beim Verlassen des Raumes

- Vorhänge und Gardinen aufmachen, um Tageslicht besser zu nützen
- Kerzen beim Abendessen sind nicht nur romantisch, sie sparen auch Energie
- Inneneinrichtungen und Wände auf helle Farben konzentrieren, um mehr Licht zu reflektieren und somit das benötigte Licht zu reduzieren.

Sparmaßnahmen ließen sich fast unbegrenzt aufführen: Kurz duschen, statt baden, zu zweit baden, das Wasser abstellen beim Zähneputzen... Es sind Dinge, die den Druck auf unsere Umwelt reduzieren.

Die Traummaschine

So bezeichnet das amerikanische Umweltschutzamt das Auto. Für viele umweltbewußte Menschen ist diese Maschine zu einem Alptraum geworden. Durch das Auseinanderreißen unserer Lebensbereiche (Wohnen, Arbeit, Unterhaltung, Einkauf – an räumlich getrennten Orten) hat das Auto eine zentrale Bedeutung erlangt.

Letzten Endes schafft die Verkehrsindustrie einen neuen Typus Mensch: den gewohnheitsmäßigen Passagier. Seine Hoffnung liegt nur im Mehr am Gebotenen: verbesserte Konstruktion der Vehikel oder Straßen sowie die öffentliche Kontrolle über Massenverkehrsmittel, um ihren Einsatz zu beschleunigen bzw. zu rationalisieren. Die Torheit des transportmäßigen Verkehrs sieht der gewohnheitsmäßige Passagier nicht ein. Seine Raum-Zeit-Beziehung ist industriell verzerrt. Er kann sich nur in der Passagier-Rolle vorstellen. Er ist in der Illusion konditioniert worden, daß Freiheit in der Bewegung abhängig vom Herumgetragenwerden ist. Demzufolge verlangt er nicht mehr Freiheit als Mensch, sondern besseren Service als fahrender Klient. Er will eher ein besseres Produkt als die Befreiung von seiner Versklavung im Verkehr.

Die technische Verbesserung des Gehens, die wir seit längerer Zeit zur Verfügung haben, ist das Fahrrad, das in vielen Lebensbereichen eine praktische Alternative zum Automobil darstellt. Dies um so mehr, als gerade in Deutschland Bestrebungen im Gange sind, das Fahrrad aufzuwerten und infrastrukturelle Maßnahmen zu planen und einzuleiten, bei denen dies noch mehr zutreffen würde. Der sich bewegende Mensch hat einen höheren thermo-dynamischen Wirkungsgrad als irgendein motorisiertes Vehikel. Ein Gramm seines Eigengewichtes trägt er in 10 Minuten über die Distanz von 1 km mit einem Verbrauch von 0,75 Kalorien. Durch das Fahrrad kann die Mobilität auf eine neue Stufe gebracht werden. Mit diesem Instrument kann er sich 4- bis 5mal schneller bewegen als zu Fuß und braucht für die gleiche Strecke nur 1/5 der Kalorien, die er beim Gehen benötigen würde. Das Fahrrad ist im Vergleich zum Automobil in der Anschaffung viel billiger. Auch die sozialen Investitionen für Straßen, Verkehrspolizei usw. sind erheblich geringer. Das Fahrrad vermindert den Lärm und die Luftverschmutzung, es trägt zur Gesundheit wesentlich bei.

»Wenn einer im Jahr an 180 Schönwettertagen das Fahrrad auf einem Arbeitsweg von zweimal 2 km benützt, so kostet die reine Transportarbeit 9720 Kilokalorien, was etwa 1080 Gramm Fett entspricht.«

»Zusätzlich vergrößert aber das Training beim Untrainierten auch die Muskelmasse und kurbelt den Ruhestoffwechsel an. Entsprechend steigt gerade beim Untrainierten der Kalorienumsatz um mehr, als der reinen Transportarbeit entsprechen würde, was sich – je nach Appetit – auch im Körpergewicht manifestiert.«

»Man darf auch nicht vergessen, daß sich der vierzigjährige Dicke sein Fett über 20 Jahre lang angemästet hat. Wäre er in dieser Zeit Fahrrad gefahren, so hätte er anstatt 1440 Litern Benzin, das er bezahlt, über 21,6 Kilogramm Fett, das ihn verunstaltet, verbrennen können.«

Der Autopool

Die Fahrt zur Arbeit verschlingt Ressourcen, die durch einen Autopool (mit andern gemeinsam das Auto benützen) zum Teil gespart werden könnten. Nur zwei Personen pro Auto spart nicht nur Energie, sondern vermindert Luftverschmutzung und Verkehrsstockungen, spart Geld und reduziert zudem den Streß. Man kann auch den Autopool dem Arbeitgeber schmackhaft machen, da er ihm Vorteile bringt.

Amerikanische Studien haben gezeigt, daß die Poolbenützer pünktlicher, ausgeruhter und besser gelaunt zur Arbeit antreten. Arbeitsabsenzen sind bei Poolfahrern niedriger. Weniger Parkplätze müssen zur Verfügung gestellt werden. Hier bieten sich Argumente an, dem Arbeitgeber zu ermöglichen, sich umweltbewußt zu zeigen. Schafft er hiermit eine Präzedenz, wäre dann eine Basis vorhanden für Verhandlungen über weitere und weitergehende Probleme der Arbeitswelt.

Umweltgerechtes Fahren

Fahrgeschwindigkeiten und -gewohnheiten sind zentrale Elemente beim Sparen von Benzin. Der Leerlauf verbraucht große Mengen. Bei Halten von mehr als einer Minute verschwendet der leerlaufende Motor mehr Benzin, als gebraucht wird, um den Motor wieder in Betrieb zu setzen. Langsames Anfahren, in dem die gewünschte Geschwindigkeit allmählich erreicht wird, ist sparsamer als Vollgas. Gekonntes Schalten spart, je nach Fahrer, 2–15 % Treibstoff gegenüber einer automatischen Kupplung. Das Mitschleppen von unnötigen Gewichten, wie auch das Fahren bei hohen Geschwindigkeiten (erhöhter Luftwiderstand), verursachen hohen Energieverbrauch.

Unsere Nahrung

Unsere heutige Ernährung hat ihre Kehrseite, angefangen beim Gift in der Muttermilch bis zu den damit verbundenen Rekordzahlen der chemisierten und mechanisierten Landwirtschaft; die industrialisierte Landwirtschaft macht heute das gleiche, was die übrige Industrie seit 200 Jahren mit verheerenden Folgen getan hat. Wer sich mit dieser Kehrseite beschäftigt, wird den Pionier-Ökonomen E. F. Schuhmacher verstehen, als er die Frage aufwarf, ob der künftige Besucher von einem fremden Planeten sich mehr über die Kunst unserer Zahnärzte wundern würde oder über die Zustände unserer Zähne.

Wie wird unsere Nahrung sichergestellt? Was essen wir? Wie wird das Essen zubereitet? Von wem? Wer ißt was und mit wem? Wann, wie und wieviel?

Die Antworten auf diese Fragen würden, wenn wir die Ernährung der Menschheit über die Jahrhunderte oder vielleicht nur über die letzte Jahrhunderthälfte verfolgten, zeigen, daß die Nahrung ein Maß der gesellschaftlichen Veränderung darstellt. 1941 wurden nach Prof. Jean Mayer von der Universität Harvard nur 10 % der Nahrung industriell verarbeitet. Heute sollen es rund 50 % sein. Es ist oft schwierig festzustellen, was wir überhaupt essen. Vor wenigen Jahren saßen sehr viele Familien zusammen am Mittagstisch, heute arbeiten und wohnen wir so weit auseinander, daß dies weniger denn je zutrifft. Und dies hat Folgen.

Vierhundert Millionen Menschen leiden an chronischer Unterernährung, während große Mengen landwirtschaftlicher Produkte durch schlechte Lagerung verderben und große Verschwendung in den reichen Ländern praktiziert wird. Vieles, das für die menschliche Ernährung gebraucht werden könnte, wird für Haustiere oder Massentierhaltungsbetriebe gebraucht.

Es ist hinlänglich bekannt, daß die modernen Agrarverfahren durch hochrationalisierte, arbeitssparende und kapitalintensive Betriebsstrukturen, durch ertragsmaximierende, (meistens) künstliche Düngung, durch präventiven, nur ökonomisch begrenzten Biozid-Einsatz und durch weitgehende Monokulturen die Erträge der Landwirtschaft in den Industrieländern in den letzten Jahrzehnten auf eine vorher nie gekannte Höhe gebracht haben. In den vergangenen Jahren hat eine 50 %ige Ertragssteigerung mit 350 % mehr Düngemitteln und 1350 % mehr Pestiziden erreicht werden können. Will man gespritzte Äpfel essen (im Obstbau sind 20 bis 30 Spritzungen pro Jahr keine Seltenheit), dann vermag nur der Zyniker ›guten Appetit‹ zu wünschen.

Unser physisches und psychisches Wohlbefinden ist direkt verbunden mit unserer Nahrungsaufnahme. »*Man ist, was man ißt.*« Es wird soviel angeboten, daß wir oft zuviel und oft schlecht essen. Mit den bekannten Nebenwirkungen: Fettsucht, Herzinfarkt, zu hohem Blutdruck, Zuckerkrankheit, Karies und Krebs. Unser Lebensstil – zuviel sitzen, zu wenig Bewegung, zu hohe Kalorienaufnahme – macht die Nebenwirkungen noch schädlicher. Und ironischerweise, derjenige, der möglichst nicht-denaturierte Lebensmittel wie Getreide, Gemüse, Nüsse, Früchte, wenig oder kein Fleisch ißt, wird oft als verschroben, realitätsfremd oder gar mystisch angesehen. Dagegen, wer seine Gesundheit durch falsche Ernährung ruiniert, gilt nicht nur als »normal«, sondern gewinnt an »Gewicht«...

Der Zuckergehalt industriellverarbeiteter Produkte ist oft hoch. Viele Produkte erhalten Stabilisatoren, Emulgatoren, Verdickungsmittel, Farbstoffe und dgl. mehr. Lebensmittelzusätze sind oft, wegen der langen Wege, Lagerungszeiten usw. bei verarbeiteten Produkten notwendig. Viele von ihnen werden verdächtigt, verschiedene Krankheiten hervorzurufen oder deren Entstehung zu begünstigen. Der Durchschnittsamerikaner soll mehr als zwei Kilogramm Lebensmittelzusätze pro Jahr essen. Falls sich die Verpakkung wie ein Chemielexikon liest, ist Vorsicht am Platze.

Unverarbeitete, natürliche Lebensmittel sind besser als verarbeitete. Und billiger. Versuchen Sie auch bei einem Bauern einzukaufen und bekunden Sie auch bei ihm Ihr Interesse an unverfälschten Lebensmitteln.

Die Amerikaner sprechen von ›junk food‹, wertlosem oder Schundfutter. Hierzu gehören möglichst weiche, süße und bunte Lebensmittel wie Zuckerbackwaren, Zuckerwassergetränke, viele vorgefertigte Mahlzeiten und dgl. mehr. Diese ›zeitsparenden‹, oft süßen, gefärbten, industriell verarbeiteten Lebensmittel sind teuer und ihre Bequemlichkeit ist nur vordergründig vorhanden. Sie enthalten wenig Protein, wenig Fasermaterial, viel Stärke und andere Füllstoffe. Zu Hause gemeinsam vorbereitetes Essen, mit Liebe und Kreativität angereichert, ist für Körper und Geist besser.

Raffinierter Zucker ist ungesund. Er gibt uns Kalorien, aber keinerlei Eiweiß, Mineralien oder Vitamine. Honig oder schwarze Melasse sind besser, auch getrocknete Früchte – Datteln, Pflaumen, Aprikosen ganz besonders. Solche Früchte enthalten auch Vitamine und Mineralien und sind bessere Energiespender als Zucker.

Vieles kann man selber machen: Getreideprodukte, Joghurt, Brot. Auch Getränke. Selbst wenn unser Wasser vielleicht nicht über alle Zweifel erhaben ist, kann man es doch noch trinken. Vom gesundheitlichen oder wirtschaftlichen Standpunkt aus ist es sicher besser als Cola- und Limonaden-Getränke. Obst- und Gemüsesäfte können zu Hause gepreßt werden.

Im Gegensatz zur landläufigen Meinung ist die gesunde Ernährung weniger aufwendig und billiger. Weißes Mehl und weißer Reis können als Beispiele für Lebensmittel dienen, die aus äußeren Gründen lebenswichtiger Nährstoffe beraubt worden sind. Vollmehl und Vollreis weisen wichtige Bestandteile auf. Wer selber backt mit Vollmehl, Körnern und Getreideschrot, hat nicht nur bessere Kontrolle über das, was er ißt, sondern es macht auch Spaß! Dieser vergrößert sich, wenn er das Mehl selbst mahlt.

Falls Sie einen *Garten* haben oder Zugang zu einem entsprechenden Stück Land, können Sie enorm viele Vorteile genießen. Wirtschaftlich gesehen, ist der Heimgarten effizient. Er bringt psychische und physische Vorteile. Der

Nährwert der Eigenproduktion ist höher als derjenige gekaufter Produkte.

Wenn Sie keinen Garten haben, können Sie vielleicht bei Nachbarn, besonders bei älteren Leuten, mithelfen. Oder mit anderen zusammen versuchen, brachliegendes Land wieder nutzbar zu machen und die Behörden angehen, solche Projekte zu unterstützen.

Hinweise

Illich, Ivan, »Selbstbegrenzung: Eine politische Kritik der Technik«. Rowohlt, 1975.

Illich, Ivan, »Die sogenannte Energiekrise oder die Lähmung der Gesellschaft«, Rowohlt, rororo aktuell 1763.

Fierz, Lukas, »Ansichten eines Radfahrers«. Tages Anzeiger Magazin, Zürich, Nr. 44, 5. Nov. 1977, S. 6–14.

Schumacher, E. F., »Die Rückkehr zum menschlichen. Small is Beautiful«. Rowohlt Verlag, 1977.

Schumacher, E. F., »A guide for the perplexed«. London, J. Cape Ltd., 1977.

Vester, Frederic, »Der Landbau als ökologisches System«. *Landbau heute: Nahrung mit Gift,* BRENNPUNKTE 9/1977, Fischer Taschenbuch Nr. 1862, S. 31.

Büchting, A. J. und Gutschow, A. AGRECOL – Grenzen und Engpässe moderner Agrarverfahren – ökologische Alternativen. Eden-Stiftung, 6232 Bad Soden, 1976.

Landbau heute: Nahrung mit Gift, BRENNPUNKTE 9/1977, Fischer Taschenbuch Nr. 1862.

Franck, Gertrud, »Der Mischkulturengarten: Anleitung zur praktischen Durchführung«. Bezugsquelle: Frau Franck, 717 Schwäbisch Hall, Oberlimpurg.

Franck, Gertrud, »Gesundheit durch Mischkultur«. Bezug siehe oben.

Abtei Fulda, »Für den Garten dies und das«. Bezugsquelle, Die Abtei, Fulda.

Wegleitung zum biologischen Gartenbau. Arbeitsgruppe für biol. Land- und Gartenbau, CH-2076 Gals/BE.

Seifert, Alwin, »Gärtnern, Ackern – ohne Gift«. München, Biederstein Verlag, 1971.

Strohm, Holger, »Umweltschutzreport«. Melzer Verlag, Darmstadt, 1973.

Stop der Energieverschwendung; energiepolitisches Manifest. Schweiz. Bund für Naturschutz, CH-4052 Basel.

44 Punkte des Umweltschutzes: Was der Einzelne tun kann, um der Zerstörung Einhalt zu gebieten. WWF Schweiz, Zürich.

Kade, Gerhard, »Auto–Mensch–Umwelt« in Strohm, Holger, Stadt- und Verkehrsprobleme, Verlag Association, Hamburg, 1976. S. 19–24.

Goodman, Paul, »Drawing the line«. New York, Random House, 1946.

Goldschmidt, Hermann Levin, »Haltet Euch an Worte: Betrachtungen zur Sprache«, Schaffhausen, Griffel-Verlag, 1977. S. 77 ff.

Weitere Informationen in: Alternativ Katalog Bde. I, II u. III, Dezentrale, CH-2900 Porrentruy

Umdenken – Umschwenken. Alternativen – Wegweiser aus der großtechnologischen Zivilisation. AGU – Arbeitsgemeinschaft Umwelt, Postfach 2111, CH-8028 Zürich.

Besonders wertvoll und vom Autor häufig und mit Dank benützt: 99 Ways to a simple lifestyle. Center for Science in the Public Interest, 1757 S. Street NW, Washington, DC 20009, USA. 1976, 316 S.